深圳大学学术著作出版基金资助
Subsidized by Shenzhen University Foundation for the Production of Scholarly Monographs

深圳大学中国海外利益研究院
深圳大学新加坡研究中心

新加坡研究

（2019卷）

SINGAPORE STUDIES

主　编／吕元礼　许　蔓
执行主编／李淑飞　施　青
副主编／郭　翔　张彭强

社会科学文献出版社
SOCIAL SCIENCES ACADEMIC PRESS (CHINA)

深圳大学学术著作出版基金资助
Subsidized by Shenzhen University Foundation for the Production of Scholarly Monographs

前言
新加坡模式、中国模式与世界政治经验

一

"各美其美，美人之美，美美与共，天下大同"是费孝通先生提出的多元文化观，世界政治制度的演变同样是多元共存、经验互鉴的历史过程。西方文明与世界其他文明一样，并不是一个同质的统一体，即使"现代性""全球化"时代的到来，使西方政治制度和治理模式获得空前的话语权，但仍不可否认西方政治模式形成中对宗教独裁、君主制、直接民主、社会主义等多种制度模式的吸收与借鉴过程。[1]

西方政治模式取得垄断地位之后，"现代化"和"民主化"便成为其他文明体或国家地区进行政治经验学习的关键性目标。世界范围内的政治经验借鉴既有成功的案例，也有非常多失败的案例。日本是第一个将东方文化、社会结构与西方的政治经验进行结合并成功实现"现代化"与"民主化"的亚洲国家。[2] 在英国殖民统治和亚洲反殖民斗争的基础上，以李光耀为首的人民行动党带领新加坡充分借鉴欧美、日本及以色列等多个国家的经济、政治经验，发展出独特的新加坡模式。

作为"东方睡狮"的中国，被西方的"洋枪洋炮"唤醒，被动地纳

---

[1] Tomas Meyer：《西方治理之争》，华南理工大学"文明与国家治理：西方与非西方"国际会议，2019年8月17~18日。
[2] 郑永年：《世界经验和新加坡模式》，载《新加坡研究》（第一卷），第32~33页，重庆：重庆出版社，2009。

入现代世界政治秩序中去。"苏联模式"在与西方模式的政治竞争中分崩离析，中国则通过实施改革开放的国家战略，并在借鉴多个国家经济、政治发展经验的基础上探索出一种适合中国社会现实的渐进式发展模式。

从1978年邓小平访问新加坡后不久开启改革开放，到1992年邓小平在"南方谈话"中提出"新加坡管得严，我们应当借鉴他们的经验，而且比他们管得更好"，再到2007年以时任广东省省委书记汪洋为代表的多个省市纷纷提出"叫板新加坡"，新加坡模式在中国探索中国特色发展模式的过程中扮演着重要而又特殊的角色。[1] 然而，改革开放40多年后的今天，"逆全球化"与政治民粹主义声浪日益高涨，无论是新加坡、中国还是西方国家，都必须直面各自深刻的经济、社会与政治问题；无论是新加坡模式、中国模式、西方模式还是全球其他模式，都不得不直面各自社会结构、政治制度、治理模式面临的严峻挑战。

"美人之美"不仅是多元文化共存之道，也应该成为多元政治模式共存之道。不能因为别人的独特模式对自己的霸权地位形成了挑战，就以"文明的冲突"排斥或围堵别人，而应以包容、互鉴的心态朝向"美美与共、天下大同"的方向努力前行。同时，除了同一空间内多个政治模式的相互借鉴外，各个文明体或政治体也宜秉持"各美其美"的"文化自觉"和"政治自觉"，善于提取或运用各自的历史资源，创新世界政治制度和治理模式，共同为当今的世界治理危机寻求解决方案。

二

基于多元对话、经验互鉴的理念，本书主要根据政治与外交、管理与政策、文化与认同三个主题进行文章的编排，并衔续新加坡与中国、新加坡与马来西亚这两个与新加坡研究关系密切的研究主题。本卷《新加坡研究》的作者来自中、新两国，各篇章的论文依照作者姓氏笔画排序，收录文章的研究题目、研究领域十分丰富、多元，不仅有研究新加坡公共住房、社会福利、城市规划、创新型城市建设等方面政策经验对

---

[1] 吕元礼主编《新加坡研究》（第一卷），重庆：重庆出版社，2009。

中国的借鉴意义的文章，同时也有侧重新加坡与中国比较、互鉴以及新加坡借鉴中国福建土楼成功申遗经验的研究。另外，新加坡与中国之间的大型合作项目已经开展多年，对中、新合作中的园区管理经验的研究也是本书收录文章的一个关注点。

新加坡模式、中国模式等"发展型国家"治理模式的出现和发展，虽然相比"西方模式"几百年的历史经验还处于探索、成长阶段，但在世界经济、政治风起云涌，西方治理模式遭遇深刻危机和严峻挑战的当下，对"发展型国家"治理模式进行回顾与比较，不但有利于作为西方世界的"他者"秉持各自"各美其美"的"文化自觉"和"政治自觉"，而且有助于西方模式与新加坡模式、中国模式等多个治理模式之间开展"美人之美"的沟通对话与相互借鉴，共同面对全球挑战和共建人类命运共同体。鉴于此，本书特别选取七篇着重探讨新加坡模式：挑战与前瞻的文章，在新加坡研究已进行长达几十年的今天，将研究的问题意识进一步延伸和聚焦到对新加坡模式、中国模式等"发展型国家"政治经验的普遍性意义的深度探讨和比较研究中去。

最后，本书出版得到深圳大学中国海外利益研究院的支持和院领导丁学良教授、许蔓教授的帮助；本中心的创立和发展，得到深圳大学当代中国政治研究所特别是所长黄卫平教授的关心帮助，得到深圳大学管理学院公共管理系领导、老师的支持帮助，得到深圳大学社科部的领导、老师的关心帮助，还得到新加坡国立大学东亚研究所郑永年教授、黎良福教授的关心与帮助，在此一并致谢！特别应该提及的是，一直关心中心发展的新加坡国立大学东亚研究所黄朝翰教授、杨沐教授于2018年相继去世，让我们十分悲痛。本书出版之际，我们也借此对他们表示感激和怀念！

研究未有止境，后辈定当努力！期待深圳大学新加坡研究中心在先辈的指引和我辈的努力下能有新的发展，也敬请大家一如既往地支持深圳大学新加坡研究中心的发展和《新加坡研究》（通讯邮箱：lsfpeace@szu.edu.cn）集刊后续的定期出版。

李淑飞　2019年10月初
深圳大学新加坡研究中心执行主任

目录

第一篇　新加坡模式：挑战与前瞻

拿捏大小软硬道理之间的平衡 ……………………… 吕元礼 / 3
"不老的传说"
　　——新加坡的优势与软肋 ……………………〔新加坡〕严孟达 / 7
新加坡经济模式在新时代的机遇与挑战 ………〔新加坡〕陈兴利 / 14
浅论新加坡反对党政治生态格局与前景 ………〔新加坡〕陈　剑 / 27
王瑞杰为什么能？
　　——新加坡下一代领导人的挑战与机遇 ……………… 范　磊 / 37
范式的转换：新加坡政治发展的走向探析 ……………… 黄锐波 / 48
新加坡政治体制繁衍面对的挑战 …………………〔新加坡〕蔡裕林 / 58

第二篇　政治与外交

从"战国"到"魏吴蜀"
　　——新加坡第 14 届国会大选前析 ……………〔新加坡〕许振义 / 71
新加坡是"一带一路"的重要节点 ………………〔新加坡〕杨建伟 / 88

第三篇　管理与政策

组屋政策与新加坡和谐社会的政治效应 …………… 孙景峰　杜　睿 / 103
新加坡的住房保障体系及对中国的启示 …………… 何晓斌　吕淑敏 / 114
新加坡公共管理经验与先行示范区政策创新实践
　　——以深圳B区为调研对象 ………………………………… 李淑飞 / 125
论新加坡城市规划经验对中国国土空间规划工作
　　可借鉴性 ………………………………………………………… 李韶鉴 / 148

第四篇　文化与认同

福建土楼及马六甲海峡历史城区成功申遗对
　　新加坡的启示 …………………………………〔新加坡〕张克润 / 159
媒体在城市品牌建构与传播中的作用
　　——基于《联合早报》与新加坡的案例 …… 杨晓青　杜哲浩 / 166
新加坡华文出版业现状初探 ……………………〔新加坡〕邹　璐 / 177

第五篇　新加坡与中国

新加坡国际化创新型城市建设经验及对深圳的启示 ……… 冯元粤 / 189
中新合作苏州工业园区管理模式研究 ……………… 沈卫奇　廖勇斌 / 195
苏州工业园区的转型升级
　　——打造一个美丽、宜居、和谐、可持续的
　　绿色社会 ………………………………………………………… 薄智跃 / 202
中新社会福利模式比较 …………………………………………… 魏　炜 / 213

第六篇　新加坡与马来西亚

马来西亚第 14 届国会选举及对新马关系的

 影响分析 ………………………………………… 汤婉香　辉　明 / 225

【 CONTENTS 】

Singapore Model: Challenges and Prospect

The Prologue of *Singapore Model*: Challenge and Strain　　　Lv Yuanli / 3
Ageless Legend: Advantage and Disadvantage of Singapore　　Yan Mengda / 7
Singapore Economic Model in the New Era: Opportunities & Challenges
　　　　　　　　　　　　　　　　　　　　　　　　　　Chen Xingli / 14
The Political Ecology and Perspective of Singapore Opposition Parties
　　　　　　　　　　　　　　　　　　　　　　　　　　　Chen Jian / 27
Why Can Heng Swee Keat Do? Challenges and Opportunities for
　Singapore Next Generation Leaders　　　　　　　　　　　Fan Lei / 37
Paradigm Conversion: Analysis of the Trend of Singapore Political Development
　　　　　　　　　　　　　　　　　　　　　　　　　　Huang Ruibo / 48
Challenges Arising from the Evolution of Singapore Political System
　　　　　　　　　　　　　　　　　　　　　　　　　　　Cai Yulin / 58

Politics and Diplomacy

From the Warring State to the Three Kingdoms (Wei Shu Wu) Period:
　the Analysis of Singapore's 14th Congress Election　　　Xu Zhenyi / 71

Singapore as an Important Node for "The Belt and Road"　　Yang Jianwei / 88

Management and Policy

HDB Housing Policy and the Political Effect of Singapore's Harmonious Society
　　　　　　　　　　　　　　　　　　Sun Jingfeng and Du Rui / 103
Singapore's Housing Security System and Its Implications for China
　　　　　　　　　　　　　　　　　　He Xiaobin and Lv Shumin / 114
Singapore's Public Management Experience and Shenzhen's Policy
　　Innovation Practice　　　　　　　　　　　　　　Li Shufei / 125
On the Reference of Singapore's Urban Planning Experience to China's
　　Territorial Spatial Planning　　　　　　　　　Li Shaojian / 148

Culture and Identity

The Inspiration of the Successful Application of the World Heritage Sites of
　　Fujian Tulou and the Historic District of Malacca Strait to Singapore
　　　　　　　　　　　　　　　　　　　　　　　　Zhang Kerun / 159
The role of Media in the Construction and Dissemination of Urban Brands:
　　Based on the Lianhe Zaobao and Singapore Case
　　　　　　　　　　　　　　　　　Yang Xiaoqing and Du Zhehao / 166
A Preliminary Study on the Status of Singapore's Chinese Publishing
　　　　　　　　　　　　　　　　　　　　　　　　　Zou Lu / 177

Singapore and China

Singapore's Development of International Innovative City and Its Inspirations
　　for Shenzhen　　　　　　　　　　　　　　　Feng Yuanyue / 189
Research on the Management Model of China-Singapore Suzhou Industrial Park
　　　　　　　　　　　　　　　　　Shen Weiqi and Liao Yongbin / 195

Transforming Suzhou Industrial Park (SIP1) to Suzhou Innovation Park (SIP2):
  Building a Liveable, Harmonious, and Sustainable Green Society
  　　　　　　　　　　　　　　　　　　　　　　　　Bo Zhiyue / 202
The Compare of Social Welfare Model between Singapore and China
  　　　　　　　　　　　　　　　　　　　　　　　　Wei Wei / 213

Singapore and Malaysia

Malaysia's 14th General Elections and the Impact on Singapore-Malaysia
  Relations　　　　　　　　　　　　Tang Wanxiang and Hui Ming / 225

第一篇
新加坡模式：挑战与前瞻

拿捏大小软硬道理之间的平衡

● 吕元礼[*]

内容提要：新加坡独立时政评论专家蔡裕林先生的《新加坡模式：挑战与应变》于 2017 年 5 月由新加坡八方文化创作室出版发行。吕元礼受邀为该书作序。

关键词：新加坡模式；人民行动党；李光耀；李显龙

这本解析新加坡模式的著作，不是要叙述它过往的辉煌，而是要揭示它面临的困境。2011 年 5 月举行的新加坡大选，被视为该国政治的分水岭。此前的 2010 年，新加坡在"透明国际"公布的全球廉洁排行榜中与丹麦、新西兰并列世界第一；其 GDP 也较前一年增长 14.5%，名列世界第二。在外人看来，2011 年举行大选，长期执政的人民行动党应该占有优势，取得佳绩。但出人意料的是，在这次大选中，该党得票率为 60.14%，成为 1965 年建国以来历次大选的新低；反对党则史无前例地赢得一个集选区，共获 6 个议席，创下了建国以来反对党赢得议席的新高。这表明，新加坡的政治生态已经进入"新常态"（New Normal），即人们不再满足于政府的清廉高效乃至经济的增长和发展，而要求更多的民主、自由、平等、幸福。面对挑战，新加坡政府积极应对，新加坡模式也变化创新。本书收录了蔡裕林先生写于新加坡进入新常态以来的五六年间的时政评论。章前篇后，都打上狮城的时代烙印；字里行间，更刻下作者的严肃思考。

实际上，直面"挑战"，积极"应变"，本身就是"新加坡模式"的

---

[*] 吕元礼，深圳大学管理学院公共管理系教授，深圳大学新加坡研究中心主任。

内在要求。本书引述了新加坡建国总理李光耀先生的如下答问。当记者问及"新加坡模式的本质是什么"的问题时，李光耀说："没有什么本质可言。如果有，就是一种有能力持续调整以适应国际形势变化的模式。世界在变，我们也在变，同时又能保持自己的特色。"本书作者认为：李光耀所谓的"没有什么本质可言"，意味着这个模式源自西方；而其所以又与西方不同，就在于它是"一个有能力持续调整以适应国际形势变化的模式"。正是这种与众不同的治理能耐，让新加坡"又能保持自己的特色"。

这就是说，新加坡模式是在秉承西方民主、法治的基本价值理念或大体制度框架的基础上，依据本国国情"因地制宜"的产物和因应时代变化"适时而变"的结果。基于上述认识，蔡先生指出，对于新加坡的治国模式，当下有两种截然不同的看法。一种以国家治理的独特性需要为依据，另一种则以普世价值为依据。前者认为新加坡"虽有民主宪政体制，三权分立的架构和机制"，却应该因应"国情的需要，在治国过程中，突出务实与绩效，并以法治国，在渐进中建设国家"；后者强调"国家的治理，应按照三权分立体制运作，人民应赋予完全的言论自由，让政党轮替体现体制文化"。在比较了上述两种看法之后，蔡先生断言，历史的事实和教训是："国家治理绝非有了体制或良好的从政意愿，就可以让政治发展一步到位，成功唾手可得。"换句话说，治国理政固然要秉承那些立意高远的价值理念和逻辑严密的制度框架，更要从此时此处的实际出发，因时制宜，因势利导，实事求是，脚踏实地。

一般来说，西方自由主义者乐于站在应然的立场，通过高举"民主是什么"的理念来"校正"发展中国家的民主实践，以便让现实趋近理想；反之，以李光耀为代表的新加坡政府领导人总是站在实然的立场，力图通过"民主不是什么"的反思去质疑西方的民主原则，从而让理想符合现实。现实中的圆都有不圆之处，那个没有任何缺口的纯粹的圆，只有圆的定义。同样，现实中的民主都有不够民主之处，那个没有任何缺陷的纯粹的民主，只有民主的理念。这里圆的定义或民主的理念，就是它们的"应然"——即应该的样子。一方面，画圆或建设民主，只能在现实中进行；容不得一点缺口或一丝缺陷，就只能让圆或民主停留在抽象的想象，而不能将其落实为具象的事实。另一方面，画圆或建设民主，又须秉持其应然的定义或理念，并借此对现实不断给予批判、纠正。唯其如此，才能画出日益圆满的圆，建成日臻完善的民主。

2011年5月大选之后，人民行动党及其政府又迎来接二连三的挑战与考验：同年8月举行的总统选举，受该党支持的候选人在多角战中（四位参选人）仅以35.19%的得票率当选总统；2012年5月、2013年1月举行的两次补选，人民行动党都以失败告终。此外，2012年11月，新加坡出现了26年以来的首次罢工；2013年岁末，又出现了44年以来的首次暴乱——小印度暴乱（后改称骚乱）。与此同时，2013年新加坡政府精心编制、国会多数通过的人口白皮书，遭到了许多民众的尖锐批评与激烈抵制。这些无疑让长期执政的人民行动党深感危机，不得不在小心谨慎的探索中适时而变。其间，反对党跃跃欲试，静观其变；老百姓群情亢奋，人心思变。本书记录了身处其变的作者的所见、所闻、所感、所思——可以当历史读，提纲挈领；可以做时论看，夹叙夹议。

建党之初，人民行动党是以民主社会主义为宗旨。执政之后，其指导思想及政府政策经历了一个从左向右的转变，即从更多的社会主义转变为更多的资本主义。资本主义推动了经济的高速增长，也拉开了国民的收入差距，造成了普通民众特别是收入偏低的底层民众的不满。这也是2011年大选人民行动党得票率下降的重要原因。2011年大选之后，人民行动党政府的政策逐渐从偏右走向"中间偏左"，即从更为强调增长发展的硬道理调整为特别注重公平公正的大道理，从更为关注做大蛋糕调整为特别注重分好蛋糕，并注意不从走向偏左变为滑到极左，力求在平衡中稳步前进。与此同时，人民行动党也在2013年的干部党员大会上重提民主社会主义的宗旨，但又强调不搞意识形态。政策、理念的调整，往往与思维、作风的转型相伴随。蔡先生在书中指出，上述改变因应了从李光耀时代到后李光耀时代的转变——前者更多是家长式领导，后者更多是朋友式作风；前者更多一些"亲商""亲新加坡国家"，后者更多一点"亲工友""亲新加坡人民"；前者的思维是"听我们说，跟我们走"，后者的思维是"相信我们，携手前进"。

2015年9月11日举行的最新一次大选，人民行动党得票率为69.86%，较上届大选的60.14%高出近10个百分点，成为该党自1980年以来的国会选举中取得的第二好成绩。与此同时，人民行动党还夺回了在两年多前的补选中失去的一个议席，赢得89个议席中的83个。政策、理念的调整，思维、作风的转型，是人民行动党大选取得大胜的重要原因。李显龙总理指出，选举结果向外人宣示，在后李光耀时代，新加坡仍能找到制胜的秘诀，继续前进。同日，李显龙又通过面簿发布了题目颇为感性的总理告选民书——《给你留了位子》（I've Saved a Seat for You）。他说："我们欢迎每一位想要参与打造我们的未来的新加坡人，与我们同席而坐。我给你留了位子，请加入我们，与我们并肩合作。"

本书最后一篇时评题为《转型挑战：应变与路径选择》，写于2016年11月。其时，距离2015年9月举行的大选过去了一年有余，新加坡在经历了政策从偏右走向中间偏左的调整并取得成功之后，又面临"GDP的持续下调，失业率的上升，生产力徘徊在低端水平"的新的挑战。面对眼前挑战，当然要靠增长发展以做大蛋糕；最终走出困境，还要依靠公平公正来分好蛋糕。实际上，增长发展与公平公正是一对难以分解、相伴始终的矛盾。这里，增长发展是硬道理，公平公正是大道理。硬道理大不过大道理，因为它是小道理；大道理硬不过硬道理，因为它是软道理。新加坡及其模式要能继续成功，必须化解不同道理之间的矛盾，拿捏大小软硬之间的平衡。读罢本书，笔者对新加坡及其模式抱有更多的信心，因为笔者对作者的悉心观察有信赖，对本书的理性分析有信任。"假以时日，走出困境，当可期待。或许，这就是新加坡深具创造力的独特模式所赋予的能耐。"这是作者撰写本书留下的结尾，也是笔者阅读本书收获的结论。

"不老的传说"

——新加坡的优势与软肋

● 〔新加坡〕严孟达[*]

内容提要：政府的高效率是新加坡长期在各种世界排名中保持"不老的传说"的关键，也是新加坡半个多世纪以来形成的制度优势。然而，新加坡也一直有水资源缺乏、领土面积小等固有的弱势或软肋。身处风云变幻的世界政治环境，新加坡天生的小国脆弱性并不会因为生存能力的提升而显著降低，新加坡人必须时刻保有危机感方能维持新加坡"不老的传说"。

关键词：政府效率；优势；软肋

多年来新加坡在国际上享有盛誉，各项指标排名居于前列，如廉洁、竞争力、经济自由度、宜居城市、最适合儿童成长环境等，还有大学、机场和港口的排名都有耀眼的光芒，其中一项制胜因素在于新加坡的"政府效率"。

根据美国康奈尔大学、英国国家商学院与世界知识产权组织2018年的"全球创新指数排名"，新加坡的排名连跳两级升至第五，在东南亚、东亚和大洋洲则排名第一，是前十名中的唯一亚洲国家。[①]

政府效率、监管质量和外资流量推动本地创新研究是新加坡在这项排名中取得亮丽成绩的主要因素。

自1965年独立建国以来，新加坡以半个世纪的时间在经济、社会发

---

[*] 〔新加坡〕严孟达，新加坡《联合早报》原副总编辑，现为该报特约评论员。
[①] 见新加坡《联合早报》2018年7月16日报道。

展、教育、城市建设与管理等方面取得巨大成就，新加坡不断强化本身的优势，但许多固有的弱势一直是新加坡的软肋，如水资源的缺乏、领空面积较小使空军飞行训练受到限制等。

治国精神

新加坡的基本治国精神可以在每年度的财政预算案中体现出来，审慎地理财、精明地创造财富，然后通过细腻手法与民分享财富、避免西方国家的福利陷阱、提防民粹主义，这已成为新加坡政府治国的一套价值观。

政府每年预算案的一个核心政策是与人民分享财富，缩小贫富差距。新加坡2018年的基尼系数是0.36，高于不少发达国家。新加坡通过社会政策应对贫富差距可能带来的政治冲击，是政府制定任何政策的一个关注点。

长期执政的人民行动党的创党元老，一开始便标榜他们是"非共的民主社会主义者"，新加坡过去几年来的财政预算案，已有越来越明显的"左倾"现象，政府在社会政策上加大力度，组屋政策反映了更大的灵活性。

所谓的"组屋"就是政府为新加坡公民建设，让人民通过中央公积金的个人储蓄购买享受津贴的公屋。今天新加坡人有80%以上是组屋居民。组屋政策的成就在全球无出其右，是政府最感到骄傲的成就，但组屋政策至今仍是人民最关注的民生课题，有关组屋政策的公共议题，无论大小都会进入政府的议程。

李显龙总理在2018年8月的国庆群众大会演说中，针对组屋政策做出重大宣布，政府未来将推出"自愿提早重建计划"（VERS），让居民在一些组屋屋龄达到70年时，投票决定是否集体将屋契卖回给政府；政府也会扩大组屋翻新工程规模，所有组屋在99年的屋契寿命中都会有两轮翻新的机会。通过翻新和社区环境的改善，为组屋区注入活力，不让旧的组屋区沦为"贫民窟"是组屋政策的基本精神。

组屋政策可说是"新加坡式社会主义"的核心，而它的成功跟新加坡建国以来的土地政策息息相关。从一开始，政府的土地政策便具有浓厚的"劫富济贫"色彩。如今新加坡面积经过多年的不断填海，已从原来的500多平方公里扩大到今天的710平方公里，但它毕竟是一个弹丸小岛。李光耀从一开始便决定不让土地落在少数富人的手里，因此通过土地征收政策把土地作为长期的住屋与经济发展规划。

长期规划

新加坡财政部长王瑞杰于2019年3月间在国会公布的新加坡2019年度财政预算案中，重申"国家发展须采取长期发展策略"的重要性，确保新加坡有限土地满足当前发展和未来需求，是建国以来的思维和政策，但如今更增添了全球气候变化的因素，使土地规划面临更大的挑战。

2019年，新加坡市区重建局公布了最新的发展总蓝图，确定了未来10年到15年的发展方向。对于这个小岛国，国家发展几乎是土地发展的同义词。

新加坡的组屋居民占总人口的八成以上，要巩固人民的团结，一切发展就必须从组屋居民的利益角度出发，城市的长期转型以组屋区为起点，组屋政策的重点由"建屋"转为"生活质量的提升"，从家居改进计划、邻区更新计划，到更长期的第二次家居跟进计划，以及自愿提早重建计划，种种计划确保组屋一直处于年轻化的过程中。

市容转型

新加坡首座新一代邻里中心位于岛国东北部榜鹅区，在2019年初开幕，该中心拥有新时代的设计、充足的社区空间，七层楼顶层还有"绿洲"，集医疗、消闲、购物、超市、托儿所、餐饮等于一体，更像是市镇中心，而不是"邻里中心"。未来三年这类新一代的邻里中心将陆续在市镇出现，"市镇"也许更符合今日组屋区的形象。

过去十年中出现的新一代组屋和私人公寓的差距将进一步模糊，这是新加坡市貌的最显著转型。在这片面积有限的土地上，组屋发展的故事便是新加坡"不老的传说"。

接班问题

在新加坡的政治传统下，接班人选有其高度可预测性，建国总理李光耀于1990年退位之前，吴作栋和陈庆炎是两位呼声较高的人选，李光耀毫不讳言地表示他的第一选择是陈庆炎，但当时的第二代领导人集体协商之后，一致推举吴作栋作为第二代领导人顺利接班。当吴作栋在2004年要把领导权转交给第三代之际，李显龙是不二之选。

李显龙在2015年的大选中表示要在70岁之前退位，第四代的接班人选随即成了本届政府的重要议程，但总理接班人一直没有浮出台面，引来不少猜疑。2018年1月间，16名第四代领导班子成员罕见地联署发表声明，表示他们将紧密合作，在适当时候从团队中推选一人出任领导人。这16人名单被视为"总理遴选委员会"，掌握和决定总理人选的话语权。现在总理人选基本确定了，第四代班子到底发挥了多大的决定作用是个有趣的问题。

2019年5月间，哈莉玛总统为第13届国会的第二会期主持开幕，并代表政府发表施政方针演说时指出，"第四代领导团队对新加坡面对的局限和挑战有清楚的认识，并会继续守护我国多元种族、唯才是用、廉洁自立、包容且开放的基础价值。但在延续先辈工作的同时，他们会提出新的想法和做法，与新加坡人共同努力，带领新加坡前进"。这是首份由第四代领导班子起草的施政方针，其总体精神和方向犹如第四代接班人的自我期许。

团结和政策的延续性是新加坡政府保持高度执政效率的关键因素，也是新加坡国家稳定的基础。内部长治久安，领导人在外说话有分量是新加坡在国际上建立起的形象。而维系着这两项因素的基本价值观是"诚信"两个字，政治领导人以诚待人，以信取得国内的信任。对第四代"诚信"的"试金石"是日渐逼近的下一届大选，他们能赢取选民多重的委托，是国人对他们持有多少信心的表现。

金融管理局2018年发布的《宏观经济检讨报告》指出，"中美贸易摩擦迄今对新加坡经济的影响有限，但接下来负面溢出效应可能更明显，对未来几个季度的经济增长构成下行风险。不过，贸易和生产活动可能会从中国转移至东南亚，抵消部分的负面影响。"它描述的是一片不明朗的经济前景。

社会契约

不少国家因收入差距、社会分化等问题，社会契约遭到破坏，若同样的问题发生在新加坡，新加坡的政治将变得险峻，社会将遭到分裂，国家甚至可能步入衰败。这是第四代接班人面对的另一挑战。维护一个公正、团结、互相扶持的社会可视为他们在全面正式接过领导工作之后的愿景，但这个愿景跟以往政府所发表过的愿景基调有所不同，它包含了更大的危机感，这种危机感来自国内和国外的双重因素。

在国内因素方面，政府自2011年大选之后便对收入差距、社会不平等现象凸显投入更大和更深切的关注。国外因素当中，中国的崛起虽然让新加坡看到更大的发展机会，但随着中国经济、科技和文化影响力的扩大，其"一带一路"的经济策略在国际上造成一些反弹，也给全球化经济带来意想不到的变数。

医疗保健、扶贫济困等社会政策已成为新加坡政府与人民之间的"社会契约"的重要内容，体现了政治领袖的天职就是要照顾国计民生，保障人民的民主权利。第四代领袖所要缔结的新的社会契约，就是已有所本，并非凭空而来，政府本来就已经掌握丰富的社会资源，今后的问题在于如何依据轻重先后的原则来重新配置。但是社会资源并非用之不尽，国人对公共服务需求增加了，付出也会更大。

外交智慧

新加坡虽然是小国，但在国际上必须继续有其"大用"。建国之初，李光耀并不因为新加坡的国小而妄自菲薄，凭其智慧和远见在大国外交中"纵横捭阖"。如今的领导人继承了一个发达的经济体，他们在国际上面对大国时应该更有底气。区域邻国和世界大国也将在许多课题上试探新领导班子的能耐，如马来西亚会把水供课题，印度尼西亚则把民航领空管制权、签订引渡条约等课题当作该国与新加坡双边关系的筹码；中国和美国也可能把新加坡拉入他们各自的战略布局中。新加坡一向在大国的矛盾中保持"中立"，但却不失其立场。国际上将会关注新加坡国际外交政策的延续性。

邻国关系

1991年8月9日，新加坡庆祝26周年国庆日，马来西亚和印度尼西亚两国陆军却在距离新加坡北部兀兰仅20公里的柔佛南部举行空降演习，新加坡武装部队随即进入戒备状态，当时沉浸在热烈欢庆气氛中的新加坡人并没有觉察到隐藏着的危机。那是吴作栋总理上台后的第一个国庆庆典，当他在1990年11月接建国总理李光耀的班之后，碰到的第一个棘手问题就是新马关系恶化。

当年李光耀已跟马来西亚财长达因签署了有关马来亚铁道局丹绒巴葛火车站搬迁"协议要点"（POA），李光耀的本意是不希望把上一代的历史包袱交给下一代，岂知当时的马国首相马哈迪过后却拒绝执行协议要点。加上水供合约问题，新马关系陷入长期的低潮。那时新加坡与印度尼西亚的关系也由于几个悬而未决的课题而交恶，马印两国在新加坡生日会上，以联合军演的方式在场边鼓噪，不只是没礼貌，更是对吴作栋应变能力的一种试探，是对新加坡国家安全的严重挑衅。

自新加坡脱离马来西亚以来，新印之间在许多领域的纠纷源于新加坡的最大"原罪"，即新加坡是由所谓"外来者"的华族人口所占据。半个世纪后，新马问题越来越复杂，在新加坡成为发达国家，个人收入水平超越大多数西方国家的时候，马来西亚还未摆脱第三世界国家的形象。新加坡的成功之处，正是马来西亚失败的地方。现在新马关系的问题也是贫富差距的问题，这可能构成有史以来最大的障碍，诸如港口的港界问题，民航空中管制权的问题也许比水供问题更为棘手。

新加坡与印度尼西亚的关系也存在许多类似的问题，新加坡一向是印度尼西亚富豪财富保值的避风港，中产阶级也把新加坡当作购物和寻求医疗服务的天堂。新加坡效率、市容和交通的井井有条，跟印度尼西亚最大城市雅加达形成强烈反差，印度尼西亚人对新加坡羡慕之余，难免表露出心理上的不平衡。印度尼西亚前总统哈比比在1998年与来访的新加坡副总理张志贤会面时，以傲慢的态度指着地图说，跟印度尼西亚广大的绿色幅员相比，新加坡不过是一个"小红点"，意思是提醒新加坡在"老大哥"面前，必须懂得自己所处的位置。这是印度尼西亚政治人物典型的"不平衡"心态的流露，而这种心态也普遍存在于印度尼西亚的军方人物身上。

新加坡资源严重匮乏，而印度尼西亚却是幅员辽阔，人口众多，资源丰富，新加坡的经济发达是他们无法理解的，因此他们认为新加坡的成功是占了印度尼西亚的便宜（马来西亚的马来民族主义者也存有同样想法），甚至认为新加坡对印度尼西亚人有所亏欠。

在民航飞行管理权的问题上，印度尼西亚跟马来西亚的立场一致，认为新加坡管理的飞行范围侵犯了廖内群岛的领空，新加坡应把飞行管理权归还他们。但是，民航飞行管理属国际民航组织的范围，民航飞行管理跨越不同国家的领空是常态，不能以领空作为划分界限。印度尼西亚本身管理的飞行领空便跨越东帝汶和澳洲的圣诞岛上空。

总　结

开埠200年后的今天，新加坡已成为国际上的重要一员，天生的小国脆弱性并没有因此而降低。尽管新加坡的生存能力今非昔比，但眼下国际形势的险恶不断提醒新加坡人好日子并不是理所当然的。

新加坡经济模式在新时代的机遇与挑战

● 〔新加坡〕陈兴利[*]

内容提要：新加坡人民行动党政府 1959 年执政后，建立以清廉、高效率精英为基础的政府，推行结合市场经济无形之手加上有为政府的两手经济发展战略，在务实精神指引下成功执行经济发展战略。新加坡在不到 60 年间成为世界领先的小型经济体，超越 20 世纪 60 年代同期崛起的其他亚洲三小龙，缔造了具有浓厚国家主义的新加坡经济模式。近年来世界格局发生罕见巨变，地缘政治基础从欧美核心向东方转移，新的工业革命和人口老化带来的社会和经济张力对成功的新加坡模式形成前所未有的挑战。目前，新加坡当局尚在探索新环境下的经济发展思路和行动政策。国家目前具有丰厚的资源，只要以务实的态度不断探索有效方法，一定可以掌握时代发展机遇。

关键词：新加坡模式；科技革命；机遇与挑战；务实精神

2018 年是新加坡建国 53 周年（1965），新加坡的经济成就和社会发展举世瞩目。人民行动党 1959 年 6 月在新加坡独立前就开始执政，从 1960 年到 2017 年，国家人口从 160 万人增加到 565 万人，新加坡人均 GDP 从大约 430 美元增加到 57700 美元。同期内实质 GDP 增长超过 55 倍，人均实质 GDP 增长 16 倍，新加坡用不到 60 年时间取得如此成就，

---

[*] 〔新加坡〕陈兴利，大学毕业于菲律宾大学电机系，硕士修读澳大利亚新亚威尔士大学生物制药，博士毕业于新加坡管理大学管理系。其长期担任食品制造业、金融业、房地产业与农业企业高管，目前是柬埔寨和平合作发展研究所高级访问学者，主要研究东盟经济、中国东盟经济合作、中国经济发展、工业革命、国家科技政策、国际贸易摩擦与发展经济学。

在世界经济发展史上堪属首屈一指。

同时，新加坡在一系列反映社会发展的指标上，如居民自拥住房比例、平均教育水平、国民平均寿命、人类发展指数（Human Development Index）都在国际上名列前茅。新加坡由第三世界国家步入发达国家行列，经济和社会发展达到世界先进水平，新加坡经济飞速发展和社会不断进步的经验引起了世界瞩目。

在20世纪70年代东亚崛起的四小龙中，2017年新加坡人均GDP约为5.8万美元，香港是4.6万美元，韩国是3.0万美元，台湾是2.4万美元。新加坡的居民人均GDP在90年代初超越台湾和韩国，2004年超越香港。新加坡在四小龙中是相对缺乏经济腹地和天然资源的经济体，但今天的人均生产总值水平最高，也是经济发展过程中表现最平稳、起伏幅度最小的地区，这个成就在二战后出现世界经济奇迹的东亚也属突出。

相对于60年代崛起的依赖高社会储蓄率、高基建和教育投入、出口引领的东亚经济发展模式，新加坡的经济发展表现已经大幅超越其他三小龙，形成具有浓厚社会治理元素的独特新加坡经济模式，也成为东亚经济发展模式中最成功的例子。

新加坡经济模式是东亚经济发展模式的一个升级版，其结合市场经济的无形之手和有为政府的两手抓经济发展战略，在建立法治和高效清廉国家领导团队的基础上以务实主义推行与时俱进的经济发展策略，为国家带来社会和经济的长期稳定和发展。

近年来世界格局发生罕见的巨变，以中国为首的东方亚洲在经济和科技领域的迅速崛起，使现行国际制度面临改革的挑战。同时新工业革命带来就业与经济转型挑战，世界发达国家普遍存在人口老年化，对经济构成一定压力等新现象，对所有国家都产生冲击。新加坡作为国际依赖度较高的开放式小型经济体，在这些变化中首先受到冲击，新加坡发展模式的可持续性面临建国以来最严峻的挑战。

新加坡经济发展历史背景

1819年1月底，英国人来福士初抵新加坡的时候，当时岛上人口只有几百人。随着英国人开埠并执行自由港的政策，新加坡逐渐成为远东第一个自由港，岛上开始吸引大量移民，经济得以迅速发展。直到20世纪初期，新加坡经济一直以转口港为主。

随着20世纪初橡胶种植、凤梨种植、锡矿开发等初级产业在马来西亚的崛起和新加坡本地人口的增长，新加坡转口经济加入橡胶等利用马来西亚原材料的初级加工业和基本日用品制造业元素，这种以转口服务业为主，初级制造业为辅的经济结构，一直维持到1959年人民行动党执政，只在第二次世界大战期间短暂中断过。当时新加坡农业产值占本地GDP的4%，工业占18%（其中制造业占11%），服务业占78%，经济支柱是转口贸易、初级制造业和英国海军基地支出。英国殖民地政府在经济上一直奉行维多利亚时代的绝对自由主义。

60年代是新加坡经济、政治和社会的共同转型期，了解当时经济变化必须同时了解当时社会和政治环境的变化，通过这些变化了解新加坡经济发展模式的起源。

从第二次世界大战以后到1965年独立期间，与马来西亚合并组成联邦问题一直是新加坡社会的中心课题。人民行动党在1954年成立后就存在着两种不同意见，以李光耀为首的民主社会派代表殖民地社会精英阶层主张合并；以林清祥为首的工会激进派则代表社会中下层反对合并。1959年李光耀当选总理后，吴庆瑞作为财政部部长推行其经济政策，订立了以新加坡最终将并入马来西亚为假设的进口替代工业化方案并作为政策基础。

1961年7月人民行动党分裂，以李光耀为首的民主社会派清除林清祥为首的工会激进派出党。脱党的工会激进派另立社会主义阵线，成为议会第二大党。

1962年9月1日，新加坡举行公投决定加入马来西亚联邦。1963年2月新加坡政府执行根据英国、马来西亚和新加坡政府三方内部安全委员会通过"冷藏行动"的决定，逮捕了113名激进工会分子和9名新加坡社会主义阵营立法委员。1962年公投决定加入马来西亚联邦后几个月内的一连串行动彻底改变了新加坡社会和政治生态。1963年是新加坡社会和政治史上的转折点，虽然社会主义阵营在1963年9月选举中仍取得立法议会51席中的13席，稳居国会第二大党，但对新加坡政治、经济、社会的影响力已大不如前，1968年后更淡出政坛。以李光耀为首的人民行动党在1963年奠定了今天的行政基础。

1965年8月9日，新加坡脱离马来西亚联邦成为独立共和国。

20世纪60年代是新加坡经济发展的转折点

1960年是新加坡经济史上转折点的开始。当时面临两个急需解决的问题：房屋问题与失业问题。居民中40%人口居住在贫民窟和棚户区，失业率在15%以上，半失业率估计更高。人民行动党执政后的新加坡政府于1960年成立建屋发展局（HDB），1961年成立经济发展局（EDB）来解决这两个问题。在林金山领导下的建屋发展局在1960年开始大规模通过对贫民窟和棚户区改建成居民组屋来拉动经济增长。在1960~1963年，建筑业以23%的年率增长，GDP以年率8%的速度增加，这种发展速度在当时的发展中国家中实属罕见。一系列经济政策的成功，为人民行动党在1962年推动新加坡加入马来西亚联邦和在1963年开始的一系列取缔激进工会和社会主义阵线行动创造了社会条件。

1960年政府开始拟定一系列以国家为主导的经济发展政策，经济发展局作为核心的政策制定和执行机构，在面对国家工业化的无资金、无人才、无技术问题上，订立引进外资企业建立制造业的国家发展战略重点。经济发展局设立裕廊工业区，吸引外商投资。当时进驻的工业以低附加值、劳工密集出口型的轻工业为主，包括制衣、纺织、玩具、木材加工、假发等。裕廊工业区同时成功引进英荷跨国企业贝壳石油公司建立资本密集的炼油厂，还引进了东南亚华侨资本建立国家钢铁厂。

20世纪60年代全球国家经济发展理论尚停留在50年代殖民地独立后以民族企业为载体的进口取代年代，新加坡吸引外资建立工业体系的特点相当程度上开了先河。新加坡自由港的历史基础和社会经济思路，允许其推行外资导向的工业化政策。1965年独立后新加坡丧失马来西亚市场，出口导向型的国家工业化发展战略被迫加速推进。引进外资建立制造业执行得相当成功，制造业占GDP的比例从1960年的10.6%一路攀升到1965年的13.5%，1975年达到22%并在1980年达到高峰期的26.5%。

60年代中后期到70年代初期，工业化成功拉动经济增长舒缓了新加坡经历的几次经济冲击。这些冲击包括：1964年印度尼西亚政府切断新加坡到印度尼西亚转口贸易导致贸易萎缩；1965年新加坡退出马来西亚联邦带来民众心理震荡导致负面经济影响；20世纪70年代初期英国海军基地撤离新加坡带来的4万名基地相关雇员失业问题。1966年是新加坡经济成功转型的一个里程碑，本地贸易在1966年取代转口贸易成为服务业重要组成部分。

1965~1984：新加坡模式的成形期

60年代初期的两大经济问题——失业和住房问题，随着经济的高速增长而得到解决。失业率从1960年的15%降到1970年的4.8%。1961~1970年政府兴建了11万套组屋，1971~1980年又兴建了25万套，到1980年居住在政府组屋的人口比例已经高达73%。

60年代初的新加坡缺乏推动工业化的资金，1960年新加坡举国投资比例只占GDP的10%。新加坡独立后首先建立新加坡国有资本体系，通过一连串国家投资行为拉动经济。据不完全统计，新加坡政府60年代末期成立了资金规模为6.7亿新元的26家全资拥有的企业，同时政府注资2亿新元给33家合资企业。许多著名的政府关联公司或其前身就是在当时建立的，如星展银行（DBS）、吉宝企业（Keppel）、新科工程（ST Engineering）等。同时转化过去公营事业单位营运模式为具有商业营运功能和独立核算的法定机构事业单位，如建屋发展局（HDB）、公共事业局（PUB）、港务管理局（PSA）等。

60年代末新加坡GDP只有30亿~40亿新元，对国有资本体系的注资属于巨款。新加坡国有资本体系的一系列机构连同跨国公司拉动了建国初期的工业投资活动，大举推动了新加坡的总体投资比例，在1967年达到20%，7年间实现翻倍。

60年代和70年代可以形容为新加坡从转口服务业经济转型到出口

导向型工业经济的时代。以国有资本政府关联公司（GLC）和跨国公司（MNC）作为经济发展动力火车头的双轨新加坡经济发展架构在这个时候逐步成形。

利用 GLC 连同跨国公司作为经济发展战略支柱是当时经济创举，也奠定了新加坡经济发展模式。GLC 从 60 年代投资建立基础工业设施，转化为新加坡式国家资本主义的政策先锋。80 年代开始的新加坡转型升级，都由 GLC 充当投资先驱。例如 80 年代设立晶圆制造厂特许半导体（Chartered Semiconductor）作为国家战略性项目开发；90 年代创办苏州工业园作为新加坡区域化战略先锋；近年来创立中新天津生态城作为新加坡到中国发展生态环保的桥头堡。

新加坡建国 50 多年来，GLC 已经成为促进经济增长的重要因素。在劳动就业、技术创新方面承担了不可忽视的领导角色。据不完全统计，GLC 和法定机构在 GDP 产值方面的贡献，应该超过两成，这些机构的领导相当部分人士是由前高级公务员担任。

新加坡在 1965~1984 年的经济年平均增长率为 9.90%。由 GLC 和跨国公司作为发展主体的经济机构是针对新加坡经济发展过程中需要解决的问题而建立的，在当时具有浓厚的制度创新和务实精神。从新加坡建国初期经济发展过程可以看到经济与地缘政治的挑战，这有助于理解新加坡经济模式的一个重要组成元素——忧患意识。

新加坡经济模式的一个特点：公共政策配套

新加坡政府 20 世纪 60 年代出台一系列政策配合国家资本的形成，同时营造符合经济发展的劳资关系和社会环境，主要有以下几点。

（1）1968 年修改公积金 CPF 管理法律，规定公积金只可以投资政府特别国债，这项措施确保政府具有足够的资金来源进行投资，同时也为公积金的保值升值提供"防火墙"的功能。公积金实际上具备实行社会总体强迫储蓄的功能，政府也同时利用公积金作为宏观经济调控的重要手段。公积金的上缴比例，从 1955~1968 年工资总额的 10% 提升到 70 年代中期的 30%，最高达到 80 年代的 50%。历年来公积金上缴率的变化，随着经济周期逆向运行。强化公积金个人户口制度，通过增加雇主和雇员对公积金的付款比例，健全国民自我累积和自我保障的退休体系，政府只是承担有限责任，主要补助那些最需要帮助的贫困人口。

（2）1968年通过就业与工业关系法，建立标准的劳动法则，劳资关系强调分享和谐。新加坡政府逐步建立以政府为主导的劳资政三方共生关系，在劳资关系上强调尊重权威，强调规则，清正廉洁，和而执中。NTUC职工总会主导全国劳资关系，目前NTUC秘书长是总理公署的内阁部长。

（3）1966~1977年修订的政府土地征用法确定土地增值部分归公的理念。

（4）60~70年代新加坡国家政策强调投资。政府预算支出在社会领域集中参与公共房屋、教育发展、公积金退休体制三个领域。因为政府认为这三方面支出具有投资功能，对长期经济发展有利。政府较少参与被视为消费项目的卫生和社会福利建设。教育和科研是为经济发展服务。新加坡建国初期所有政策向经济发展倾斜，事事为提高效率而努力的发展模式，在政府强势主导下，当时被认为是正确的政策取向。

新加坡经济发展模式

新加坡经济发展模式在20世纪70年代末逐渐成形，主要包括国家积极干预政策，纠正"市场失灵"或"价格纠偏"。除了出口行业，如今政府在其他行业仍然继续对市场发挥导向和指导功能。政府广泛参与商业活动并积极经营GLC。GLC按照市场竞争原则运作，并未取代市场机制或排挤私人企业，GLC经营目的是争取利润最大化，大多数GLC效率在行业中居领先地位。

政府推行保守谨慎的财政政策，确保财政收支保持长期盈余。通过公积金（CPF）累积的私人储蓄和较高的私人储蓄与企业储蓄为新加坡积累了大量外汇，国家通过两家大型主权财富基金（SWF），即政府投资公司（GIC）和淡马锡控股（Temasek Holdings），利用累积的外汇进行全球投资。新加坡坚持出口导向开发型经济政策，国家货币政策主要针对通货膨胀或刺激经济增长，汇率政策以稳定物价和鼓励资本引进为目标。

政府积极运用战略性产业政策，确保整体经济效率的提高。通过明智且谨慎的宏观经济政策，为目标产业提供政策支援，例如：积极安排GLC与跨国公司合资，成立战略性企业，允许跨国公司资本与劳动力自由流动，提高新加坡出口导向的经济竞争力。

新加坡经济发展模式配套公共政策的原则包括：

（1）一切政策基于实用主义，而非教条；

（2）政府保持高度集中行政权，对贪污零容忍；

（3）居安思危，始终不忘新加坡所处的地位和国情，以培育精英和提高人口素质作为国家富强的基础；

（4）确保国家开放，实行国际化人才战略，确保精英具有国际视野，灵活掌握增长机遇。

新加坡退休资深公务员严崇涛在《新加坡发展经验与教训——一位老常任秘书的回顾和反思》一书中指出，新加坡独特的机制运行是由"一位政治领袖，一个设计师和一个实干家"领导的国家精英治理团队。根据新加坡的经济特点，当时的国家经济条件，发展中面对的问题和解决方法，是以务实主义为起点创立的。他提到的政治领袖是指李光耀，设计师是指吴庆瑞，实干家是指韩瑞生。

70年代奠定的发展模式，为新加坡后来的发展提供了良好的基础。80年代后的经济策略可以说是大变不多，小变常有。

1985~2010年：推动经济转型与现代服务业崛起

1985年新加坡经历了建国后第一次经济衰退，主要原因是新加坡政府尝试通过高工资政策促成"第二次工业革命"，推动经济转型。1979~1984年期间，劳动成本每年以10.1%增长，同期生产力年增长率只达到4.4%。出口制造业1985年面临转型问题呈现衰退。通过大幅调低公积金雇主上缴率、减税降费等一系列减轻劳动成本政策，新加坡经济从

1985年的-0.7%，上升到1986年的+1.3%，实现正增长。年增长率在1987年恢复到正常区间的10.7%。

政府通过一系列辅助措施推动转型。如加强人才培训，设立培养熟练工人的职业技能培训基金，发展高等教育，建立科学园林培养高等技术人才，对高科技设备引进提供财政补贴，对高科技企业减免税款。政府开始发展化工业、电子业、工程业、生物制药和生物技术业并将其作为支柱产业，同时大规模输入科研人才。外劳征税（Foreign Worker Levy）也于1982年开始实行。

新加坡政府20世纪90年代初期推进经济结构多元化，重点发展两个领域，即高附加值产业和以银行、金融业为代表的高附加值服务业。同时促进区域化发展，建立"第二"大支柱生产基地。

新加坡政府90年代末期推行第三次工业革命，追求创新驱动型经济战略，加强发展80年代开始引进的高科技产业于生命科学。

2000年后，新加坡政府开始发展新兴服务业，即旅游、度假、国际会议、综合休闲娱乐中心（Integrated Resort）。

2006年政府订立5年内投入130亿新元作为科研经费计划，目的是使科研占GDP比重由2.25%提高到3%。同年设立国家研究基金（NRF），研究三大对象：环境与水处理技术、生物科技、互动与数字媒体。

1985~2010年新加坡经历了1988年亚洲金融风暴；2001年世界科技股灾；2003年非典病毒危机；2008年世界金融危机，但在这26年间经济仍保持平均GDP增长率6.7%的平稳增长。2010年高附加值现代服务业占GDP的比重增加到25%，行业转型取得一定成功，但经济发展仍然维持政府和外资主导格局。估计外资企业占比为15%，但其出口总额占比达九成，而雇员人数占比仅为1/3。

新加坡经济1985~2010年间表现依然亮丽，26年平均GDP增速6.7%，经济表现超越其他亚洲三小龙。新加坡经济发展模式表现超越了传统亚洲模式。

其间为满足经济发展需要，新加坡引进大量外来人口，公民比例从1990年的96.1%下降到2010年的63.6%。

2011年至今：社会对政府诉求
增加下的新加坡新时代

新加坡发展模式在2011年选举后面临建国以来最严峻的挑战。人民行动党首次在选举中损失一个集选区的5个议席，社会一系列矛盾如外劳过多、中产阶级面临中年失业、CPF不足以维持中产阶级退休生活标准都成为选举议题，传统新加坡发展模式下的社会和谐面临挑战。

政府选举后2013年提出建设"包容性社会"，逐步减少依赖外劳，通过增加政府在医疗等方面的社会性支出降低反映社会分配不均的基尼系数（Gini Ratio）。以外劳为例，2013~2018年总数基本维持在113万人左右（不含同期外佣从21万人增加到25万人）。外劳在2013年占劳动人口比例为36%，在2018年已经下降到34%。政府公共医疗开支也从2010年政府预算开支的10%上升到13%。新加坡发展模式从过去偏重增加社会财富，安全网只针对弱势团体扩大到保障中产阶级就业和发展机会。

新加坡政府继续执行过去的经济发展政策仍然成功，2011~2018年经济增长保持在3.8%，在发达国家中名列前茅。

新加坡经济发展模式在社会对政府诉求
增加后必须处理的挑战

（1）新加坡的高技术科技精英和高级管理人才有限，政府必须放宽移民政策，招揽全球人才为经济转型服务。2011年大选后政府实施的控制移民政策，从长远看对经济增长不利。新加坡人均国民生产总值已经位列世界前茅，其越来越依靠创新和生产力的提高来维持经济增长，对人才素质提出的要求也越来越高。本地科技人才和管理人才的培育和成长是今后经济升级和增长的关键，这点可能是今后经济发展最不可确定的因素之一。

人口的急速老龄化为经济发展蒙上阴影，新加坡劳动人口（20~64岁）相对老年族群（65岁以上）的比例从1970年的13.5%下降到2000

年的 8.4%，而到 2018 年则下降到 4.8%。假如目前人口增长率和移民政策不变，2030 年可能进一步下降到 2.3%。出生率下降，人均寿命延长，新加坡近年来永久居民人口（新加坡公民＋永久居民）每年增加约 3 万人，不足劳动人口 340 万人（2017 年）的 1%。如何保证生产力从人口素质提升角度去弥补人口数量不足的挑战是社会日益关注的课题。面对劳动人口下降对经济增长构成的沉重压力，政府在引进外劳方面面临痛苦的选择。

（2）新加坡过去有利于经济发展的亚洲核心价值观，经过几十年的高速发展，富裕的生活已经腐蚀了这种工作精神，社会文明逐渐向西方倾斜。西方的价值观强调个人主义和物质追求，对于早期资本主义的兴起发挥了重要的推动作用。但是西方的价值观同时也增加了今后经济发展的成本，它一方面导致了以家庭为中心价值观的衰落，瓦解亚洲社会以家庭为单位的保障制度，通过对"包容性社会"的诉求，把社会保障成本转移给政府。同时当代西方价值观重视生活品质，轻视经济发展也影响年轻一代的工作价值观。2011 年选举后，社会政策向"包容性社会"倾斜，新加坡凭着过去积累的丰厚国家储备，在这个问题上目前还是可以均衡处理。但如何在发展经济的同时维护自己的核心价值观和减轻"包容性社会"对经济产生的负担，是未来的一个不稳定因素。

（3）GLC 在经济体系的绝对优势导致私人企业增长缓慢，新加坡中小企业缺乏活力。整体经济相对亚洲其他新兴国家，新加坡的生产力提升不明显，GLC 近年为追求经济回报，去工业化明显，国内缺乏具有规模的经济实体推动新工业革命下的机遇，对经济长远发展构成压力。

表 1　东亚国家和地区全要素生产率（TFP）增长比较

	1999~2006 年	2007~2011 年	2012 年	2013 年	2014 年
新加坡	3.0%	0.6%	-1.6%	0.1%	-0.9%
中国香港	2.2%	1.1%	-1.0%	0.5%	-0.2%
韩国	3.0%	2.0%	-3.2%	3.0%	0.6%
中国台湾	1.7%	1.7%	-0.4%	1.2%	1.5%
中国内地	4.4%	2.7%	0.4%	0.1%	-0.1%
日本	1.3%	2.7%	-0.7%	-0.5%	0.2%

资料来源：US Conference Board。

世界格局变化对新加坡经济模型的调整压力

（1）新加坡以自由港开埠，是没有天然资源的城邦型国家，经济依赖对外贸易，目前是全球签订自由贸易协议最多的国家之一。近年许多发达国家民粹主义抬头，质疑二战后的自由贸易主义，尤其是美国在特朗普总统执政下的立场更令人担忧。如何提升国家综合实力以保持在收缩的国际贸易空间的竞争力，适应新环境是一个考验。

（2）新工业革命带来创新环境改变，新技术具有平台和生态系统两个特性，需要产、学、研紧密结合才能转换科技为经济增长动力。新加坡虽然建立了世界一流的教育体系，20世纪90年代开始也加强投入科研，但产业由外资控制，本地企业缺乏平台型的实业固体，在产、学、研结合方面差强人意。

过去，新加坡产业转型是由转口港→劳动密集型制造业→资本密集型制造业和服务业，这一系列都在政府引导下相对顺利地完成。但目前往高端制造业与高端服务业转型尚在初见成效阶段，面对当前科技革命全面触及高端制造业、高端服务业和一般服务业，工业革命对新加坡的影响很有可能超过一般估计。

新加坡过去往高端制造业和高端服务业的努力，在当今新环境下成效不彰。新加坡是亚洲最早提出智慧城市概念的国家之一，但当时内涵是侧重政府治理（E-Government），与今天以人脸识别、手机支付、物联网等新技术为支持的智慧城市内涵差异极大。

全世界面临的科技革命带来的调整压力必须以新思维、新方法来处理，如何妥善处理是第四代领导人面对的最大考验。

新时代的机遇与挑战

新加坡模式强调建立确保经济发展的社会基础，完善以技术官僚为主的公务员制度。以良好的政策、良好的战略和配合经济发展的人才体系来推动经济发展。新加坡已经建立起一支高效率的公务员团队和精英组成的领导层，同时拥有应对经济发展战略和社会发展需要的财政能力，对国内问题与世界格局改变带来的挑战具有一定的应对能力。当前挑战是如何调整思路，正确掌握问题，提出与落实解决方案。

经济发展没有固定路径，各国经济特点差异巨大，客观影响经济环境因素千变万化，经济发展政策需要适应当时总体经济形势，不断更新、调整和执行。新加坡当前挑战具有全球性与历史性，顺利应对可为国家带来新的黄金50年。

附表1　新加坡历年经济主要数据

年份 类别	1965	1970	1980	1990	2000	2010	2018
人均国民生产总值（美元）	512	914	4859	12091	23019	42930	61766
通货膨胀率（%）	0.18	0.46	8.53	3.46	1.36	2.80	1.04
外汇储备（十亿美元）	0.43	1.00	6.49	27.58	79.72	289.00	392.00
总人口（百万）	1.8	2.1	2.4	3.0	4.0	5.2	5.7
失业率（%）	10.2	6.4	3.0	1.7	2.7	2.1	2.1

资料来源：新加坡统计局。

附表2　新加坡经济结构

单位：%

年份 类别	1970	1980	1990	2000	2010	2017
制造业	21.5	29.9	27.1	27.7	21.4	19.2
建筑业	6.9	6.3	4.8	5.3	4.7	4.3
贸易	27.8	21.1	16.6	13.4	19.2	17.6
运输与通信	11.4	14.5	14.1	10.0	8.4	11.4
金融与商业服务	—	—	—	21.5	24.7	28.1
其他	—	—	—	22.1	21.6	19.4

资料来源：新加坡统计局。

浅论新加坡反对党政治生态格局与前景

● 〔新加坡〕陈　剑*

内容提要：新加坡自1959年自治以来，60年来一直是人民行动党一党独大掌持着新加坡的政治生态。新加坡先后共组建过二十几个反对党，其中只有从人民行动党分裂出来的社会主义阵线曾经有所作为。但社阵自身的极左倾向导致其于1965年退出国会并最终没落。其余反对党由于资源欠缺、人才缺失，并一直遭遇威权政治的打压，以至自身形同虚设，长期以来，仅得一两位反对党议员点缀国会殿堂。建国总理李光耀因而创意性地设置了竞选中最高票落选的反对党候选人被纳入国会，以及由政府遴选的若干德高望重的民间专业人士为官委议员，充当国会中的反对声音。自1990年吴作栋当选总理以来，新加坡民主氛围略有改善，进入李显龙时代，反对党渐行活跃。2011年则是新加坡政治生态转机的年份，不仅各反对党派出众多人士参选，也造就了最大反对党工人党的诞生，并有突破性的表现，一举获得了一个集选区，打败了炙手可热的内阁成员即拥有三位部长的人民行动党团队，总共九位反对党议员一起进入国会。但工人党并没有很好掌握住这个可大有表现的机会，反而在其市镇理事会的管理上失误，人民普遍表示失望，造成下一届工人党大选可能败选的隐忧。工人党在策略和战术上，也一直只把自己定位为国会中的反对声音，而欠缺更有雄心的规划，连起码的智囊设置亦付之阙如。面对下届大选，反对党中有人积极筹组反对党联盟，但新加坡反对党的生态格局基本不变，没有共识，各自盘算。

---

* 〔新加坡〕陈剑，新加坡政治观察员、独立学者，新加坡国立大学亚洲研究所前隶属研究员。本文写作于2019年6月10日。

关键词： 反对党；政治生态；反对党前景；反对党联盟

一 反对党政治生态格局总体情况

新加坡一直有多个反对党存在。但由于前期威权政治掌控着新加坡的政治生态，反对党生存空间狭窄，资源欠缺，加上面对强大的政治打压，人皆不愿（甚至不敢）参与反对党的运作，因而反对党徒有其名，完全不成气候。自从20世纪70年代初，主要反对党社会主义阵线（简称社阵）式微之后，新加坡便形成人民行动党长期一党独大的局面。

李光耀执政后期，政治民主格局略有松动，逐渐出现一些反对党，但都势力甚微，人才阙如，形成不了起码的反对压力。每回竞选，也就只能派出一两名实力甚低微的候选人，结果都铩羽而归。

人民行动党原是在1954年11月受马来亚共产党影响的左翼与小资产阶级信仰费边社会主义的接受英文教育精英的一个统一战线。左翼有强大的群众基础，有人数众多的工农组织、有激进思想的学生的支持，而小资精英大多是接受英语高等教育且从事律师行业者居多，其中佼佼者如李光耀，被选为众多工农与学生和社会团体的法律顾问。大家基于反殖抗英的信念走到了一起，形成声势浩大的反殖政治力量。这个统一战线事实上彼此只是权宜的合作关系，左翼需要懂得殖民政府法律的所谓民主人士来充当门面，以利于跟政府进行交涉，而小资精英亟须得到群众的支持，李光耀集团在短短的数年间逐渐建立起在群众中间的声望和威信，争取到相当多的群众支持。

统战合作在政治形势日趋严峻的情况下，彼此关系在1957年8月13日党中央执委选举形成对峙局面后，分歧表面化，之后更因在对待工运、与马来亚合并等问题上产生分歧而趋向分裂。1961年5月当英国一手炮制的"马来西亚计划"（简称大马计划）由马来亚联合邦政府的首相东姑鸭都拉曼提出后，造成人民行动党统一战线全面瓦解。左翼视"马来西亚计划"为新殖民主义产物，旨在遏制地区社会主义运动的发展，更确切地说，是作为遏制东南亚地区共产主义的蔓延而设，因而全面反对大马计划。而李光耀集团则视之为与马来亚联合邦合并的更上一层楼的大好时机，因而大力主张加入大马。李光耀集团认为马来西亚的幅员近乎马来亚联合邦的两倍，在经济上，新加坡的腹地会因合并扩大许多；在政治上，能把人民行动党的政治主张拓展到整个大马。但彼此在政治利益的考量上大相径庭，因而唯一解决途径便是分道扬镳。李光耀自与左翼进行统战以来，一直忌惮左翼势力的不断膨胀，与左翼决裂只是迟早的事。1960及1961年新加坡的两次补选遂成了两造实力的较量场合。事缘1959年人民行动党上台后，当时凭市议会声势起家的王永元与李光耀争锋，仅一票之差败北的王永元辞去芳林公园选区议员而举行补选，当时左翼虽支持人民行动党，但王永元仍然获胜。接着1961年安顺补选，左翼与行动党已经摊牌，分裂在即，转而支持工人党的马绍尔并使其获胜。分裂形势明朗化。接着于国会信任动议中，13位行动党议员倒戈并于事后组织反对党社会主义阵线。一夜之间，51个人民行动党支部35个转眼变成社阵支部。23位组织秘书中19位倒戈。

社阵是新加坡有史以来最强大的反对党，在新加坡宪制斗争中举足轻重。在1963年2月2日，在所谓"冷藏行动"的逮捕中，社阵党要及实力雄厚的候选人都被一一逮捕，身陷囹圄，但在其后的大选中却获得13席，仍然是国会中最大的反对党。但其党主席极端"左倾"，于1965年采取议会外群众斗争路线，宣布退出国会，主动放弃宪制斗争路线，杯葛大选，终于脱离群众，社阵在1972年自动解散。左翼政治力量自此在新加坡政坛消失。

除了社阵，在反对党当中，还能长期生存、偶尔给人民行动党造成一点"麻烦"的，只有由马绍尔于1957年创建的工人党。众多反对党当中，只有工人党在长期艰辛的经营下，逐渐成长为拥有实际政治影响力的反对党，在近两届（每五年一届）的竞选中获得超过6席国会议席。其他反对党仍然处于"不成气候"的状态之中。

工人党是在前任印度裔秘书长约舒亚·本杰明·惹耶勒南（Joshua Benjamin Jeyaretnam，常称J. B. Jeyaretnam 1926~2008）于1971年从马绍尔手中接收过来而逐渐稳固下来。1972年开始，他先后参加花拉公园（Farrer Park）区竞选落败（得票率仅为23.1%），1976年再次参选，虽然落败得票率却达40.1%，大有长进。此后，仍参与两次补选，均不成功。1981年，在安顺补选一役中，终于以51.9%的得票率获选为新加坡第一位反对党国会议员。1984年，他再度以微弱优势的得票率（56.8%）赢得议席。在该次大选中，除他以外，尚有新加坡民主党党魁詹时中获选，成为第二位反对党议员。惹耶勒南采取的是激烈的对抗性攻击策略，也常因用词有欠谨慎而遭遇多次打压，面对毁谤等罪控上法庭判处罚款等刑事惩罚，由于缴不起赔偿金宣布破产被剥夺了国会议席，他无奈脱离了工人党。

接任的秘书长为刘程强，他是一位南洋大学封闭前最后一届的毕业生。在他的经营下，工人党壮大到足以在多个选区（包括集选区）派出候选人，并引进多位专业人士加入阵营。

在上两届大选中争取到更好的成绩，分别有6位和9位候选人中选，其中包括一个集选区——阿裕尼集选区。极为光荣的是2011年大选，在这个集选区战胜了行动党的强人团队，随即拥有三名部长（包括外交部部长杨荣文及总理署部长陈惠华以及外交部政务部长再诺）与两名国会议员的五人团队，引起轰动，也因此被视为反对党中的老大。

工人党与其他反对党保持着友好与联合的松散关系，但一直未能组织起联合统一战线。2011年的大选中，行动党的选票跌至接近60%，工人党赢得阿裕尼集选区的5个议席，工人党秘书长刘程强、主席林瑞莲以及被视为工人党精英的陈硕茂、副秘书长毕丹星与莫哈默费沙中选。加上后港单选区的饶欣龙一席，共获得6个议席。2013年补选榜鹅东选区的李丽连一席及两席非选区议员余振忠和严燕松（均为落选中得票最高的反对党议员，按规定被接纳为非选区议员），这些选区的败选警醒了行动党的核心人员。行动党因而一改政策，以更亲民的决策实施大幅提高低阶层收入和医疗福利等措施，从而在2015年大选中争取到选票回归，获69%的得票率。

工人党在刘程强的领导下，采取与民主党主席詹时中雷同的策略，完全是安全的、措辞谨慎的、符合议会宪制的、温和的、建设性的反对党路线，以批评的姿态对相关议题进行讨论，而不是采取对抗性的言论从事攻击。此举曾获得前总理李光耀的赞赏。

工人党的支持者多为普罗大众以及部分小资产阶级，特别是底层群众和部分愤懑的知识分子。他们以政府过于照顾新移民，大量引进新移民以致抢了公民的饭碗；只关注上层资产阶级的利益，牺牲了中小型企业的利益，严重忽视底层群众的生活和工作报酬等作为宣传、打击执政党的内容，因而争取了不满行动党当前政策的群众支持。

新加坡先后共注册了26个反对党，但大都实力薄弱。其中以下几个反对党情势略佳，包括新加坡民主党（Singapore Democratic Party）、人民力量党（People's Power Party）、民主进步党（Democratic Progressive Party）、国人为先党（Singaporeans First Party）、国民团结党（National Solidarity Party）、革新党（Reform Party）和人民之声（Peoples Voice）等7个政党。

2018年7月，受马来西亚大选反对党联盟——希望联盟（简称希盟）的启发，由新加坡民主党秘书长徐顺全召集以上七个政党领导人召开了一次工作午餐会，商讨组织反对党联盟，并邀请前人民行动党资深议员陈清木来领导。陈清木曾参加过上一届总统选举，虽败选但得票率十分接近实力雄厚的前新加坡副总理、中选的陈庆炎。此次会议虽形似成立反对党联盟，但并未达致徐顺全所希望的真正的反对党联盟。从以上形势分析来看，事实上反对党各有盘算，无法建立起足够的信任度，自此次会议以来，10个月已经过去，却仍然不见动静，联盟之举几乎胎死腹中。

最近，新加坡出现了一个新政党，为反对党生态增添了新的气象。这个新政党叫前进党（Progress Singapore Party），由行动党前资深国会议员及前总统候选人之一的陈清木医生组建，于2019年1月16日向社团注册局申请注册，并于28日获得批准。其成员共12人，包括一名商人、一名投资专家、一名私立学校老师以及一名退休的公务员。已知陈清木任秘书长，一直默默支持陈清木的商人安东尼李（Anthony Lee）为助理秘书长。党主席王瑞泉（Wang Swee Chuan 音译）是前行动党基层干部，也是陈清木得力支持者，为陈竞选总统负责统筹工作，目前是一家照明公司的经理人员。副主席则为一位81岁的前行动党干部G. K. 辛甘（G. K. Singam），其原任新加坡空军部队技术员，在陈竞选总统期间为陈的主要代理人。此外，尚有以下见诸名单的几名成员，均为当年协助陈清木竞选总统时的得力助手，其余则尚待查明。

王朝成（Wong Chow Seng 音译）：72岁，技术员，退休，前行动党干部。

卡欣赛默哈穆（Kassim Syed Mohamed）：西海岸集选区基层活跃领

袖，曾任职于移民局关卡监察。

李娟（Michelle Lee）：41岁，2011年曾代表新加坡民主党参选荷兰—武吉知马集选区落败，她是党内学历较高并较为年轻的团队骨干，拥有伦敦政治经济学院学位。

以上信息清楚地显示，陈清木的基本团队由其向来的支持者与原行动党时期的工作团队组成。陈清木虽然健朗，但已年届78岁，除他以外，前进党中不具备其他具有强大影响力的人物，基本上在政治上对人民行动党构不成威胁，在短期内也看不到前进党能迅速崛起成为强大的团队而与工人党相抗衡的实力。

二 反对党自上届大选以来的主要政治表现

工人党在上一次大选中共赢得9个席位，使对当政者颇有意见的群众很受鼓舞。特别是赢得了一个集选区，一口气获得了5个国会议席，连同还赢得了其管辖的市镇理事会，淡滨尼单选区也同样获得该市镇理事会的管理权。9个席位加2个市镇理事会的管理权，这使工人党不仅成为自社阵以来最大的反对党，还通过对市镇理事会的管理，为自身创造了一个能体现其执政能量的机会。

目前，新加坡共设有16个市镇理事会，其设置类似地方市议会，掌管所属选区（市镇）的市政事务，但并无市议会的权限。市镇理事会依市镇理事会法令成立，属选区议员管理，独立营运，但权属国家发展部，得依法定期向国家发展部呈报。工人党因此必须负责阿裕尼—后港及淡滨尼两个市镇理事会的经营与管理。

这情况犹如人民行动党1957年获得市议会的管理权一样，人民行动党后来展现的管理能量为其1959年大选铺下了胜选的康庄大道。民众以及工人党的支持者都期望工人党能在胜选之后的五年内，大有表现并为接踵而来的下一届大选赢得人民的信心。

可惜的是，工人党不仅没有好好做出优异于人民行动党对市镇的管理政绩，相反，工人党在这两个市镇理事会的成绩单竟得负分，首先是在指派承包商方面违反规章制度，不经投标而擅自委任承包商，不禁让人怀疑其中有隐私之嫌。其次，更为严重的是，工人党的两个市镇理事会竟然账目不清，没有按国家发展部的要求按时呈报账目。最后，市镇理事会在对小贩中心进行维修时，本不应向小贩收取维修费用，却破例要求小贩们缴付维修费，令小贩们颇为不满并抗拒缴费。种种乱象引发了国家发展部相关部门关注并立即采取法律行动，将工人党相关议员控上法庭，他们由于资产和财务管理不当，将面对3000万元以上的惩罚。

此事见诸报端后，工人党信誉深受影响。虽然从反对党的宣传和支持反对党的言论出发，将此事指为当政者打压，但事实上工人党管理不善昭然若揭，难辞其咎，因此引起的民众不满，显然对下一届竞选极为不利。因而接下来的2020大选，工人党恐有可能失去阿裕尼—后港及榜鹅东选区。失去阿裕尼集选区意味着失去5个议席。工人党因此可能被打回原形。秘书长刘程强于2018年宣布辞去秘书长一职，有点"急流勇退"和"引咎辞职"的意味。接任的毕丹星是一位印裔律师。他宣称，他将依据刘程强的议程与策略办事。显然，他与主席林瑞莲为主要搭档，党内另一强劲主将，曾经挑战刘程强秘书长一职的财经专家陈硕茂为副秘书长，其目前动向不明。假如下届竞选不利，工人党能否维持团结，有些悬念。

也有人认为人民行动党这次以工人党市镇会账目来大做文章其实是失策的，因为普通百姓和选民缺乏这种领域的知识。阿裕尼—后港市镇会所委任的独立审计师起诉，以追讨工人党管理阿裕尼—后港市镇会时因管理疏失所造成的不当付款。市镇会被追讨的金额高达3300万元。

今年41岁的毕丹星是一名律师，他在2010年加入工人党，也是2011年赢得阿裕尼集选区团队中的一员。除了毕丹星之外，另外三名非选区议员是47岁的陈立峰、46岁的贝理安和44岁的吴佩松。预期毕丹星将在工人党下一届领导层中担任要职。

自2015年大选以来，工人党在整体政治表现上没有什么长足的进展，而是陷入市镇理事会的纠葛之中。市镇理事会的管理失误事实上造成工人党在政治上的负面影响，这些影响并不那么直接，而是潜藏起来，成为下届选举的隐患。市镇理事会事件转移了支持者有关诉求的有效回应的注意力，而工人党亦未能有效转移民众对市镇理事会事件的关注。普遍的观点认为，如果工人党连市镇理事会都管理不好，那么工人党会把国家重要事务管理成什么样子？这将造成对工人党能力的怀疑，对其信任度大打折扣。

迄今为止，工人党在发展上尚未采取任何能改观的动作和措施，以改变其被动的局面。刘程强辞去秘书长一职带来些震动，对当前或此后的态势并没有产生什么影响。这是不是工人党在无奈的情况下采取的"静观其变"的策略？还是实在找不出应对策略？有待进一步观察。

下一届大选迫在眉睫，工人党尚未提出竞选策略以转移群众注意力，借此解除市镇理事会事件带来的压力。对于下一届大选，反对党普遍认为，人民行动党必将面对世界经济不景气的压力，而工人党似乎也只能在这个议题上对行动党有所责疑，对其经济转型的成效以及对新加坡高新科技发展所能带来的经济增长不能如愿进行批判。此外实在看不到工人党能拿出什么新的竞选利器能使其起码维持现有态势并保持现有议席。大家普遍认为，工人党议席不可能有所延伸，相反极有可能失去现有议席，被打回原形。

三 反对党筹备来临大选预计情况

近期看到的反对党在筹备下届大选的动作方面大致有以下情况：
1. 积极物色适当人选参与大选；
2. 考虑组成反对党联盟，以避免在选区竞争时相互抵消；
3. 草拟竞选纲领，提出响亮的竞选口号，做好宣传；
4. 提出强有力的诉求，作为凝聚选票最佳利器。

至今尚未见到任何一党提出任何动人的诉求、口号或纲领，可能会在大选正式公布后，各政党才会亮出自己的看家法宝。

人民行动党已经完成接班人的委任和亮相，并已积极为下届大选做好准备，在下届大选人选方面也逐步展现新人面貌。反观反对党除了现有领导人至今未见其他下届大选人物出场亮相。

人民行动党在竞选策略上，还是"胡萝卜政策"。有效的政府组屋课题与未来经济规划两大议题，是反对党难以招架的妙招。组屋的屋龄（99年租赁期）是人民目前普遍较为关注的课题，政府一再强调不让人民面对可能的损失，以改建与翻新为手段让屋龄在律法上肯定其延长年限，解释了人民的疑虑，从而争取了民心。与中国"一带一路"倡议的充分合作与协议保证了新加坡经济在与中国经济接轨后的持续发展，将带给新加坡的持续发展与繁荣，消除了人民对经济前景的疑虑。在这两大议题上，反对党完全没有表现与参与的机会，同时也无法在这两大议题上对执政党提出责疑。

反对党试图组成反对党联盟，民主党的徐顺全已尽全力促成，但至今为止，七党会议只达致一个空洞的共识，却没有真正组成反对党联盟。24个政党各有盘算，谁也不愿听谁的指挥。徐顺全期望陈清木能登高一呼，作为反对党的共同领袖，但显然陈清木并不看好反对党联盟能起什么作用，也就没有答应而另组政党前进党来单打独斗。

大多数民众并不看好反对党联盟，对大多数反对党并不感冒，普遍认为其不过是机会主义政党，没有实力和资历来代表人民，因而并不支持这些反对党。尽管马来西亚希盟的胜利给新加坡一些人带来希望，但毕竟两国的政治历史不同，而新加坡的执政党一向"奉公守法"、廉洁自重，国家与市政管理井井有条、经济安定繁荣、政治稳定、人民收入与生活稳定，任何反对党联盟在这样有效率和廉洁的执政党面前将无用武之地。至今为止，新加坡反对党也并未与希盟建立任何关系，再加上希盟上台后，并未履行其诺言令新马人民大为失望，希盟的内争至今不断，足以证明这种联盟实际上只是政治上的权宜之举，而与民祉无关。

四 小结

新加坡目前所有的反对党，包括最有实力的工人党，没有一个有智囊团之设。因而政党的纲领和政策全由其领导人思考与草拟。从一个政党的长远发展来说，这样的政党靠的是领导人的素质与视野。

面对强大而历史悠久、经验丰富的执政党，任何与之对抗的反对党势必要对执政党的一切进行透彻的研究才行。这不仅需要对执政党本身的政纲以及其组织与政策的细致研究，还得对其政府构成所实施的一切政策和措施做全面的解剖和分析。俗语说，"知己知彼，百战百胜"。曾与工人党领导做过对话，得知工人党虽发展至今日，有能力参与全方位竞选，却没有智囊团之设，实在令人吃惊。答案是他们只维持一个反对党，目的只是对执政党进行监督，因而无须建立智囊团。

一个反对党竟没有雄心壮志，而仅满足做一个装点国会的小小的反对角色何其悲哀！如果工人党此后仍然保持这种角色，自然就不能期望将来新加坡政治上会有什么变化。

王瑞杰为什么能?

——新加坡下一代领导人的挑战与机遇

● 范 磊**

内容提要：新加坡第四代领导人在千呼万唤中随着新一届人民行动党中央执行委员会的组成而浮出水面，王瑞杰最终胜出，获得委任成为人民行动党新的第一助理秘书长，并在2019年5月正式成为新加坡现任内阁中唯一的副总理，这也就意味着在新一届大选之后，王瑞杰将代表人民行动党组阁成为新加坡第四位总理。人民行动党为什么会选择王瑞杰，王瑞杰有哪些过人之处，在其接班之后将面临哪些挑战和机遇，都成为舆论和社会普遍关注的课题。这些是世界对后李光耀时代的新加坡发展的期待，也将考验王瑞杰及其所带领的新一代领导团队的政治智慧，相信履历完整、能力卓越、经历丰富、民意基础稳固的王瑞杰会在这场考试中取得不错的成绩。

关键词：新加坡；王瑞杰；第四代领导人；人民行动党；任人唯贤

新加坡总理公署2019年4月23日发表文告宣布，对5月1日生效的内阁进行调整，现任财政部长王瑞杰升任现内阁唯一的副总理并继续兼任财政部部长，继续领导未来经济委员会和国家研究基金会。李显龙

---

* 本文是教育部人文社会科学研究青年基金项目"新加坡族群多层治理结构研究"（项目编号：16YJCGJW003）的阶段性成果；教育部国别和区域研究课题"新加坡政治领导人更迭与中新关系研究"（项目编号：19GBQY051）的阶段性成果；山东省高校人文社科研究项目"国际比较视角下各民族交往交流交融的'底层设计'研究"（项目编号：J16YA11）的阶段性成果。

** 范磊，国际政治专业博士，山东政法学院新加坡研究中心主任，深圳大学新加坡研究中心兼职研究员，主要从事新加坡政治与外交、公共外交等领域的研究。

总理休假或出访期间，王瑞杰将行使代总理职责。6月9日，李显龙总理宣布休假一周，休假期间将由王瑞杰担任代总理。此举进一步巩固了王瑞杰作为新加坡第四代领导人领军者即下届总理人选的地位，虽然自2018年11月份被推举为人民行动党第一助理秘书长开始，这一地位已经基本明确。在4月底的内阁调整以后，新加坡的第四代领导班子的接班工作进一步明朗。人民行动党为什么选择王瑞杰作为接班人，王瑞杰有哪些过人之处，这些都与人民行动党几十年来所秉持的人才选拔机制有着密切的关系。正是经历了人民行动党的层层选拔，使王瑞杰在接下来领军新一代领导班子的具体工作中，将能够更好地抓住机遇以及应对潜在的风险和挑战。

一 任人唯贤与人民行动党的人才选拔

对于任何一个政党而言，对优秀人才的吸引和培养都是其政治实践的重要基础和保证。人民行动党任人唯贤的执政理念认为"有好领袖才有好政府""假如新加坡被平庸与投机主义者所控制，就要付出极大的代价……只要五年，新加坡就会垮台……就会被解体""我们必须有一批具有良好品行、品格高尚及令人信服的人才来当政，新加坡才能成功"。[①] 正是基于此项认知，行动党政府利用执政优势所掌握的丰富的经济与社会资源，几乎垄断了人才培养和遴选的渠道，以主动邀请和游说的方式延揽社会精英，纳入行动党阵营，最终造就了强大的治理团队。[②]

行动党的党员有普通党员和干部党员两种，其中普通党员占绝大多数，约为95%左右，干部党员虽然比例较低，却个个都是党的骨干，是内阁成员和国会议员的主要组织基础。一般而言，人民行动党的人才选拔标准中很重要的一个标准就是看候选人是否具有4C，即能力（Capa-

---

① The Prime Minister's Office, "White Paper on Competitive Salaries for Competent and Honest Government", October, 1994;《李资政为薪金白皮书辩护演词：有好领袖才会有好政府》，载《联合早报》1994年11月2日，第6版。

② Christopher Tremewan, *The Political Economy of Social Control in Singapore*, London: Macmillan Press, 1994, p. 178.

bility）、品格（Character）、献身精神（Commitment）、同情心（Compassion）。① 通过这种标准而遴选的党员一般符合社会精英的基本标准，是本领域中的佼佼者，而人民行动党之所以注重精英政治坚持任人唯贤，根本原因就在于只有这样，人民行动党才能在激烈的国际竞争和面对国内反对党的压力时保持优势，最终赢得选票，并引领新加坡在这个充满不确定性的世界上能够不断取得成功。

除了任人唯贤之外，人民行动党也非常注重领导人和行动党自身队伍的更新换代，亦即在保持队伍的专业化之外，还要确保队伍成员的更新和新生代领导人的培养。比如虽然李光耀1990年才辞去总理职务，但是行动党早在20世纪80年代初期，就已经开始酝酿寻找接班人的事宜，并最终在经过多年的考查和历练之后，于1990年将国家交给年轻的领导人吴作栋，实现了领导人的第一次更替，而2004年李显龙执掌政权后将这种领导人轮替方式以制度化的形式固定下来，为国家的政治发展和权力移交奠定了良性的基础，提供了重要的参照。

时代的发展尤其是国际竞争和国内压力的持续提升对行动党自身的变革和人才队伍更新提出了更高的要求，吸收更多的青年人实现队伍建设的可持续性已经成为紧迫要求。现任贸工部高级政务部长许宝琨医生即是人民行动党近年来选拔的优秀新生代。虽然在2013年年初榜鹅东补选时竞选失利，但是李显龙总理仍然对他在那次补选中的表现给予了肯定："我有意在未来的选举派他上场，以让他成为我的团队的一分子，为新加坡服务。"② 许宝琨2015年大选时加入宏茂桥集选区，大选后即被委任为国家发展部政务部长，如今再次转任贸工部高级政务部长，充分凸显了人民行动党对许宝琨实力和能力的认可。

可以说，"人民行动党政府内部机制调整的目的是要维持自己的统治和发展经济"③，李光耀时期就确立了一种基本理念，即领导人的交接更替"除了确保新加坡领导人必须是德才兼备之外，还要保证在他（指李光耀）之后不论如何变化都不会改变新加坡既定的根本路线。"以至李光耀曾在演讲中指出，即使他辞世以后如果发现新加坡有什么不对劲

---

① 黄根成：《行动党12名新人多来自私人机构》，载《联合早报》2000年12月26日。
② 《总理：行动党会继续改善民生》，载《联合早报》2013年1月27日，第1版。
③ 李路曲：《新加坡现代化之路：进程、模式与文化选择》，北京：新华出版社，1996，第434页。

儿，他也要回来管一管。李光耀离世四年多来，新加坡的政治生态具有更多新的特点，后李光耀时代已经真正到来。后李光耀时代新加坡新生代领导人的更替是否成功，新一代领导人是否能带领新加坡在新的国内外环境中赢得更加举足轻重的国际地位和建设更为发达的国内社会，都对新加坡新一代领导人及其团队的治理能力提出了更高的要求。

二 第四代领导团队与王瑞杰的脱颖而出

因为李显龙的身体及年龄原因，加上自李光耀以来形成的接班传统，新加坡社会早在2011年大选以后就开始关注下一代领导团队的班底组成，尤其是领军者问题。在2015年大选以后这一热度有了更大的提升，而在这次大选中愈加崭露头角的王瑞杰、陈振声、王乙康都成为被看好的领跑者人选。其他如傅海燕、黄循财、杨莉明、英兰妮、黄志明等也被视作新一代领导团队的重要成员。而曾被看好的陈川仁因为被委任为国会议长而退出第四代领导核心层的竞争。2017年开始，李显龙在不同的场合多次公开表态新一代领导人的接班问题，并由此引发了舆论对新领导人和领军人选的各种猜测。

在2016年5月王瑞杰因中风而入院治疗之前，种种迹象似乎都预示其将成为新加坡第四代领导团队的最可靠人选。可是意外中风一度让外界以为他可能与新一届领导团队失之交臂。即使在其出院恢复以后的一年多时间里，不少舆论和学者都对其政治前途表示了担忧。2017年9月份，李显龙总理访华时，代表团中的各部长在人民大会堂前合影留念，王瑞杰的站位并没有居于中心位置，由此也引发了不同的猜测和解读。在经历了持续的低调以及被舆论深度关注之后，王瑞杰作为第四代领导班子领军者的谜底终于在2018年11月23日揭晓。这一天，人民行动党宣布了新一届中央执行委员会成员的职务，第一助理秘书长的身份明确了王瑞杰的总理接班人地位。

王瑞杰的脱颖而出再一次证明了人民行动党在人才选拔与培养方面的任人唯贤原则。李光耀曾经多次强调人才选拔以及新领导人培养的重要性，他认为"如果我们没有挑选最能干和最肯献身的人才，如果我们只让我们自己喜欢的人或随波逐流的人填满国会，我们一定失败"。① 所以，"找领袖不能碰运气""假如你没有好好去训练与培养你的人才，社会组织散漫，国家一定会衰败的。"② 由此可见李光耀对新加坡政治人才选拔和培养的重视程度，也代表了人民行动党对这一问题的基本态度。自成立以来，人民行动党一直注重人才的选拔和接班人的培养工作，逐渐形成了被称作任人唯贤的人才选拔制度。这种理念和成功经验随着人民行动党一党独大的长期执政，自然也外溢到国家框架下，成为国家政治制度体系的重要组成部分。

"57岁的王瑞杰是第四代领导班子中最年长的，虽然是历来从政资历最浅的总理人选，但他的公职经验丰富。先后担任过教育部部长、财政部部长的王瑞杰在2011年全国大选时步入政坛，在这之前，他于1997年至2000年担任内阁资政李光耀的首席私人秘书，2005年至2011年担任新加坡金融管理局局长。"③ 此外，王瑞杰还曾在新加坡警察部队担任要职，并出任过贸工部常任秘书和贸易发展局局长，并因为其对新加坡公共服务的卓越贡献而于2001年和2010年分别获颁公共行政金奖章和功绩奖章。舆论认为正是其经济学背景和出色的领导能力才让新加坡在2008年金融危机的冲击下很快实现了复苏。

前期丰富的工作经验和光鲜的个人履历为王瑞杰的政治前途奠定了坚实的基础，而其从剑桥到哈佛这一路名校的教育背景也再次证明了人民行动党的人才选拔偏好。所以，虽然王瑞杰在2011年才正式步入政坛，但是在当年大选后随即进入内阁并被委任为教育部部长，2012年所领导的"我们的新加坡全国对话"也不负所望，很快就修复了人民行动党因为2011年大选失利而受到损伤的政治基础。2015年大选时，王瑞杰首次领军淡滨尼集选区即带领他的竞选团队取得了72.06%的得票率，比上届大选提升了14.84个百分点。在大选后的10月被正式任命为财政部部长，使其经济学的教育背景有了更对口的用武之地。

也正是这些丰富的任职经历和在不同的工作身份中所取得的突出业绩，为王瑞杰的接班之路提供了有力的支撑。而李光耀似乎对王瑞杰格

---

① 新加坡联合早报编《李光耀40年政论选》。北京：现代出版社，1994，第475页。
② 同①，第132页。
③ 《社论：稳定权力过渡的内阁调整》，载《联合早报》2019年4月25日。

外偏爱，多次强调王瑞杰是其"最好的首席私人秘书"，并且在91岁生日宴会上让王瑞杰坐在了他的身边。在很多人看来，这不仅凸显了其与李氏家族亲密的私人关系，而且向外界传递了一个政治信号，那就是他可能会成为接下来新加坡下一代领导团队的掌舵人。2018年11月王瑞杰被推选为人民行动党第一助理秘书长以后，根据人民行动党的传统，这也就意味着正常情况下王瑞杰将接棒总理，领导新加坡进入新的发展阶段。

三 国内的多元挑战与王瑞杰的经验

按照法律，新加坡最迟会在2021年举行新一届大选，届时王瑞杰将领导新的团队带领新加坡进入4G（the fourth-generation）时代。这也就意味着在接下来最多两年左右的时间里，王瑞杰领军的第四代领导班子可能要面对更多新的多元化挑战，这些挑战既来自王瑞杰个人方面，也有很大一部分来自这个新的时代。就王瑞杰个人而言，确保健康、摆脱李光耀政治遗产的影响、继续带领新加坡保持可持续的发展、提升全面的外交能力等理应成为其接下来的工作重点和主要应对的个人挑战。

中风的阴影虽然正在远去，但是舆论并没有完全放下对王瑞杰健康问题的关注。所以，不论是新加坡政府还是王瑞杰本人，虽然已经多次向公众解释其身体的健康程度足以承担更为繁重的工作任务，但还是经常有人会就其个人健康问题表示担心。而在年龄方面，生于1961年的王瑞杰已经成为新加坡迄今年龄最大的总理候选人。李光耀担任总理时只有36岁，吴作栋接任时是49岁，李显龙是52岁。如果新一届大选定在2021年，大选后王瑞杰接任新加坡总理时就60岁了。这对于一个国家的最高领导人而言并不算高龄，却将成为新加坡有史以来年龄最大的接班人。加上健康问题，可能会影响新加坡社会对王瑞杰内阁的信心。不过，王瑞杰富有亲和力的行事风格、精神饱满的工作热情以及人民行动党对其个人形象的主动塑造应该会逐渐抵消民众的忧虑。

王瑞杰曾经作为李光耀首席私人秘书的经历也让舆论担心他接棒以后的执政风格依然摆脱不了李光耀的影子。之所以有此考虑，主要还是来自李光耀对王瑞杰出色的个人能力的高度认可。李光耀曾经将其称作"最好的首席私人秘书",并曾经指出,"唯一令人遗憾的是他的块头不够大,这让他在集体活动中显得有些不同"。① 足见李光耀对王瑞杰的满意程度。而也正是因为这种认可和评价,使新加坡社会担心王瑞杰会因为与李光耀浓厚的私人情感而影响接下来的治国实践。毕竟,由此确立的他与李光耀及其家族的良好的私人关系,容易让王瑞杰给人以李氏政治遗产传人的印象。

综合来看,这一担忧并不是空穴来风。但是王瑞杰作为李光耀曾经最满意的首席秘书,不会不懂得与时俱进的道理,毕竟当前不论是新加坡的国内环境还是地区及国际大环境都已与李光耀时代大不相同,如果非要说他将来接棒以后会带有李光耀影子的话,那应该就是会继续贯彻和坚持李光耀时代所确立的新加坡立国理念以及那些被新加坡治国实践证明有效和正确的制度体系。有专业人士指出,"我们可以肯定的是,任何被权力核心圈'钦点'为下一任总理的人,都须确保规划及执行长期政策的过程中,是否秉持一贯性。"② 这些制度体系虽然是作为国家制度建设确立起来的,是李光耀时代的政治遗产,并非李光耀的私人政治遗产,但是李光耀作为主要的推动者,其私人印记还是比较明显的。

对王瑞杰而言,新加坡国内目前面临的最大结构性挑战是如何保持国内政治局势的建设性和前瞻性、应对经济发展转型和人口老龄化等课题。虽然"经济是主要挑战,(但是)王瑞杰在这方面的经验更胜一筹"。③ 在其领导下的未来经济委员会和国家研究基金会将在国家长期战略的制订方面扮演重要角色。为了应对当前所面临的短期风险和长期挑战,新加坡政府会适时出台"应对一些看起来不明显或不迫切的问题"的政策,因为"从一开始就踏上正确的轨道能为新加坡未来的成功创造

---

① Linette Heng, "Good credentials, but disappointing in Parliament", *AsiaOne*, August 9, 2013, https://www.asiaone.com/singapore/good-credentials-disappointing-parliament? nopaging = 1.
② 《接班李显龙呼声高,王瑞杰财经背景受瞩目》,中国评论新闻网,2018年11月23日,http://hk.crntt.com/doc/1052/6/0/3/105260341.html? coluid = 7&kindid = 0&docid = 105260341.
③ 同②。

更大的几率"。① 而其从政以来执掌不同部门的经历为其应对这些风险和挑战提供了丰富的经验。对于新的领导团队而言，应对这些挑战的关键就是在接下来的发展中能否继续保持新加坡社会的团结一致以及拥有战略性的前瞻意识，从而可以确保新加坡能够在正确的轨道上保持稳定的发展。

四 外交履历的不足与王瑞杰的潜力

事实上更直接的挑战表现在处理对外事务的能力方面。王瑞杰与大多数国家的候任领导人一样，由于主要从事国内事务，从而在对外事务方面没有成熟的外交理念和丰富的外交经验。王瑞杰自从政以来，不论是在教育部部长任上还是财政部部长任上，或者是成功领导多个委员会的运作，其主要工作内容与外交工作存在一定距离。所以，他在对外事务方面还需要有更多的历练，就像吴作栋和李显龙接任总理时一样。不过，在王瑞杰进入政坛尤其是 2015 年担任财政部部长以后，频繁出访和出席多边组织活动的经历已经为其积累了一定的外交经验。尤其是在对华关系、对美关系、对日关系以及与东盟的关系方面，李显龙政府其实在有意地为其创造历练的机会。

在对华关系方面，早在 1997 年，时任李光耀首席私人秘书的王瑞杰就曾陪同李光耀访问苏州工业园。目前新加坡—上海全面合作理事会的成立也是由王瑞杰担任新方主席，同时其也在升任副总理后出任新中双边合作联合委员会（JCBC）新方主席。这些身份对于提升王瑞杰的外交能力尤其是在对华外交方面的能力意义重大。而在接受新华网等多家中国媒体采访时，王瑞杰对中国发展"一带一路"以及中新合作等如数家珍，流利的汉语更是为其在与中方打交道时加分不少。前两年一些区域议题导致中新关系短暂疏远，后果的严重性会警示新加坡政府在处理相关课题时更加保持谨慎。李显龙就曾指出，"新加坡和中国建交 30 年来，

---

① 《专访：逆全球化抬头大背景下新中两国不断拓展合作空间——访新加坡副总理王瑞杰》，新华网，2019 年 5 月 22 日，http://m.xinhuanet.com/2019-05/22/c_1124526184.htm。

双方多代领导人能够维持良好的个人关系,是因为彼此以诚相待,不说假话、客套话,把关系建立在事实和坦率的基础上。"①

特朗普上台以来,美国政府的贸易保护主义的强化以及中美贸易战的展开让完全依赖外向型经济、自由贸易和世界市场的新加坡受到了较大的冲击。中国所提出的"一带一路"倡议已经成为新加坡所认可并支持和参与的重要发展倡议。不过,新美之间不是盟友胜似盟友的关系不会改变,因为不论是在安全、投资还是高科技领域,新加坡对美国的依赖度都远远高于中国。在未来,新加坡如何在美国和中国之间继续寻求最佳的平衡点,依然是一个棘手的课题,而随着中美关系的日益复杂化以及地区和国际秩序的发展被赋予了更多的不确定性,这一课题会更加持久。这对于外交履历不足的王瑞杰来说并不轻松。

对于新加坡这样的城市国家而言,如何应对在地区与国际局势方面的多元化挑战将成为其在新时代化解小国脆弱性的重要课题。对此,王瑞杰表达了较为乐观的态度,尤其是对新加坡经济与社会的未来发展方面。他认为,"包括中国在内的亚洲地区是当今世界上经济增长最快的地区之一。新加坡地处亚洲的核心地带,必将从亚洲经济的蓬勃发展中受益。"② 他甚至特别强调指出,中国的发展将可以为整个区域乃至全球的经济发展提供强大的动力。

当前面临着百年未有之大变局,整个世界处于大变革、大调整、大发展的时期,新科技革命和国际体系也在发生着结构性的变革,为整个新加坡和这个区域的发展带来更为复杂的挑战,但是"即便挑战更加严峻,机遇仍然存在"。③ 李光耀时代所奠定的新加坡"小国大外交"的国际形象能否延续将考验着王瑞杰以及新一代领导团队的外交智慧。王瑞杰和新加坡能否在众多的挑战中抓住机遇,最终在这个纷繁复杂的时代继续走出一条有着新加坡特色的可持续发展之路,将决定着王瑞杰的政治前途,也决定着后李光耀时代新加坡的未来走向。

---

① 《李显龙总理:以诚相待不说假话 新中因而持续关系良好》,联合早报网,2019 年 6 月 8 日,http://beltandroad. zaobao. com/beltandroad/news/story20190608 – 962960。

② 《专访:逆全球化抬头大背景下新中两国不断拓展合作空间——访新加坡副总理王瑞杰》,新华网,2019 年 5 月 22 日,http://m. xinhuanet. com/2019 – 05/22/c_1124526184. htm。

③ 《专访:逆全球化抬头大背景下新中两国不断拓展合作空间——访新加坡副总理王瑞杰》,新华网,2019 年 5 月 22 日,http://m. xinhuanet. com/2019 – 05/22/c_1124526184. htm。

结 论

李显龙曾经说过，"我们要使人民行动党在国家事务上扮演领导角色，……就必须建立一支获得人民支持的有凝聚力和能干的核心队伍。"① 如今新加坡新一代的领导团队已经形成，而作为领军者的王瑞杰也在经历了多年的政坛历练以后拥有了更符合新加坡政治发展的复合型能力，加上其所具有的沉稳坚韧的品格，王瑞杰已经成为新加坡未来发展信心的重要来源。王瑞杰在担任首席私人秘书和贸工部常任秘书时期的详细情况外界很难深入了解，不过其在主管新加坡金融管理局、领导新加坡国庆50周年（SG50）指导委员会以及未来经济委员会等领域的骄人成绩足以为世人所叹服，所以虽然王瑞杰最初不论是在人气、个人条件甚至能力等方面都不是最出色的，但是对于培养接班人近乎苛刻的人民行动党而言，最终选择王瑞杰作为第四代领导团队的领军人必然是经过慎重斟酌后的选择。

如前所述，王瑞杰光鲜的教育背景也在某种程度上凸显了其卓越的个人能力。1980年19岁的王瑞杰在新加坡警察部队海外奖学金的资助下到剑桥大学修读经济学，后在1993年又赴哈佛大学攻读公共行政硕士学位。虽然名校的教育经历并不能说明一切，但是良好的教育背景对其个人专业能力的提升和治理能力的养成却是一大促进。所以，他才能在领导金融管理局的六年期间，业绩突出，尤其是在面对2008年爆发的全球金融海啸时可以针对危机迅速采取有效应对措施，确保了新加坡金融体系的稳定，并最终在帮助新加坡走出金融风暴冲击的过程中扮演了积极的角色，英国《银行家》杂志也因此在2011年度将"亚太区最佳中央银行行长奖"颁给他。所以，相关专业人士认为，如果王瑞杰接班，新加坡将"一切照常，经济政策方面不会出现任何意外"。②

---

① People's Action Party, *For People through Action by Party*, Singapore: People's Action Party, 1999, p. 144.
② 《接班李显龙呼声高，王瑞杰财经背景受瞩目》，中国评论新闻网，2018年11月23日，http://hk.crntt.com/doc/1052/6/0/3/105260341.html? coluid=7&kindid=0&docid=105260341。

新加坡资深外交官和政治家许通美在谈及对第四代领导团队的看法时指出，王瑞杰的履历最完整，"他在当前和过往的所有历练中都表现出色。李光耀曾经将其视作是他最好的首席私人秘书"。① 而王瑞杰也认为自己30多年的公共服务经历让其形成了温和的领导风格，他认为"自己是非常开放的人，习惯于倾听所有的观点，然后决定如何做好工作"。② 也许这正是其最终能够在多位出色的同侪中脱颖而出的重要原因，新加坡当前的社会生态更容易接受较为温和的领导人。而陈振声多年的部队工作经历，使其在国会中相对比较强势，这也可能是其丢分的原因之一。王乙康虽然曾经也被看好，但是相比较而言其在2015年大选以后才正式进入政界，政治历练还有待进一步积累。

王瑞杰虽然2011年才进入政坛，但已经是人民行动党中央执行委员会的"三朝元老"，分别在2014年、2016年和2018年三次入选人民行动党的权力核心，一方面体现了人民行动党对其能力的充分认可及作为新一代接班人候选对象培养的倾向性，另一方面也为其积累了坚实的政治人脉和民意基础。当然，第四代领导人如果想赢得民众的支持以及领导新加坡的权利，最终"还得靠实际的政策、治理国家的表现，以及他们所制定的愿景能否引起共鸣、启发新加坡人。"③ 正如李显龙所言，人民行动党新一届的中央执行委员会是让人民行动党的"政治更新向前迈出了重要步伐"④，而作为这一团队的领军者以及"让人放心的双手"的良好形象，王瑞杰也必将胜任这一使命。

---

① Singapore's next prime minister Heng Swee Keat: a safe pair of hands, "there's just one pity", MSN, Nov. 24, 2018, https://www.msn.com/en-sg/news/singapore/singapores-next-prime-minister-heng-swee-keat-a-safe-pair-of-hands-theres-just-one-pity-said-lee-kuan-yew/ar-BBQ1w3O.
② "I'm healthy enough to be PAP's next leader, says Heng Swee Keat", *The Straits Times*, Nov 23, 2018, https://www.straitstimes.com/politics/im-healthy-enough-to-be-paps-next-leader-says-heng-swee-keat.
③ 林心惠、陈可扬：《全国对话准备聆听新加坡》，载《联合早报》2018年6月3日。
④ PAP unveils new party leadership with 4G leaders at helm; Tharman, Teo Chee Hean among heavyweights who step down, *The Straits Times*, Nov. 11, 2018, https://www.straitstimes.com/politics/pap-unveils-new-party-leadership-with-4g-leaders-at-helm-tharman-teo-chee-hean-among.

范式的转换：新加坡政治发展的走向探析

● 黄锐波[*]

内容提要：新加坡的政治发展在其特定的历史条件下曾呈现典型的"范式"特征，随着新加坡历史条件的发展变化，其政治发展也将发生"范式"的转换，具体而言，包括：从突出"民本"走向强调"民主"、从偏重"实体民主"走向完善"程序民主"以及从弘扬"善政"走向发展"善治"的"范式"转换。

关键词：新加坡；政治发展；民主；范式转换

作为一党长期执政国家的典型代表，新加坡的政治发展模式一直颇受争议。拨开政治发展的种种迷雾，不能否认，其政治发展的核心是民主。然而，诚如科恩所言："民主是一个程度问题，而且是多级程度问题。"[①]"民主永远处于尚待改进的状态，而改进的过程也永远不会完成的"[②]。因此，从某种意义上说，政治发展也是一个"程度问题"。政治发展的"程度问题"常常通过"范式"得以表现。所谓"范式"，是指事物在其发展的不同阶段所呈现的典型特征，它有助于人们更准确、更具体地去把握事物发展的规律。本文尝试使用"范式"的概念，通过对新加坡政治发展的历史脉络进行总结梳理，对新加坡政治发展的可能走向予以归纳探析。

---

[*] 黄锐波，深圳大学当代中国政治研究所兼职研究员，管理学硕士，研究方向：政治学、政治社会学、劳动关系理论。

[①] 〔美〕科恩：《论民主》，聂崇信、朱秀贤译，商务印书馆，1988，第38页。

[②] 〔美〕科恩：《论民主》，聂崇信、朱秀贤译，商务印书馆，1988，第40页。

一 从突出"民本"走向强调"民主"

民本的字面意义是以民为本,与将"民本"理解为"民本君主"的对立思维不同,这里所指的民本,其具体内涵包括民有和民享。金耀基先生曾云:"中国自孔孟以迄黄梨洲、谭嗣同,一直都有一极强的民本思想贯穿着。任何一位大儒,都几乎是民本思想的鼓吹者,'天下非一人之天下,天下人之天下'肯定了民有(of the people)的观念;'民之所好好之,民之所恶恶之'肯定了民享(for the people)的思想。"[①] 民本思想中的民有观念视人民为国家之主体,民本思想中的民享观念视人民为政治之目的。而现代民主的核心是民治,民治的字面意义是人民治理。但既为民治,就必然以民有为根据,以民享为归宿。在民本和民主的关系上,新加坡贸工部部长杨荣文认为:"我们所关注的民主,不应该是个抽象的理想,而应该是个解决生活问题的途径,例如看民主是否能给我们带来好政府,民主是否带来社会和经济的发展,少数民族是否得到照顾,人民出门是否觉得安全。我常常想这个问题,对于那些因贫困而被迫离乡背井的菲律宾女佣,菲律宾式的民主对他们有什么意义?"[②] 他的话表明了新加坡政府对民本的特别强调。新加坡政府一直把发展经济和建立好政府作为实现民本政治的首要措施,对于西方式民主,则采取谨慎保守的态度,李光耀就曾说:"不要引进西方民主的概念,把问题弄得复杂起来,以为西方民主制度必可带来进步和发展。东欧现在有民主制度了,但有进步,有发展了吗?混乱的局面逐渐出现。"[③]

民本思想的崇高理念和现实模式是"为民作主"。一方面,大力弘扬的"为民作主"的为官理念可以减轻专制压迫的残酷性;另一方面,仅停留为"为民作主"的为官模式又必然妨碍民主建设的进程。这就是民本思想在政治发展历程中的悖论,也是近代以来民主实践中的吊诡。现代民主的核心是民治,即人民的治理。民本与民主虽然相通,但民本

---

① 金耀基:《从传统到现代》,中国人民大学出版社,1999,第21页。
② 《民主不纯粹是推行一人一票制》,《联合早报》1992年10月23日。
③ 《李光耀总理接受香港〈民报〉总编辑的访问》,《联合早报》1990年9月25日。

与民治毕竟不同。因此，从根本上说，如无民治，民有究其实只能是空幻的虚构，民享说到底不过是难得的恩赐。从民本走向民治，是新加坡政治发展的必然要求。

从民本走向民治，一方面是因为强调民本所蕴含的政绩合法性在现代社会并不能铸就长期的政治认同。因为新加坡政府所着重强调的民本政治实际上是一种"单向"的政治过程，即只有输出没有输入的政治。因此，在民本政治主导下，人民行动党上台执政的权威来源在很大程度上说是基于人民行动党的精英示范效应和在新加坡所取得的显著政绩以及其自身的廉洁形象而形成的，其所体现的是一种典型的"魅力型"权威模式。根据马克斯·韦伯的说法，这种"魅力型"权威模式并不能保证长期和稳定的合法性。因此，从长远来说，以强调民本政治所达致的"魅力型"权威模式有待于向"法理型"权威模式转变，从而寻求更稳定的合法性。"法理型"权威模式依靠的是多渠道的政治输入来确保政治输出的"双向性"，这有赖于更注重民主制度和程序的完善。综观新加坡民主选举的框架，可以发现其选举程序正在逐步完善和规范化，包括了选前教育、选区划分、（选举结果有争议时）选举诉讼、候选人信息公布、参选政党的资源分配等方面的制度、规范逐渐趋于完善；另外，在制度框架上，民选总统的制衡、非选区议员和官委议员的制衡以及人民行动论坛设想带来的党内制衡等制度将逐渐体现出成效；在绩效考核上，独立的公务委员会带来对人民行动党施政绩效越来越公开透明的评价，并因此获得民众的法理认可。

从民主走向民治，另一方面则因为经济的发展必然会促使民主的力量逐步壮大，民主要求随即被提上日程，"经济现代化的发展毕竟为政治变革提供了一种'理性的'社会支持和承接基础"①，这意味着经济的发展会使社会上存在的民主力量进一步萌动，李光耀也认识到，"民主将随着工业社会的需求而产生。现代钢铁厂不可能遵照那种方式经营，这种制度是需要劳动队伍的参与的。劳动队伍参与的结果，难免会扩展到政府和社会中去，而且得到传媒和人们出国旅行等的助力。因此，旧

---

① 张蕴玲：《亚洲现代化透析》，社会科学文献出版社，2001，第29页。

时旧观已经不可能复返了。"① "一旦到达某个程度的工业发展，就拥有一个受过教育的劳动队伍和城市人口，以及一批经理和工程师。这时候，你必须让他们参与，因为他们是有教养、有理性的人。如果你继续推行独裁制度，你将会碰到各种障碍。"② 随着经济的进一步发展，"专业人士、工程师、卫理公会教徒、长老会教徒分别组成自己的团体。他们几乎是自动自发地组织起来，因为受过教育的人，他们对世界的认识较广，容易把志同道合的人集合在一起。这样一来，一个我称之为活跃的基层民主才会开始发展。"③ 可见，从特别突出"民本"走向更加强调"民主"，是新加坡政治发展的一个值得关注的趋势。

二　从偏重"实体民主"走向完善"程序民主"

民主可以区分为实质性民主（Substantial Democracy）和程序性民主（Procedural Democracy）。实质性民主强调民主的目标、内容、主体与价值，因此也叫"实体民主"，它倾向于从"国体"的意义阐释民主的含义；程序性民主是指"在实现民主过程中的先后顺序及其相关的制度性规定"④，强调民主的机制、规则和程序，因此也叫"形式民主"或"程序民主"，它主要是从"政体"的意义阐释民主。相对于实质性民主或实体民主而言，程序民主关心的是民主的实施与进程。"实体民主侧重于从目标层面上去判断和界定民主；而程序民主则侧重于从程序上确保民主的实现。"⑤ 实质性民主与程序性民主是民主政治的一体两面，理解和把握民主离不开从实质性民主和程序性民主两个方面入手。

众所周知，新加坡政府一直强调"经济发展优先""好政府更重要""政治稳定第一"等目标、内容和价值，也在某些场合提及过民主建设的重要性，但在公民自由、公民参与和培养民间社会等的制度、程序和

---

① 李光耀：《李光耀40年政论选》，现代出版社，1996，第561页。
② 李光耀：《李光耀40年政论选》，现代出版社，1960，第560页。
③ 李光耀：《李光耀40年政论选》，现代出版社，1996，第560页。
④ 韩强：《程序民主论》，群众出版社，2002，第40页。
⑤ 韩强：《程序民主论》，群众出版社，2002，第3页。

渠道方面仍显示了较大的局限性。因此，新加坡的政治发展实际上体现了对实质性民主的偏重，但在公民自由、参与和发展民间社会方面明显缺乏相应的制度、程序保证和充分的渠道。受到法律保护的自由权利是使民主落实为现实可能的制度性基础，"没有自由的民主只能是一种动员性的民主，没有个人主动性的民主。而这实际上并不是民主制度，而是一种权威主义的制度。我们无论如何定义民主，说它是通过讨论建立的政府也好，说它是自下而上对政府的制约也好，这种制度的建立和运行都离不开作为民主参与者的每一个人的主动性。而这种主动性的保证则是自由，即各种自由权利。"① 因此，新加坡的政治发展有待于从对实质性民主的偏重走向对程序性民主的完善。

新加坡前总理吴作栋在其上任前就意识到建设程序性民主的滞后性和重要性所在，他曾指出："我们感到特别幸运，因为31年来，新加坡一直由英明又正直的人统治。他们没有滥用职权，他们使国会制度运作得很好。因此，有些人会得出结论，认为既然现有制度没有什么不妥，不必改善。不过，我却认为，我们的国会制度能运作得这么好应该归功于当政者的素质及良好的品格，而不是制度本身的优点。"② 在接任总理后，吴作栋一方面仍强调"在政策方面一定不会有激烈的改变，新政府将是原来的政府的延续"。另一方面却指出，"现在，新加坡已经和从前不同了，新加坡人民也和从前不同。而且当今的领袖比较年轻，更能体会国人当前的意愿。因此，有些事情必须改变。我不是要着手创造一个新社会，只是要把目前我们已所有的做得更好。布什总统曾提到过要建立'一个更加善良、更加和气的社会'，我觉得这很有意思，因为这正是我希望为新加坡做的事。我并不是说李总理治下的新加坡社会不善、不和气，但在国家发展的第一阶段中，我们强调的是国家取得成就，重点在全体利益，而非个人。不过，发展到今天这个阶段，我们可以实施一些对社会和国家都有益的政策，同时，给这些政策注入人情味。"③ 强调"给政策注入人情味"显然比强调"新加坡政府的政策从来就不是由民意调查或人民投票来决定的"更具民主参与的色彩，这意味着"必须

---

① 李景鹏：《中国政治发展的理论研究纲要》，黑龙江人民出版社，2000，第307页。
② 《联合早报》1990年10月5日。
③ 吴作栋：《行动党的三大政治纲领》，《联合早报》1992年6月15日。

让人民参与建国。必须允许那些希望自己得到更多空间的政治活跃分子存在"。"政府必须给予私人企业和那些能够自己办事的人更多空间。所以，我们会制造公平竞争的架构和规则，其余的就交由人民、交由私人企业去主导。"①

在这个基础上，新加坡在程序民主的建设方面更大程度地开辟了众多人民得以参政的渠道。其中，最典型的是设立了"民意处理组"，民意处理组监察委员会主席、武吉知马区议员王家园博士受访时说，由于有越来越多国人希望参与政府的决策过程，政府部门及法定机构近年来已意识到收集民意和进行协商的重要。他们对收集民意的态度也更为积极，而不是把民意当成噪声或者以为对话会是民众发牢骚的大会而不加重视。民意组本身在2003年召开了32次对话会，收集到的反馈有6800项，比2001年所收到的4500项增加超过50%。展望将来，王博士希望民意组能发展成为一个专于收集民意和促进磋商的组织，协助政府部门及法定机构加强同民众的沟通及磋商，使磋商真正成为民事服务文化的一部分。他说："新加坡的磋商文化已经成为从纯反馈到决策过程的一部分。接下来，我们也希望走向在政策还没提出或成型之前，民众已有机会先针对有关的课题提出建议和前瞻式的意见，而不是停留在反馈的层次。"② 另外，政府在涉及公民切身利益的公共政策上，也越来越采取协商沟通的态度。例如，在涉及新加坡居民组屋翻新计划时，就有居民通过投票的方式使新加坡房屋发展局的组屋翻新计划未获实施③。此外，政府还成立了"重造新加坡委员会"，让新加坡公民都能够通过正式渠道参与国家建设的讨论和建议。据统计，2003年由"重造新加坡委员会"向政府提出了74项建议，其中多达60项已获政府接受并付诸实施。这表明政府已对大多数人民的期望作出积极回应，而且愿意作出改变，以使政策能与时俱进④。完善程序性民主的重要现象还表现为经新加坡政府立法通过，新加坡民众可以在"芳林公园"设立的演说角落⑤，进

---

① 《吴总理：新加坡可在数月内设"演说者角落"》，《联合早报》2000年3月19日。
② 《征求民意已成为政府决策重要一环》，《联合早报》2004年3月3日。
③ 《班丹花园居民为何说"不"》，《联合早报》2003年8月9日。
④ 《74项"重造新加坡"建议60项获政府接受》，《联合早报》2004年4月16日。
⑤ 《联合早报》2000年9月2日。

行针砭时弊的言论演说；而且政府还逐渐放宽了社团注册的政策①，确保新加坡民众的结社自由得以实现。

作为弹丸之地的城市国家，新加坡在国家建构的进程中，面临着诸多的政治共同体的"塑造"问题，包括国家自主性的建构、公民身份认同的建构、政治合法性的建构等，诸多政治发展的议题，都在其选举民主和法治的框架下逐步得到完善，新加坡的公民个体和社团正在进一步通过各种渠道和程序，参与到新加坡各项政治议题的协商和讨论中，渐渐彰显对公共政策的影响力。

三 从弘扬"善政"走向发展"善治"

新加坡的执政党一直强调把"好政府"、"法治"、"秩序"和"稳定"作为其施政价值的首要取向，从本质上鲜明地体现了"善政"的特征。俞可平教授曾对"善政"有过明确的表述："善政的内容无论在国内还是在外国、在古代还是在现代都基本类似，一般都包括以下几个要素：严明的法度、清廉的官员、很高的行政效率、良好的行政服务。毫无疑问，只要政府存在一天，这样的善政将始终是公民对于政府的期望和理想。""在中国传统政治文化中，善政的最主要意义就是能给官员带来清明和威严的公道和廉洁，各级官吏像父母一样热爱和对待自己的子民，没有私心和偏爱。"② 根据"善政"的含义，联系人民行动党一贯引以为荣的施政原则，可以发现新加坡政府所宣扬的的确是一种"善政"。1980年1月5日，李光耀在纪念人民行动党建党25周年的庆祝大会上指出，从1959年到1979年这段执政时期里，有六个原则引导着人民行动党：①"发出明确的信号：不要迷惑人民。"即团结一致，不搞小集团和派系，决不进行不需要的明争暗斗，使自己的支持者感到混乱。通过私下的辩论和讨论，解决领导人之间的歧见，在公开场合，从不互相反

---

① "政府放宽社团法令，允许团体自动获注册，是政府与人民关系发展一个新里程碑，这意味着政府信任人民，并希望他们能在更多方面自行做决定。"林双吉：《政府放宽社团法令，"家长式政府"情况正改变》，《联合早报》2004年1月11日。

② 俞可平：《治理与善治》，社会科学文献出版社，2000，第8页。

驳。②"前后一致：不要突然转向和改变。"即对自己和自己的支持者守信，政策始终一贯，但并非没有伸缩性。③"保持廉洁，杜绝贪污。"即当政应以廉洁、公正和效率为依归。但这话说起来容易做起来难，因为一旦执政，就会面对很大的诱惑。所以，非有大的决心不可。④"要受人尊重，不要讨人喜欢：拒绝避重就轻。"即为了人民的长远利益，即使有一些政策在短期间不受欢迎，政府也应毫不犹豫地付诸实施。受欢迎的治国方法，并不意味着政府的每一个行动都必须受人民的欢迎，而是意味所有符合公共利益的政策，必须及时加以拟定，以便它们所带来的好处，能够在下一届大选来临前获得人民的赏识。⑤"分摊利益——不剥夺人民应有的生活条件。"如果从工作和进步中所取得的成就和利益，没有公平地让全体人民分享，政府就不会得到人民全心全意的合作和参与。要平等地分摊利益是永远办不到的。但垄断群体努力所得的成果，只供享有特权的一小部分人专门享受，或更糟的是，让他们去炫耀享受，却剥夺许许多多有贡献的工人所应得的利益，那是从来不能容忍的。⑥"努力争取成功——决不屈服。"即不论遇到怎样的困境，都不要因为不知所措或感叹自己的不幸而浪费时间。要保持冷静，对问题的大小做一个实际的研究，并冷静评估，找出可能的解决办法。把注意力集中在那些最有可能成功解决的办法，决定你的行动方向，然后全力以赴，着手去解决有关问题。尽你的能力去做，这是你应尽的本分。如果你已尽最大的能力，还不能解决问题，那历史也会宽恕你。但如果因为不敢尝试，或没有尽最大能力去做而遭遇失败，那是可耻的。① 可见，人民行动党所经常宣扬的这些原则和内容，具有非常鲜明的"善政"色彩。

"善政"虽然是一种人们对政府的期待的表现，然而实现了"善政"在现代社会并不能给社会带来持续的活力和有效的竞争力，也不能给社会带来更低的治理成本。新加坡虽然在某种程度上实现了"善政"，但其社会的创造力和治理能力仍不断地受到质疑。对此，李光耀也有深刻的体会，突出表现在李光耀对新加坡人缺乏企业家精神的担忧上："我们向海外发展成绩欠佳，有几个原因。但基本的原因是我们缺乏企业家。

---

① 李光耀：《李光耀40年政论选》，现代出版社，1996，第153~154页。

要是新加坡人有香港人的企业家精神,我们也不必为这件事伤脑筋。"①新加坡著名导演梁智强导演的电影《小孩不笨》中所宣扬的主题之一就是"保姆型政府窒息了社会的创造力和治理能力",该影片得到了吴作栋的高度认可。据此,新加坡的政治发展有待从宣扬"善政"走向发展"善治"。"善治就是使公共利益最大化的社会管理过程。善治的本质特征就在于它是政府与公民对公共生活的合作管理,是政治国家与民间社会的一种新颖关系,是两者的最佳状态。"②"从全社会的氛围看,善治离不开政府,但更离不开公民。从某个小氛围的社群来看,可以没有政府统治,但是不能没有公共治理。善治有赖于公民自愿的合作和对权威的自觉认同,没有公民的积极认同和合作,至多只有善政,而不会有善治。"③

"善治"实际上是一种社会力量逐步壮大起来并承担治理社会的责任,从而缓解政府治理负担,使国家与社会达到良性互动的过程。"善治"的根本标志是发达的"市民社会"或"民间社会"的存在,而"民间社会"或"市民社会"的发育发展是建立在庞大的中产阶级基础之上的。早在接班前夕的1989年,吴作栋便在一次演讲中强调,要加强政治稳定,使新加坡成为一个中产阶级社会。吴作栋认为,新加坡正在变成一个"中产阶级社会","越来越多的新加坡人正在享受着中产阶级的生活。也许有人会对'中产阶级'一词感到不安,因为,如果有中产阶级,也就意味着有上层和下层阶级。而我们要的是一个平等社会。但没有一个社会是不必经过竞争与人民之间的相互合作而取得进展的。没有公平的竞争,我们就不会有进步。"④ 从市民社会的发达对民主政治的本身意义来看,"健全的市民社会对于政治民主有两个基本的意义。其一,市民社会的主要特征之一是它的自治性,民主所要达到的最终目标也就是人民的自我管理,因而从某种意义上说,政治民主的发展过程也就是市民社会不断扩大而政治国家不断缩小的过程。其二,民主的实质意义是人民的统治,但是在现代民主国家中,人民的统治总是间接的,直接

---

① 李光耀:《李光耀40年政论选》,现代出版社,1996,第248页。
② 俞可平:《治理与善治》,社会科学文献出版社,2000,第8页。
③ 俞可平:《治理与善治》,社会科学文献出版社,2000,第9页。
④ 《联合早报》1989年1月8日。

行使权力的是政府。因而,就其现实性和操作性而言,民主的意义就是人民对政府的监督和制约。这种监督和制约只有在市民社会的力量足够强大时才能发挥最大的效果。如果政治国家的力量过于强大而市民社会的力量极其弱小,那么,人民对政府权力的制约很难具有实质性意义。"[1]

新加坡现任总理李显龙已经公开宣布:新加坡社会将进一步开放,因为政府明白在复杂多变的世界里,没有政府能无所不知,不听取他人的意见;而教育程度普遍提高的新加坡人,也更希望能参与决策过程。毫无疑问,新加坡社会必须进一步开放。过去20年来,新加坡人决策过程的参与度提高了,政府也听到更多元化的意见,能够适应新的环境,就新一代新加坡人的要求和期望做出调整。这正是新加坡人在感情上根植于新加坡的关键因素。他说,要建立积极的民间社会,不能只是把焦点放在改进政策和国家大计上;如何在社会工作、自助团体、艺术领域和改进生活环境方面尽一份力,也是非常重要的。[2] 至此,人们可以从上述过程中看到新加坡社会从"善政"走向"善治"的希望。

总之,任何一国的政治发展都不能脱离其特定的历史条件,认识一国的政治发展情况也应该放到其特定的历史环境中去把握。"青山遮不住,毕竟东流去",新加坡的政治发展随着历史的变迁必然有所扬弃,从三个方面来看:第一,市场经济的发展为民主政治的发展造就了阶层基础;第二,新加坡政治领导人的变更为民主政治的发展注入了推动力量,"经济发展使民主成为可能;政治领导则使民主成为现实。"[3];第三,反对党的批判精神和公民参与意识的觉醒为民主政治的发展提供了现实契机。可以初步预期,新加坡的政治发展在未来一定时期内不会脱离人民行动党一党长期执政的框架,但体现在人民行动党的施政作风方面将更具"协商"色彩;体现在公民参与意识方面将进一步提高;体现在公民参与渠道方面将进一步拓宽;体现在公民言论、结社等自由权利方面将进一步开放。

---

[1] 俞可平:《增量民主与善治》,社会科学文献出版社,2003,第203页。
[2] 《联合早报》2004年1月8日。
[3] 〔美〕塞缪尔·亨廷顿:《第三波——20世纪后期民主化浪潮》,刘军宁译,上海三联书店,1998,第380页。

新加坡政治体制繁衍面对的挑战

● 〔新加坡〕蔡裕林[*]

内容提要：实行议会民主宪政的新加坡，历经半个多世纪的政治体制繁衍，实现了建设性政党政治的国家治理，成为少数成功的案例。多年以来，中外政学界对此模式进行了极其广泛的探索与评断。

但随着新加坡进入发达国家行列，特别是建国总理李光耀的逝世，岛国政治完全进入后李时代，各种新的因素和动态相继涌现，日益明显地影响着政治生态的发展。对于长期执政的人民行动党来说，如何才能维系政权，并确保模式的维续与创新，成为其日渐关注的焦点。

关键词：政治体制繁衍；遴选机制；一党独大

就政治体制的起源与繁衍来说，作为大英帝国的前殖民地——新加坡，从一开始就具有依循前者的发展脉络。简要说来，从1948年英殖民政府首次举办的有限度市议会选举，到1959年的自治邦选举，都具有将西敏寺议会民主制移植新加坡的宪政安排。这让新加坡的政治体制繁衍与西方宪政民主有着不可分割的关系。

不过，新加坡从摆脱英殖民统治走向独立，即1963年的加入马来西亚，到1965年的被迫退出，而后成为独立的城邦小国，发展出自己的一套独特制度；既与前宗主国的议会民主有着共同之处，如实行定期选举与内阁制；也有与之不同之处，如随着民主发展进程设置的单选区、集选区、非选区议员、官委议员制度和市镇会等，并因此拥有不同的律法、发展模式与价值取向。

---

[*] 〔新加坡〕蔡裕林，新加坡独立时事评论员。

新加坡政治体制之所以独具一格，首因治国者不以模仿西方模式为唯一标准，且不受意识形态所绑架，而是依据国情发展出以绩效为坐标的模式。其中，人民行动党设置的遴选精英从政机制，更是一个别出心裁的顶层设计。

当然，经济是基础，政治是上层建筑，没有良好的经济发展和社会治理，就不可能实现政治上的稳定，从而获得选民在政治上的认可，借以发展绩效为坐标的政党政治和政治博弈。新加坡模式得以从开创、推进到完善，实因模式不仅具有可塑性，也与朝向形塑政治体制文化的目标努力息息相关。新加坡能成功跨越中等收入陷阱，晋身世界国民收入最高的国家之一，反映了以绩效为坐标政治体制繁衍的可行性。

综观体制成功的要诀，显而易见，有赖于民主宪政的贤能治国、务实可行、良政善治的开创与维续。不能不说，正是这三者的有机结合，才使这一模式成为举世关注的焦点。

从发展的角度看，半个世纪后的新加坡正处于不同的发展阶段。国情、政情、民情都已焕然一新。这其中固然有作为政治体制延续的良好根基与实力，但不容否认，新的发展阶段与社会结构改变带来的冲击，无时无刻不在影响着政治体制变革的走向，这就令新加坡模式下的良政善治，面对诸多新的挑战与变数。

遴选机制：从政精英真的囊括其中吗？

第一代领导是在1978年开启构建遴选机制。① 目的是为了网罗举国精英成为治国人才，借以确保该党的建国事业得以延续。就当时的国情而言，一方面，经济建设初见成效，国家急需治国专业人才；另一方面，从1968年到1980年，经历长达10多年的一党独霸的国家治理，威权治

---

① 遴选机制主要包含8个步骤：1. 行动党通过部长、议员、干部及社会贤达推荐人选；2. 由负责遴选的部长安排另外两位部长或议员，电邀6~8人"喝茶"，这算是第一轮遴选；3. 邀请第一轮遴选中认为合适的人选单独与遴选委员会面谈；4. 安排会见行动党党督；5. 进行书面与心理测试.；6. 由多位部长、议员组成的面试委员会进行面谈；7. 由行动党中委或内阁进行面谈，由总理主持，资政也出席；8. 派到基层去实习，一来看看其性格是否适合参加政治活动，二来也让议员和资深干部对其进行考察。

理下政治冷漠症应运而生,其负面效应则是精英从政意愿淡薄,以致执政党日益面对网罗治国精英的困难。可以说,遴选精英机制的确立正是第一代领袖急寻对策下的产物。

如果从新加坡四代领导顺利过渡的历程论事,的确,这一机制功不可没。但如果检视不同代际过渡的实情也不难发现(见表1~表4),尽管同一机制确保了运转顺畅,不同代际过渡却渐生差异。这可从第二代领导的精英背景(英语精英独占)、资历(不同领域的专业精英兼备)、族群比例(较平衡);第三代领导的精英背景、资历和族群比例已有重大变化反映出来。就是被吸纳成为领导核心的成员,大多数是奖学金得主和来自军队、行政部门的高官,以致被形容为"空降部队"的政治操作。即使是第四代领导的过渡,也具有同样鲜明的痕迹。有所不同的是,第三代核心领导的双语能力有了提升,第四代则更加得到强化。

作为国家治理的顶层制度设计,遴选机制是好的,尤其针对像新加坡这样人口基数单薄的城邦小国。问题在于,机制运转的绩效是否与制度设计的目标一致。或者说,能否与理想的意愿相伴而行。事实说明,问题总是在两个不同的轨迹演化。一方面,掌控机制者不是不想而总是无法跨越,因经济发展和社会结构改变带来精英从政意愿阑珊的苦楚。不得已之下,只能求取不完美的最大可能。另一方面,体制外的精英正随着国家发展阶段的不同,试图重新为精英定义。加上其数量成倍增加,知识和接触面不断扩大,政治倾向等皆有重大的变化。一个"把有限的最好精英纳入国家领导团队,走向难以把所有最好的精英网罗进去的新态势",正在加速形成。

如此情状,不论是从国家层面还是政党政治层面,遴选机制的有效性已经出现不容置疑的变化。面对未来,朝野抢夺政治精英,到底会如何影响国家治理的能耐与绩效,正等待行动党去面对与克服。

表1 通过遴选被吸收进入政府,后成为第二代领导的核心成员

姓名	年代	背景
吴作栋(华裔)	1977~2019	海皇总裁/1985年任副总理
王鼎昌(华裔)	1977~1992	工程师/职总秘书长/副总理/1993年任民选总统
陈庆炎(华裔)	1977~2006	华侨银行高管/1995年任副总理

续表

姓名	年代	背景
丹那巴南（印裔）	1977~1996	高级公务员/多部门部长
林子安（华裔）	1977~1992	高级公务员/部长兼职总秘书长

表2 通过遴选被吸纳成为第三代领导的核心成员（前半期）

姓名	年代	背景
李显龙	1984~2019	武装部队/1991年任副总理/2004年任总理
黄根成	1984~2011	HP高管/2005年任副总理
马宝山	1988~2011	SBS高管/1990年起任多部门部长
杨荣文	1988~2011	武装部队/1988年起任多部门部长
山穆根	1987~2019	高级律师/2008年起任多部门部长
林勋强	1991~2018	武装部队/1991年起任多部门部长
张志贤	1991~2019	武装部队/2009年任副总理

表3 被遴选进入第三代领导核心的成员（后半期）

姓名	年代	背景
许文远	2001~2019（67岁）	卫生部高管/吴总理私人秘书/2004年起任多部门部长
颜金勇	2001~2019（60岁）	高级公务员/2008年起任多部门部长
黄永宏	2001~2019（61岁）	政府医生/2002年起任多部门部长
善达曼	2001~2019（62岁）	金管局局长/2001年起任部长/2011年任副总理
维文	2001~2019（58岁）	医生/2004年起任多部门部长
林双吉	2001~2011（60岁）	私企/2001年起任多部门部长

表4 第四代接班人16人团队名单

姓名	年龄	背景/从政经历	姓名	年龄	背景/从政经历
陈振声	49	陆军总长 2届	黄志明	50	三军总长 1届
王瑞杰	57	金管局局长 2届	陈川仁	49	准将 2届
王乙康	49	政联机构/工运 1届	李智陞	42	律师 2届
黄循财	46	公用事业局局长 2届	英兰妮	55	律师 4届

续表

姓名	年龄	背景/从政经历	姓名	年龄	背景/从政经历
易华仁	56	私企高管 5届	沈颖	43	IE 等官方机构 2届
马善高	55	新电讯 3届	徐芳达	45	官方机构/常任秘书 1届
傅海燕	54	海港局 3届	普杰士	46	政府/医生 2届
杨莉萌	50	EDB/A star 3届	许宝崑	46	政府/医生 1届

一党独大还能走多远？

新加坡近期正热议两党制和政党轮替，从政治体制繁衍的视角看，这一争议的确具有不容忽视的现实意义。说它是新加坡政治体制发展无法回避的课题，实不为过。

早在2013年8月，建国总理李光耀就对行动党能否持续执政说过，不管人们最终做出哪些决定，他笃信新加坡一旦有个愚笨的政府，国家就会完蛋。这个国家将沉沦，化为乌有。有人问，行动党会在（出现两党制）之前失去执政地位吗？李光耀回答说，不肯定行动党第三、第四或第五届大选仍会能继续执政。这就意味着，即使是建国总理李光耀也无法预测行动党还能在位多久。

2017年，现任教育部长王乙康也在公共政策学院（IPS）的论坛上就《如果新加坡成为两党或多党制度将会怎么样？》[①] 发言时谈道，如果到2065年，出现政党轮替或多党联合政府势必将影响劳资政三位一体的运作；而民事服务体制也将因政策差异出现分化，以致影响政策的决策效应和执行力。他还认为，一党独大是一种民意的选择（choice），而不是一种必然的制度（prescription）。

[①] 刊登于 Institute of Policy Studies（IPS）出版的 "Singapore Perspectives 2017 What If ?"，第121页。

由此推想，行动党将会在哪种情况下，失去一党独大的局面，甚至政权？

执政的人民行动党，凭借长期治国成效、善用遴选机制与掌控资源的优势，在未来 10~15 年，持续保持政权并没有问题，这已成为大多数学者的共识。问题是，即使行动党保持了政权，那将会是一种怎样的发展态势？更重要的是，这之后又将会是一种怎样的情况？

2019 年 2 月 10 日，早报记者黄伟曼在题为《精英的失落感》一文中写道："本地的精英知识分子与学者圈，近来在议论着一个和自己有着密切关联的问题：现属政治体制内的精英阶层是否开始出现分裂？这是否会对下届大选起着关键影响呢？""近来在一些社交媒体较活跃的学者圈中，也开始出现对言论空间进一步缩小的投诉，但与其说是吹起反风，提意见者表达得更多的是一种失落感或无奈。"这无疑是一个变中求变的新动态。或许，对执政党网罗精英从政的努力提出了新的质疑与挑战。

联系 2019 年 1 月，工人党秘书长毕丹星为迎战 2021 年前新的第十四届大选，提出争取赢得 1/3 国会议席的目标；加上前人民行动党议员陈清木医生的新党——新加坡前进党，力图带领在野党联盟加入选战，显而易见，一个试图打破行动党长期一党独大的政治博弈，正涌现新架势。

这就对行动党提出新的挑战，该党怎样才能有效地守护一党独大的合理性和有效性，又负责任地平衡在野党应有的合理发展空间。如果说，自强已经不易，兼顾就更需智慧与勇气。

建设性政党政治：本质与形态的变化将会怎样？

新加坡建设性政治生态的构建得来不易。过往的历史说明，这有赖于执政党对政治体制设置的前瞻性布局与掌控；也有赖于在野党为政治体制发展的认知与适应性的培养。没有两者有机的互动，就不可能促成建设性政治博弈的开启与推进。这么说，当然不意味着执政的行动党所作所为是无可置疑的。恰恰相反，不管质疑和批评的声音是何等的尖锐，但也正好从另一方面印证了构建建设性政治生态是一条布满荆棘的道路。

50多年间，新加坡历经13届国会选举，行动党得以在一党独大的情况下掌权，其成功的秘诀不外乎是，一方面，展现治国能耐以赢得民心；另一方面，引导与规范在野党按执政党规划的竞争路线走。与此同时，通过不断立法和严苛执法，在杜渐除萌的策略指引下，严防政治乱象的滋生，开启与推进建设性政党政治生态的发展。

严格说来，新加坡政党政治展现建设性政治生态始于1981年民主党的詹时中，在中选波东巴西区议员后所展现的负责任问政态度。历经多年的磨炼，1992年工人党的刘程强进入国会，进一步展现了建设性政党政治的发展。而2011年大选，工人党赢得集选区后采取的问政态度，显然强化了建设性政党政治的深度和广度。这才有了长达30年的政治博弈，构建建设性政党政治的果实。国会竞选，民粹主义失色；国会辩论，务实讲理。根本有别于众多国家，国会选举，民粹主义满天飞；国会辩论，争吵不休乱象多。

近期以来，建设性政党政治已出现不同的解读或挑战。究其原因，离不开长期政治生态发展的内在变化。环顾以下新动态，或许已露端倪。

• 在野党的詹时中，从20世纪90年代组织"民主联盟"到没落；2011年工人党的刘程强公开表态"道不同不相为谋"；到近期陈清木医生声言，引导在野党再造高峰，凸显在野党对待建设性政党政治，在很大程度上还停留在策略性的思维，而不是一以贯之的从政理念。

• 选民对建设性政党政治的认知，有了不同的视角和取舍。原因在于，不同年代的选民对民主、建设性政党政治的理解与要求出现差异。更大的言论空间、更透明的信息、更公平公正的社会契约体现、更大的人权等，已成为推动新一波问政的内生动力。

• 外部世界的变化，将不可避免地影响新生代选民的政治意愿和诉求；而网络媒体的权力扩散与负面信息传播的速度与数量，无形中扩大了影响。

• 执政党被质疑存在藏拙护短的现象。

• 让执政党更难通过国会议席的多数，强行推动新政或改革议程的声音在加大。

从发展态势看，建设性政党政治面临的新变化，凸显了朝野双方应有的新的认知与对策。而要确保未来的政治生态演化，离不开建设性政治博弈，关键在于从政者如何划出与信守政治博弈的底线与红线。或者说，朝野政党可以有对立的政策宣导；更多、更尖锐的质疑与批评，但不应利用扩大的权利空间进行分化与撕裂社会。面对未来，能否在变革中推动和夯实建设性的政治文化，将会是区别政治家、政客和投机分子的标准。

下届大选会引发怎样的变局？

即将来临的第十四届国会选举，新加坡正处于后李光耀时代的新阶段，且适逢代际过渡的关键时刻，从政治体制变革的角度看，别具新的意义。

如果对上述课题的剖析，提供了了解影响下届大选的重要因素，那么，以下提到的课题或许有利于更好地勾画出可能的变数。

- 自2015年大选以来，新加坡的国情已发生重大变化。一方面，岛国面对与过往截然不同的国际大环境及其延伸的挑战；另一方面，国内正处转型艰辛突围的新阶段。由此引发诸多的不确定性，让国家治理面对前所未有的大挑战。这对第四代领导尤其如此。
- 因此，执政党该如何谋划以应对在野党阵营的挑战，取决于该党领导下届大选的历史视角与决策能力。换言之，区别历届大选胜利的重大因素，特别是上届大选成绩上升的特殊因素（李光耀逝世效应），正视新一代领导的短板，才有可能在知己知彼的情况下，谋划出不失战略优势的竞选思路。
- 在野党正处心积虑，试图通过组建在野党联盟，通过力量的整合，争取最佳竞选成绩。考察这一政治联盟的可能发展，莫过于联盟体是否真的能够克服一己之私，在政治理念与操作上形成共识，从而展现新的动力与张力。
- 工人党已提出争取赢得国会1/3议会席位的布局。不论在下届大选该党是否有机会得偿所愿，就政策主张而言，这就是对执政党下战书。

其可能造成对政治体制变革的影响，也就不容忽视。

- 就选民的组成与政治取向来看，下届大选面对的选民主要分为：建国和立国的两代主要群体；生于 20 世纪 60~80 年代的中青代群体；还有"90 后"成为合格选民的新生代群体。由于身处年代的不同，不论是人生经历、政治认知与取向、国家认同与归属感等，皆有各自独特的情感、喜好厌恶，这就必然令不同群体对良政善治、一党独大、建设性政党政治等具有不同的看法，从而促使选民的选择显现分化与多元的新动态。

- 随着新加坡进入第一世界经济体多年，由此引发对民主、政党轮替、精英、高薪养廉等的看法分歧日益扩大，这为在野党争取选票提供了新的机遇。

- 未来新加坡的归属感如何建立？什么才是新加坡人的最高期待值、最大公约数？这些问题考验着从政者的洞察力。

从体制繁衍看，2011 年大选标志着朝野战略博弈迈入新阶段，相信下届大选还是另一场力量不对称的战役。但不容忽视的量变拉扯，有朝会不利于长期执政的行动党演化。如此发展态势，将会如何影响下届大选成绩，很大程度上取决于行动党的应变能力。

政治体制繁衍面对的挑战

就国家发展需要来看，建国 50 余年的政治体制繁衍，无疑让新加坡长期占据统治地位的人民行动党坐拥巨大的政治优势，该党不仅是发展与进步的领导者，也是体制的既得利益者。两者兼具的事实为下一个 50 年建国历程设下新的发展需要和坐标。了解李光耀时代建国所需的战略思维、政策选项与治理规范的设定依据，对比完全进入后李光耀时代的新加坡，不论是在国情、社会结构，还是在政治生态取向等方面，皆有截然不同的情状。

从政治层面来看，李光耀时代对比后李光耀时代所展现的是两个时空维度截然不同的阶段（新常态）。前者为政治体制发展，采取家长式的威严管治作风，后者意味着迈向共商共建的另一历程。在政策取舍层面，是否真的能把国家利益置于政党利益之上；在政治博弈中，是否认可贤能政治的核心价值的守护。

每一个历史阶段，都具有不同的需求与应对方案；每一个分化与重组，都具有新的发展态势；每一届大选，都具有从量变到质变的较量。这为政党政治和政治博弈设置了必须跨越的障碍和挑战。

第二篇
政治与外交

从"战国"到"魏吴蜀"

——新加坡第 14 届国会大选前析

〔新加坡〕许振义[*]

内容提要：2015 年以来，新加坡政坛发生了许多变化——执政的人民行动党正准备代际交接，反对党阵营或新人接棒，或有新政党成立，或有人似乎在启动新一轮的"合纵"。人民行动党推动经济转型，改革一些"圣牛"政策，反对党提出替代政策，包括降低生活成本的政策建议。近些年的一些事件，包括李光耀旧宅事件、2017 年总统选举、2018 年凯发事件、国民服役安全事故等，将对大选产生一些影响。新加坡下届大选，人民行动党蝉联执政应无悬念，关键在于它有无政策创新，以及反对党有无建树。

关键词：新加坡大选；人民行动党；工人党；民主党；政策创新

2015 年 9 月 11 日新加坡举行大选，选出的第 13 届国会于翌年 1 月 15 日开幕。根据宪法，该届国会必须不晚于 2021 年 1 月 15 日解散，并须于三个月内举行大选，选出第 14 届国会，由新一届执政党组成政府。换言之，新加坡新一届政府的基本班子将不晚于 2021 年 4 月 15 日成形。

政治观察家一般认为，如不出意外，大选较有可能于 2020 年上半年举行[①]。从政党的层面看，备战时间和机会已经不多；从国家和人民层

---

[*] 〔新加坡〕许振义，南洋学会副会长，台湾师范大学东亚学系兼任助理教授。新加坡国立大学本科、硕士，南京大学博士。主要研究范围：新加坡政治与社会，中国与新加坡双边关系。

[①] 在新加坡制度里，总理有权在五年期限内选择时机随时召开大选。一些观察员认为 2020 年上半年对人民行动党来说是较好时间，主要原因包括：（1）新加坡 2019 年纪念（转下页注）

面看，下届大选将影响新加坡未来的政治经济与社会，至少在短期内是如此；从国际角度看，作为东南亚区域重要的一员，新加坡大选的结果和变化将对区域政治产生或多或少的影响。因此各方对此事较为关注。

一　回顾往届大选

新加坡国会继承的是英国威斯敏斯特体系（Westminster Parliamentary System），是单院制国会。赢得国会多数议席的政党即为执政党，得以组成政府。身为政府首脑，总理由"大多数国会议员所信任的国会议员"出任。总理从国会议员中委任各部部长。新加坡多年来对国会进行多种政策创新，包括集选区制度、非选区议员制度、官委议员制度、民选总统制度等。

从1968年第一次大选至今，新加坡已经历12次大选，人民行动党（People's Action Party，简称"行动党"）无一例外取得压倒性胜利。因此新加坡一直是行动党政府执政，以至外界有"一党独大"甚至"一党专政"之解。行动党的历届大选成绩如图1所示。

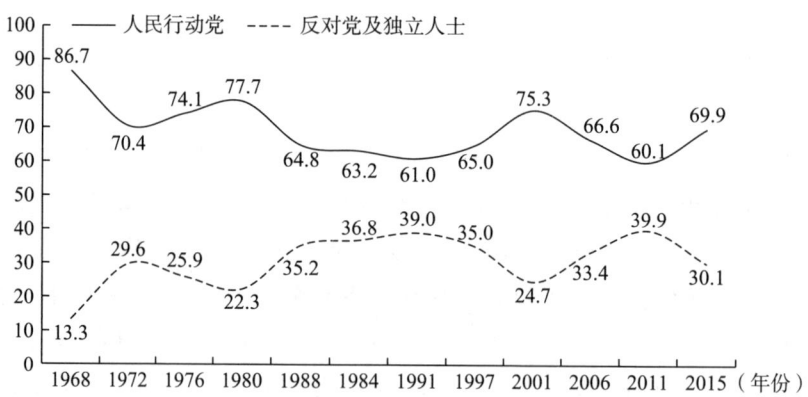

图1　新加坡自独立以来历届大选中人民行动党得票率

（接上页注①）开埠200周年，会有许多庆祝活动，国民有机会回顾过往成就，展望未来前程，情绪高涨，对执政党有利；（2）政府2019年2月的财政预算案宣布发放11亿新元的"开埠200周年纪念花红"（Bicentennial Bonus）以及80亿新元的"立国配套"（Merdeka Package）；这两个配套2019年下半年才能开始收获成效。因此，观察员普遍认为，如果不出意外，下一届大选较有可能在2020年上半年举行。

行动党历届大选得票率均在60%以上，可说是成绩斐然。以10年为期，广义的20世纪70年代是黄金时期，1968年到1980年的四次大选，行动党得票率为70.4%~86.7%。80年代表现也不俗，两次大选行动党得票率分别是64.8%、63.2%，即便到了90年代的两次大选，行动党的得票率也还是61.0%、65.0%。70年代到90年代是新加坡经济腾飞时期，人民从"朝夕不饱"跨步进入安居乐业，生活品质获得极大提升，国民经济从第三世界跨入发达国家行列。本时期吏治得到整顿，劳资政关系改善，城市化进程快捷顺利，教育普及，这些都反映到执政党的得票率上。

进入21世纪之后，新加坡进行了四次大选。从表面上看，行动党在这四次大选中的平均得票率甚至比20世纪80~90年代的四次大选还好，但仅从得票率判断民意，不免失之偏颇。首先，2001年大选的时机是个关键。1997~1999年，新加坡受亚洲金融危机影响，经济萎缩，一直到了2000年才回弹。但是，2000年发生网络泡沫破裂，许多投资者血本无归。2001年发生"9·11"事件，在全球范围内引发安全信心危机，冲击经济。同年11月3日新加坡举行大选，选民在"求政局稳定"和"求制衡政府"之间，很自然地选择了前者。这属于特殊情况。

2006年和2011年大选行动党面对前所未有的压力，尤其2011年大选，反对党"全面开花"，首次在全国87个议席中竞选81个[①]，自1968年以来行动党候选人大面积"不战而胜"的现象基本不复存在；当届大选行动党得票率降至历史新低，并且第一次失去一个集选区的5个议席[②]。到了2015年大选，选情普遍认为行动党得票率必定继续下跌，却出乎意料达到69.9%。如果不计前述2001年特殊情况，2015年的69.9%是行动党自1984年以来的最佳战绩。

---

① 唯一没有遇到挑战而自动当选的是行动党丹戎巴葛集选区团队。原本有黄德祥等无党籍人士有意竞选，但因提名的程序原因，错过提名。
② 阿裕尼（Aljunied）集选区的行动党团队阵容十分强大，由两个部长（杨荣文和陈惠华）、一个行动党将来第四代的核心成员（王乙康）、一个未来的国会议长（再诺）和一个普通议员（潘惜玉）组成。然而，由于工人党采取背水一战的策略，把党魁刘程强投入阿裕尼战役，并以"工人党阿裕尼团队若落选，国会里恐怕再无反对党"为重要号召，是役工人党以54.7%得票率击败行动党，赢得阿裕尼集选区，破了新加坡政治史"集选区乃行动党不沉的航空母舰"的传说。

有关分析认为，行动党2015年大选成绩漂亮，大概有6个原因：行动党改变"傲慢态度"、听取民意修改若干政策、李光耀逝世、全球经济前景不明朗、选民担心"变天"、李显龙个人政治魅力以及反对党过去四年在国会中表现不如人们预期。①

本文认为，从80年代至今，行动党的得票率为60%～65%属于正常情况，2001年的75.3%和2015年的69.9%则属于特殊情况下的离群值②。由于选民受教育程度提高，期盼自己的发声受到更多关注与重视，追求政治与国会的多元化，下届大选行动党的得票率不太可能保留在69.9%的异常高位，极有可能回到60%～65%的区域；若降至55%～59%亦不令人感到意外；若跌破55%，则代表民意的大幅转移，对新加坡政治稳定将是个警讯。

二 各主要政党近期的主要动向

2018年见证了工人党（Workers' Party）以及执政的行动党的代际更新。

工人党是新加坡国会目前的唯一反对党。工人党在国会里有6个议员和3个非选区议员，因此被视为新加坡的最大反对党。4月8日，工人党举行中央执行委员会③（简称"中委会"）选举，时年41岁的原副

---

① 许振义、李气虹在《2015年新加坡大选：政党、民心与未来》（《隆道观察》2015年9月刊第6～7页，新加坡隆道研究院出版）一文中认为：（1）行动党吸取2011年关于"行动党傲慢，高高在上"的教训，一方面认真听取民意，耐心解释政策，另一方面顺从民意作政策调整，如部长工资、人口政策，使人民感觉到它还是可亲近的、可信任的、可托付的；（2）独立50周年系列活动和建国总理李光耀国葬的附属活动既让国人认识了过去，也思考未来，有助加强国民对行动党的治国理念和政策的理解和支持；（3）选民面对全球经济放缓，恐怖主义威胁，地缘政治日渐敏感复杂，与其求变，宁可求稳；（4）本届竞选期反对党气势如虹，反而让选民担心产生"民主乱局"甚至"意外变天"，许多原本打算选党以制衡行动的中间选民或许因此把票投给了行动党；（5）行动党以党魁李显龙的个人政治魅力为号召，根据行动党外交部长在选后判断，李显龙的政治魅力是行动党本次大胜的主要因素之一；（6）过去四年，主要反对党工人党在国会和选区管理的表现不如预期。

② 2015年9月12日，选举结果揭晓之后，李显龙在记者会上坦言，选举结果"超出预期"。

③ 中央执行委员会（Central Executive Committee）是人民行动党、工人党、民主党等新加坡政党的最高决策机关。

秘书长毕丹星（Pritam Singh）在没有对手挑战的情况下当选秘书长，成为该党的第四代党魁①，党主席林瑞莲连任。中委会的14人中有12人是连任的，包括原秘书长刘程强。表1为工人党两届中委会之比较。

工人党2018年换届有几个看点。

首先，要员"半引退"。原秘书长刘程强（1956~　）、原组织秘书方荣发（1961~　）、原财政陈硕茂（1961~　）三人不再担任党内要职，但仍留在中委会，在党内的决策上可扮演重要的咨询角色。

其次，中委会年轻化。秘书长、组织秘书（含副职）、财政、青年团主席等要职交给毕丹星（1976~　）、陈立峰（1970~　）、吴佩松（1973~　）博士、严燕松（1977~　）、陈励正（1971~　）、李丽连（1978~　）、贝里安（1970~　）等，让党内的新一代可以充分发挥。中委会的年轻化有助工人党加强与中青年选民的维系，更重要的是证明了刘程强等人不眷恋个人名位，工人党高层能够自觉地进行自我更新①，加强了选民对工人党的信心。

表1　工人党2016~2018年、2018~2020年两届中委会名单

党内职务	2016~2018年中委会	2018~2020年中委会
主席	林瑞莲（备注A，下同）	林瑞莲（A）
副主席	莫哈默费沙（A）	莫哈默费沙（A）
秘书长①	刘程强（A）	毕丹星（A）
副秘书长②	毕丹星（A）	无
组织秘书	方荣发（A）	陈立峰、吴佩松博士（B）兼任
副组织秘书	符策涫、陈广顺	陈励正
财政	陈硕茂（A）	严燕松
副财政	陈立峰（备注B，下同）	李丽连（C）
青年团主席	严燕松	贝理安（B）兼任

---

① 新加坡的大多数政党以秘书长为党魁，副秘书长为副党魁，之后才是党主席；行动党、工人党、民主党皆如此。工人党先后四代秘书长为：1957~1971年的大卫·马绍尔（David Marshall）、1971~2001年的惹耶勒南（J. B. Jeyaretnam）、2001~2018年的刘程强（Low Thia Kiang）、2018年至今的毕丹星。

① 《联合早报》2016年5月30日《刘程强：党内更新正顺利进行　工人党新领导团队"随时能接棒"》一文报道："今年59岁的刘程强以'岁月不饶人'形容自己必须为党领导层更新做好准备。"

续表

党内职务	2016~2018年中委会	2018~2020年中委会
传媒组主席	吴佩松博士（B）	吴佩松博士（B）兼任
传媒组副主席	贝理安（B）	贝理安（B）兼任
网站副站长	菲鲁兹	无
中央委员	李丽连（备注C）	刘程强（A）、方荣发（A）、陈硕茂（A）、任保南、菲鲁兹

说明：A为当选议员，B为非选区议员，C为前议员。

注：①相当于中国政党政治概念中的"总书记"。
②相当于中国政党政治概念中的"组织部长"。

再次，向外界传达"工人党并未分裂"信息。在2016~2018年中委选举中，原副财政索马（L. Somasundaram）提名陈硕茂角逐秘书长一席，原中委任保南附议。刘程强以61票对陈硕茂的45票，蝉联秘书长，索马和任保南都落选当届中委①，后来传出工人党高层内部分裂的说法。隔了两年，任保南本届再次当选中委，向外界委婉传达了"工人党高层并未分裂"的信息。

在工人党完成代际交替的同时，行动党也完成了代际交替的重要部署。

2018年4月24日，总理公署宣布内阁重组，新任命将于5月1日生效。重组之后，三名资深部长林勋强、林瑞生和雅国卸下部长职务退居后座议员，全国职工总会秘书长陈振声回到政府核心，出任贸工部部长。内阁中第四代领导班子成员首次过半，启动了政府领导班子的年轻化与更新。

2018年11月11日，行动党选出第35届中委会，得票最高的12人当选，得票第13、第14的获增补，一共14人。14人中委会当中有9人属于第四代领导人。11月23日，行动党发表文告，宣布根据行动党章程复选增补4人进入中委会，一共18人。表2为行动党第34、第35两届中委会之比较。

---

① "Low Thia Khiang Beats Chen Show Mao in Workers' Party Polls to Retain Secretary-General Post", *The Straits Times*, 30 May 2016.

表2　行动党第34、第35届中委会名单

党内职务	第34届中委会	第35届中委会
主席	许文远（基础建设统筹部部长兼交通部部长）	颜金勇（卫生部部长）
副主席	雅国博士（通讯及新闻部部长）	马善高（环境与水源部部长）
秘书长	李显龙（总理）	李显龙（总理）
第一副秘书长	张志贤（副总理兼国家安全统筹部长）	王瑞杰（财政部部长）
第二副秘书长	尚达曼（副总理兼经济及社会政策统筹部长）	陈振声（贸易与工业部部长）
财政	林瑞生（人力部部长）	尚穆根（律政部部长、内政部部长）
副财政	尚穆根（律政部部长、内政部部长）	王乙康（教育部部长）
组织秘书	颜金勇（卫生部部长）、陈振声（总理公署部长兼全国职工总会秘书长）、王乙康［教育部部长（高等教育及技能）］	傅海燕（文化、社区及青年部部长）、李智陞（社会及家庭发展部部长兼国家发展部第二部部长）
中央委员	傅海燕（社区、文化及青年部部长）、王瑞杰（财政部部长）、哈莉玛（国会议长）、维文医生（外交部部长）、陈川仁（社会与家庭发展部部长）、马善高（环境与水源部部长）、司徒宇斌（议员）、穆仁理（议员）	迪舒沙（议员）、英兰妮（总理公署部长兼财政部和教育部第二部部长）、黄志明（总理公署部长兼全国职工总会秘书长）、黄永宏医生（国防部部长）、陈川仁（国会议长）、杨莉明（人力部部长）、司徒宇斌（议员）、维文（外交部部长）、黄循财（国家发展部部长）

说明：括弧内为政府或国会职务。

退出本届中委会的是第一助理秘书长张志贤（1992年从政）、第二助理秘书长尚达曼（2001年从政）、主席许文远（2001年从政）、副主席雅国博士（1997年从政）以及财政林瑞生（1997年从政）。他们五人从中委会引退之后，中委会的组成按从政年代划分为：李显龙（1984年从政），尚穆根（1988年从政），颜金勇、黄永宏、维文（都是2001年从政而且担任内阁职务至今已近20年），属于行动党第三代领袖，占本届中委会人数的27.8%；其他皆属于第四代，2006年之后（含）进入政坛的占61.1%，大部分是2011年进入政坛的，一共7人①，占38.9%，包括王瑞杰、陈振声、王乙康等第四代核心人物。

---

① 此七人包括王乙康。王乙康2011年参加大选落败，2015年当选并进入内阁。虽2011年落选，但从那时起行动党已经视他为第四代核心之一，并一直进行培养，因此本文认为应该把他的从政年份认定为2011年。

代际更替更为明显的是，第一、第二助理秘书长皆由第四代核心人物王瑞杰和陈振声担任。当选助理秘书长显示王瑞杰在党内威望和地位受到广大干部的支持，是将来升任秘书长并出任总理的必要基础。在行动党的政治传统中，总理接班由同辈同僚协商推举一人，而不是由现任总理或资深部长直接点名。第二代总理吴作栋虽非李光耀首选，但由同侪推举。第三代总理李显龙亦由同侪选出。11月24日，担任政治职务和国会职务的32个行动党第四代政治人物发布集体声明①，表示经过深思熟虑和长时间观察与合作，共同推举王瑞杰为领导，以陈振声为其副手。

李显龙已多次表示，将在下一届大选后或是70岁前卸任②。下一届大选最迟须在2021年4月举行，而李显龙将在2022年达到70岁。2019年4月李显龙对内阁做出另一次重组，继2018年5月的内阁改组和11月的行动党中委会改组之后，将进一步完成代际交替。本次内阁改组，相信张志贤、尚达曼卸下副总理职务，王瑞杰升任副总理。如无意外，相信下一届大选行动党仍会由李显龙领导应战，并于大选之后逐步交接，最迟不晚于2022年接棒给王瑞杰。

民主党（Singapore Democratic Party）曾经是国会里第一大反对党，在第8届国会（1992～1996年）里有三位当选议员。但是，自从1996年詹时中退党事件之后，这几届大选中得票率一直徘徊在20%～30%，实力已经大大削弱。民主党秘书长徐顺全（1962～　）因为破产失去了近15年竞选资格后，恢复资格参加2015年大选，改变路线和形象，该党取得31.23%得票率，虽比上届的36.8%低，但是从以下两个方面看来，民主党并未失败。一是民主党本届大选得票的跌幅（-5.6%）低于反对党全国平均跌幅（-9.8%），可见其有品牌效应；二是徐顺全本人上次参选是2001年，当届民主党得票率为20.4%。徐顺全本届东山再起，领导民主党取得31.23%得票率，从某个角度说其实已是一种成功。③

---

① 见《海峡时报》2018年11月24日报道，https://www.straitstimes.com/politics/statement-by-younger-political-office-holders。
② 见《联合早报》2018年4月26日社论《第四代领导层的挑战》。
③ 许振义、李气虹：《2015年新加坡大选：政党、民心与未来》，《隆道观察》2015年9月刊 新加坡隆道研究院出版，第7页。

在自我更新方面，相对工人党和行动党，民主党显得乏善可陈。

民主党自1993年来，秘书长一职一直由徐顺全出任。徐顺全年龄不大，继续留任秘书长也许并不为过。但是，这20多年来未见民主党有明显的人才培养计划。民主党在几次大选中引进的候选人，相当多在选前选后都默默无闻，一些比较高调的则"来去匆匆"，例如陈如斯①、戈麦斯②，另一些如前议员林孝谆（1984~2007年担任民主党主席）、前议员蒋才正，多年来未建寸功，或已退出政坛③，或已琵琶别抱④。

民主党2015年引进国大医院感染科高级顾问医生兼教授淡马亚（Paul Anantharajah Tambyah），与徐顺全等一共四人挑战荷兰—武吉知马集选区。尽管竞选失利，以33.38%的得票率落败，但塑造了淡马亚温和、专业的形象，尤其他提出的关于医药卫生领域的替代政策令人印象深刻。2017年9月，民主党进行中委选举，淡马亚获选为党主席，徐顺全连任秘书长。淡马亚是民主党近年发掘并重用的人才。

徐顺全1992年步入政坛。他青年时期采取的路线近似街头抗争路线⑤，曾多次涉及诽谤官司⑥。新加坡选民一般较温和，不受用于激进手段。到了2015年大选，徐顺全重出江湖，以温和形象出现。徐顺全上一次参选是2001年，当年只取得20.2%得票率，2015年则取得33.38%的成绩，相信是他转变风格的成果。2015年大选之后，他维持了这种新加坡选民比较能接受的温和作风。

2019年2月，民主进步党前秘书长方月光（1968~　）以"认同民

---

① 陈如斯2011年4月加入民主党，5月代表该党参加大选；同年7月退党，参加总统竞选；2014年5月，成立新政党"国人为先党"（Singaporean First Party）并亲任秘书长。
② 戈麦斯（James Gomez）2010年11月退出工人党，加入民主党，2011年5月在民主党旗帜下参加大选，没有参加2015年大选。据悉2015年退出民主党。
③ 林孝谆1991年大选为民主党赢得一席，1997年大选落败。他最后一次参加大选是2006年，并未参加2011年、2015年大选。
④ 蒋才正1991年大选为民主党赢得一席，1997年、2001年大选落败。2006年加入国民团结党并参加2006年、2011年、2015年三届大选，均落败。
⑤ 徐顺全当年采取的抗争手段包括：绝食抗议、故意不交罚款，选择以入狱替代、有合法的芳林公园可做街头演说却跑到国会外演说而被控告以非法聚会，甚至致函、发视频请美国领袖插手新加坡"踩踏人权问题"。
⑥ 如2001年，徐顺全指控总理吴作栋和国务资政李光耀隐瞒国会，向印尼前总统苏哈多提供总值170亿新元贷款而被二人控告诽谤，败诉后被判赔偿50万新元。

主党的理念和价值观""民主党有一定的组织能力和资源"① 为由，高调宣布申请加入民主党。按民主党党章程序，该申请正在等候中委会开会讨论批复。方月光属于精英阶层，履历"自带光环"②，2011 年初试啼声便被詹时中编入了自己的大选团队，大选之后随即定为重点培养人才之一。但是，这些年来方月光在各党之间频繁跳槽③，如今申请加入民主党，相信更多的是从战术考虑——即希望下一届大选能结合自己的光环和民主党的组织能力和资源，而后者是极其弱小的民主进步党或是德高望重但已退出江湖的詹时中都无法向方月光提供的。如果民主党接纳方月光，相信下一届大选会集中优势兵力，由徐顺全、淡马亚、方月光搭档，形成"明星团队"，挑战行动党。然而，真正的挑战并不在大选，而是在大选之后，无论胜败，民主党是否能处理好"一山二虎"的局面将是一个严峻考验。

本时期的里程碑事件是陈清木（1940～　）成立新加坡前进党（Progress Singapore Party）。

陈清木 1980 年从政，以行动党候选人身份参加大选，凭借 83.4% 得票率赢得亚逸拉惹选区议席。担任国会议员期间，陈清木一直扮演后座议员的角色，对政府提出建议和意见，是执政党中的"反对党"角色，并且树立了敢于挑战权威与体制的形象。他在选区的支持率很高，历届大选的得票率为：75.4%（1984 年）、69.6%（1988 年）、75.2%（1991 年）、73.2%（1997 年）、88.0%（2001 年）。2006 年大选之前，陈清木是行动党引退的议员之一。2011 年总统选举，他出来参选，未获

---

① 叶伟强：《方月光与同僚申请加入新加坡民主党》，《联合早报》2019 年 2 月 19 日。方月光的英文原话是 "We share and believe in the values and ideals that SDP stands for, and they have many other like-minded credible people. We also believe in their organisational resources and capabilities as a longstanding political party in Singapore"。

② 方月光是政府海外优异奖学金得主，在英国剑桥大学修读文学和音乐，回国后加入行政服务（Administrative Service），8 年来在外交部和内政部担任多个职位，属于精英阶层。

③ 方月光原是行动党党员，并曾在党支部担任青年团主任。2011 年 5 月 7 日，他易帜到詹时中领导的人民党（Singapore People's Party），并与詹等四人挑战碧山—大巴窑集选区，以 43.1% 落败。5 月 11 日，人民党任命方为第二助理秘书长。翌年 1 月，方月光脱离人民党，同年 12 月加入民主进步党并于 2013 年 1 月成为该党秘书长。2015 年 9 月大选，在方月光领导下，民主进步党与人民党合作，再次竞选碧山—大巴窑集选区，以 26.41% 落败。2019 年 2 月，方月光宣布辞去民主进步党党籍与职务，申请加入民主党。

得行动党支持，最后以极小的差距败于行动党支持的前副总统陈庆炎博士①。他本来目标放在2017年总统选举，但新加坡政府修改宪法，那一年的总统选举变成了保留选举，只留给有马来族背景的候选人。

陈清木因背景问题失去2017年总统选举资格，而下次总统选举是2023年，届时他83岁，时不我待。2018年12月31日，陈清木宣布结束50年行医生涯，全心投入政治，抓紧下一届大选来临之际，连同几位前人民行动党干部，成立新加坡前进党②，以"栽培'有心从政、为国为民'的未来国会议员，维护一个有同情心、真正民主、有正确价值观、以民为本的新加坡"为目标③。

在陈清木之前，有过引退的议员或部长不满意行动党，但都没有选择以成立政党的方式公开、直接与行动党唱对台。陈清木如今打破了这个潜规则，最大的"隐患"倒不在于他在下届甚至下下届能否赢得国会议席，而在于他或许打开了潘多拉魔盒。④

2017年，国民团结党选出第17届中委会，张培源不再担任主席，由冯展良⑤接任。综观国民团结党过去几届大选的表现，2011年最强。从规模上看，当届派出24个候选人⑥，是反对党中最多的；从影响上看，当届的新人潘勤群、陈礼添、佘雪玲⑦、张媛容表现优异；从得票率上看，该党得票率为39.9%，是历届中最高的。此盛况到了2015年大选便不复存在，当届只能派出12名候选人，得票率只有25.3%，与2011年大选得票率相比，国民团结党的跌幅是反对党中最高的一个⑧。从2011年大选之后至今，该党经历不少高层变故，包括秘书长多次换人，党主

---

① 陈清木以0.35%的微差（7382票）败于陈庆炎。
② 2019年1月16日提交政党注册申请，同年3月28日获正式批准。
③ 林子恒：《陈清木：有意栽培未来国会议员》，《联合早报》，2019年1月19日。
④ 《大选在即，新加坡又诞生一个政党!》，网站新加坡眼，2019年4月2日。
⑤ 冯展良（Fong Chin Leong, Reno）参加过2001年、2006年、2011年和2015年大选，得票率分别为25.%%、30.7%、42.8%、27.9%。
⑥ 国民团结党在1988年、1991年、1997年、2001年、2015年五届大选派出的候选人人数分别为：8、8、7、9、12。
⑦ Seah is Singapore's 2nd most popular politician online，《海峡时报》2011年4月26日评佘雪玲为继李光耀之后"本届大选网络第二红人"。
⑧ 相比2011年大选，工人党2015年得票率下跌6.8个百分点，民主党下跌5.6个百分点，革新党下跌11.2个百分点，民主联盟下跌3.0个百分点，人民党与国民团结党都是下跌14.0个百分点。

席张培源陷入20世纪70年代贪污及破产丑闻、多名党员和候选人退党等，实力大受打击，到下届大选恐怕仍难有突破。

2018年10月31日，执业律师林鼎（1964~ ）主持的新政党"人民之声"（People's Voice）获准成立。他2011年加入国民团结党。2015年大选投票日之前一周，由于代理秘书长潘勤群与中委会意见不合辞职，林鼎受委为代理秘书长，原本默默无闻的他忽然走进镁光灯下。他与党主席[①]张培源等组成团队竞选淡滨尼集选区，以27.9%落败。2017年5月，林鼎以意见不合为由，辞去秘书长职务并退出国民团结党[②]。此后，林鼎虽不再具有任何政党身份，但开始在社交媒体上有系统地、积极地发声。一年半后，他成立新政党"人民之声"。他说，"人民之声"的目标并不是要监督与制衡行动党，而是要取而代之，组织新政府[③]。他阐述该党的政纲及理念包括：搁置调高消费税两个百分点的计划，以及承诺在国人55岁时，归还公积金等。[④]

詹时中（1935~ ）于1984年至2011年担任波东巴西区议员，并于1986年至1993年、1997年至2006年担任国会中的反对党领袖。2011年大选他到碧山—大巴窑集选区挑战黄根成团队失败，之后未参加2015年大选，并退出政坛。詹时中是新加坡政坛上最受人爱戴的反对党元老，遗憾的是，他30多年的政治生涯更多时候是单打独斗，带出来的新人寥寥无几，算上徐顺全勉强只有一人，远远不如刘程强对新加坡政治多元化所做出的贡献。

其他政党如吴明盛的人民力量党、陈如斯的国人为先党、肯尼斯的革新党、林睦荃的民主联盟近期似无明显发展。工人党已经建立起品牌，

[①] 与新加坡绝大部分政党不同，国民团结党是以主席为一把手，秘书长为二把手。

[②] 《联合早报》2017年5月22日报道引述林鼎说自己于3月在芳林公园演说角落发表对水费上涨的言论，党内却有人反对他参加演说。除此，他认为民选总统课题是有关新加坡宪法的重要课题，但团结党却选择保持沉默。他表示，党内有保守的党员不认同他到处发声，所以他选择退党。

[③] 新传媒"第8视界"《国民团结党前秘书林鼎成立新政党 作出一系列承诺》，2018年10月29日。

[④] "人民之声"想解决的一系列课题包括：1. 确保新加坡人在55岁时，能全权掌管他们公积金里的款项；2. 搁置将消费税从现有的7%调高至9%的计划，也不会对白米和尿布等日常必需品征收消费税；3. 推出最低工资制度；4. 削减总理的薪金达70%；5. 举行公投废除现有的民选总统机制，并重新投票选出新总统。

第四代人才梯队已经形成,蓄势待发;民主党虽未形成明显的人才梯队,但由于徐顺全、淡马亚(以及方月光)具有一定的知名度,或许在吸引人才方面有一定优势,而且民主党风格转为温和,对吸引选票有利。笔者在2015年认为,其他反对党由于未能及时建立起品牌,很难吸引人才加入,也很难与工人党和民主党竞争,很可能在未来一两届大选内彻底边缘化[1]。新加坡当今政坛正从"战国时代"逐步整合为行动党、工人党、民主党的"魏吴蜀"格局,进一步印证并加强了笔者的这一观点。

三 反对党阵营的"合纵"

反对党山头林立,每到大选临近时就召开临时会议,商讨分配地盘,避免三角战,避免互相抢夺票源。这类谈判涉及利益分配,十分费劲,难以成功。

早在2015年大选之后,当届四个表现最差的政党——国民团结党、人民力量党、国人为先党和革新党在选后一周内会面,探讨结盟甚至合并的可能,以期集合各党资源,更好地为下届选举备战。时隔两年,到了2017年12月,经过几轮协商,结盟计划依旧毫无进展,也谈不下去,形同破局。[2] 此结果并不令人感到意外,包括当事人。

2017年12月,陈清木说,自己要当一名培养政坛新秀的政治导师,而且不分党派,任何政党都可以找他。由于他2011年总统选举成绩夺目,成了许多反对党争取合作的对象。2018年7月,他获新加坡7个反对党[3]邀约,希望他出面主导反对党联盟参加下一届大选。这个现象很正常,凡是有些名望的政治人物,总是一些反对党愿意拉拢并利用的旗

---

[1] 许振义、李气虹:《2015年新加坡大选:政党、民心与未来》,《隆道观察》2015年9月刊新加坡隆道研究院出版,第9页。
[2] 叶伟强:《得票率最低四反对党 两年结盟谈判正式破局》,《联合早报》2017年12月19日。
[3] 新加坡民主党(Singapore Democratic Party)、人民力量党(People's Power Party)、民主进步党(Democratic Progressive Party)、革新党(Reform Party)、国民团结党(National Solidarity Party)、国人为先党(Singaporeans First Party)和当时待获准注册的新政党"人民之声"(People's Voice)。

帜，当年的詹时中是如此①，现在的陈清木也是如此。不过，反对党阵营之所以四分五裂，完全是由于理念不合②，甚至不乏原本意见不合而自立门户的决裂党员，如今为了大选，即便临时聚合，其中所牵涉的利益关系恐怕难以协调安排。陈清木对"领导联盟"至今没有公开积极回应，并不让人感到意外。

笔者相信，大选临近之时，为了地盘分配，避免或减少三角战，反对党阵营一定会再次提出联盟建议，形成"合纵"。这类合作即便成形，也只是临时的利益分配，并不存在长远的战略意义和价值。随着"魏吴蜀"格局的日渐形成，"合纵"终将成为历史。

四 行动党的政策创新及本时期的政治课题

2016年11月，行动党通过国会修宪，把非选区议员人数上限从9人调高至12人，并赋予他们与当选议员相同的投票权。此举是双刃剑，由于在制度上保证了国会一定程度的多元性，选民不必担心国会里没有反对党代表，因此，"非选区议员"制度一方面降低了行动党候选人落选的可能性，另一方面则不可避免地把反对党人进入国会的机会提高。以2015年大选成绩为参考，在新制度下，进入国会的所有12个反对党议员都来自工人党，这将进一步推动新加坡政坛从"战国"到"魏吴蜀"，甚至"两党制"发展，行动党将面对更严峻挑战。

2017年2月，政府采纳了王瑞杰领导的"未来经济委员会"的建

---

① 2001年大选时，詹时中创建新加坡民主联盟（Singapore Democratic Alliance），由新加坡人民党、国民团结党、新加坡正义党（Singapore Justice Party）、新加坡马来民族机构（Singapore Malay National Organisation）组成。

② 工人党秘书长刘程强在2013年1月22日在榜鹅东补选的工人党群众大会上说："如果反对党阵营能够团结的话，那新加坡今天就不会有那么多的政党……反对党其实是一个很复杂的阵营。不同的人，不同的领导，不同的问政方式……以新加坡目前的政治状况，要所有反对党团结成为一股力量是个不可行的概念。俗话说："道不同，不相为谋。"政党和人一样，如果性格不同却勉强在一起，后果会如何呢？不但不会幸福，还会误人误事。所谓的反对党团结，只怕到最后不但不能同步前进，反而落到四分五裂的地步。这样的结果只会让人民再次对反对党失去信心，成为新加坡民主发展的绊脚石。"

议，将通过三大主题①，制定七个策略②，确保新加坡未来5~10年，每年平均取得2%~3%的经济增长。这被视为行动党对新加坡经济的一大政策创新。

本时期还有一些事件可能对下届大选会造成影响。本文列举以下几个事件。

一、工人党市镇会诉讼案。工人党刘程强、林瑞莲等人在2011年至2015年管理市镇理事会期间，涉嫌违反受托和应尽的监护责任（fiduciary duties），遭索偿超过3370万新元款项。刘程强等人已否认所有指控，表示将抗辩到底，并强调没有从中牟取一分一毫。此事可能有三个结局：①如果刘程强等人最终败诉，最糟可能因无法偿还市镇理事会巨款而宣告破产，这意味着他们将无法在大选中角逐议席；②如果刘程强等人最终败诉，即便未破产，也会影响工人党名誉，可能造成民意转向支持其他反对党，如民主党；③如果选民把此事视为政府通过法律手段对工人党的不公平打压，反而会给工人党带来同情票。

二、李光耀旧宅事件。李显龙妹妹李玮玲、弟弟李显扬指责李显龙违背了李光耀的遗愿，试图利用李光耀旧宅为自己及儿子谋求政治资本，并滥用政府权力对李显扬进行监视，迫使后者离开新加坡。李显扬儿子李绳武因在媒体留言称新加坡政府非常"好争讼"，而且新加坡法庭制度也很"温顺"，被总检察署入禀高庭，对李绳武展开了藐视法庭的诉讼程序。李显扬妻子林学芬则因李光耀最终遗嘱的拟定与执行一事，被总检察署向新加坡律师公会投诉，指她身为律师有专业行为失当之嫌。此案将由前总检察长温长明代表林学芬进行抗辩。

三、2017年总统选举。由于政府修宪，而且把黄金辉（而非王鼎昌）追认为第一个民选总统③，本次总统选举成为预留给马来族候选人

---

① 三大主题是：让新加坡持续开放，与世界接轨；让企业建立创新和壮大实力；劳资政三方寻求新合作模式，以适应新环境和建立转型实力。
② 七个策略是：深化和开拓多元国际联系、掌握和善用精深技能、加强企业创新和扩大规模的能力、增强数码能力、打造机遇处处的活力与互通城市、落实产业转型蓝图、与伙伴携手合作促进增长及创新。
③ 官方文献和主流媒体一直认王鼎昌为全民选出的第一任总统。但是，国会2017年以"首次行使民选总统职权"为标准，把第一任民选总统追认为黄金辉。如果从王鼎昌算起，是四届总统没出现过马来族，本次总统选举不必保留给马来族。既然从黄金辉算起，则是五届总统没有马来族，因此必须把本次总统选举保留给马来族。呼声甚高的陈清木因此不具备竞选资格。

的保留选举。许多人认为这是为了防止陈清木参选,担心他当选总统会对行动党不利,因此不接受行动党的说法。这肯定是下届大选中对行动党不利的一个政治课题。①

四、凯发(Hyflux)事件。2001 年,凯发集团成为新加坡本地首家上市的水处理公司。之后的 10 多年间,凯发业务急速增长,一举跃升为水处理行业的巨人②。凯发在新加坡本地的多个项目都是公共私营合作制项目,创办人林爱莲多次获得各类嘉奖,因此,在许多散户眼里,凯发有深厚政府背景,而且是金字招牌,于是放心投资。与此同时,意气风发的凯发把业务扩展至能源市场,这一决策却因新加坡能源价格大幅回落而导致失败。凯发陷入巨额亏损,被迫停牌,一些散户的损失高达九成,血本无归。凯发如果无法找到新注资或重组,极有可能被清盘。一些散户要求政府介入,以免他们的退休储蓄付诸流水,但政府申明无法用全体纳税人的钱来施救。由于凯发之前的光环,一些人把凯发和政府紧密联系在一起,很难理解政府为何不愿出手相救。

五、国民服役安全事故。2017 年 9 月至 2019 年 1 月,一连发生五起国民服役安全事故,共造成 5 人死亡③。这些事故在民间产生相当大的影响,并引起国会辩论,就事故的人为原因、权力是否被滥用等问题进行探讨。

六、反假新闻法案。2019 年 5 月,新加坡国会通过了《防止网络假信息和网络操纵法案》(Protection from Online Falsehoods and Manipulation Bill),目的是保护新加坡人免受假新闻的影响,并教育他们认识假新闻可能造成的潜在危害——尤其是那些制造种族和宗教矛盾的假新闻。部分新加坡人认为政府此举是为了控制下一届大选对执政的不利的言论。

以上几个事件在下届大选中都有可能成为政治课题。

---

① 新传媒 8 视界 2017 年 9 月 8 日《陈振声:知道为来临总统选举提出实行保留机制 或付出一定政治代价》:"2017 年 9 月,时任总理公署部长陈振声说,他曾与总理李显龙对保留机制进行讨论,而李总理当时告诉他,'此举或可能付出一定的政治代价,但还是必须未雨绸缪'。"

② 凯发产品应用于全球 400 多个地区的 1300 多个项目,集团员工遍布于亚太地区、中东、非洲和美洲。

③ 2017 年 9 月曾宪正案、2018 年 4 月李函轩案、2018 年 5 月郭俨进案、2018 年 11 月刘凯案、2019 年 1 月冯伟衷案。

小　结

　　从目前看来，总的来说，行动党在下届大选中取胜并非悬念，关键在于得票率下降多少。由于2015年行动党得票率很高，下届大选得票率如果下浮10~15个百分点，不会让人意外。反对党方面，在得票率上，相信工人党和民主党都会取得比2015年稍好的成绩；在议席数量上，目前很难进行推测。至于其他反对党，应该很难取得有实质意义的进步。新加坡政坛会由"战国"向"魏吴蜀"甚至"两党制"逐渐发展。但是，这都是从目前情况做出的判断和预测。选情瞬息万变，不到最后一刻，谁也不会知道真相到底是什么。

新加坡是"一带一路"的重要节点

● 〔新加坡〕杨建伟[*]

内容提要：中国的"一带一路"倡议涵盖了64个国家和地区，新加坡是其中最发达的经济体。新加坡可以凭借天时地利人和的各项优势，充当"一带一路"的基础设施评估、仲裁、投资和融资中心，推动人民币国际化，成为"一带一路"的重要节点。中国企业可以充分利用新加坡充裕的资金优势；或者与新加坡的企业以及在新加坡的跨国企业强强联合，而不是单打独斗；或者聘用新加坡的华裔、马来裔、印度裔、南亚裔、欧亚裔等高素质的专业人士和职业经理人，利用他们熟悉英语、马来语、印度语、南亚语以及当地语言、文化与生活习惯的优势，参与在这些国家开展的"一带一路"项目，从而实现双赢。

关键词："一带一路"；马六甲海峡；节点；双赢

1978年11月12日，中国改革开放的前夜，邓小平访问新加坡。新加坡是东南亚的一个弹丸小国，作为"亚洲四小龙"的一员和"东亚奇迹"的创造者，新加坡紧紧抓住了二战之后第三波经济全球化和第二波国际产业转移的历史机遇，在国家治理和经济发展方面取得了巨大成就，远远走在了大多数亚洲国家的前列。正因为如此，这个小小的城市国家引起了邓小平这位泱泱大国最高领导人的注意，将新加坡纳入了他访问日本之后的重要访问行程。

这次访问是中新两国合作关系的重要里程碑。李光耀和邓小平两位

---

[*]〔新加坡〕杨建伟，新加坡唯一国际集团副总裁，新加坡亚太交易所独立董事，兼任新加坡国立大学客座教授、新加坡亚洲管理学院副院长。

领袖虽然年纪不同，信仰不同，教育背景不同，人生经历不同，但高度信奉实事求是和"发展是硬道理"的共同人格特质使这两位世界级的领袖彼此认同，彼此欣赏，惺惺相惜，一见如故。在短短三天的访问中，邓小平以其伟人的高度察觉到了新加坡的过人之处，心里萌生了"新加坡是可以学习的"想法。

自那以后，中新两国之间开始了频密的来往，开展了多层次、多渠道的合作。接下来的几十年里，新加坡之于中国，无论是国家治理、国企改革；还是城市规划、城市绿化、交通管理、环境保护；还是知识产权保护、经济转型与产业升级、招商引资；以及教育、医疗、住房、公积金等方方面面，这个小国都被中国置于样板和对标物的位置。2018年12月18日，在中国庆祝改革开放40周年大会上，已故新加坡前总理李光耀获颁中国改革友谊奖章，并被称为"推动新加坡深度参与中国改革开放进程的政治家"。

2019年，中国迎来了建国70周年，新加坡也在大张旗鼓地纪念开埠200周年。和40年前相比，新中两国都有了巨大的发展和变化。几年前，中国政府提出了"一带一路"倡议，即"丝绸之路经济带和21世纪海上丝绸之路"（简称"一带一路"），这是中国政府于2013年倡议并主导的跨国经济带。

"一带一路"的范围涵盖历史上陆上丝绸之路和海上丝绸之路行经的中国、北亚、中亚、东南亚和西亚、印度洋沿岸、地中海沿岸的国家和地区。尽管"一带一路"的详细概念还有待明确和细化，国际社会对于这个宏大的发展愿景也有不同的解读和不同的声音，毋庸置疑，"一带一路"是中国的国家实力与经济发展达到一定阶段和一定高度之后的必然之举，也是人类历史上大国崛起过程中的正常现象。

如果从大历史的视角来看，可以说，"一带一路"是经济全球化的组成部分，是经济全球化在新的历史条件下的表现形式；也可以说，"一带一路"扩大和丰富了经济全球化的内涵和外延，使经济全球化更广泛、更公平，更包容，有助于减小发展中国家和发达国家之间的贫富差距；还可以这样说，"一带一路"为经济全球化展现了一种探索、创新、不故步自封、与时俱进的新思路，它告诉我们，经济全球化不是只有一种模式。简言之，"一带一路"很可能会成为推动经济全球化深入发展的一股新动力，是中国对人类的贡献。这也体现了中国参与经济全球化，从接受和遵守规则，到熟悉规则，再到制定规则的心路历程。仔细想想，历史上那些崛起的大国，哪一个没有经历过类似的发展阶段？有鉴于此，中国的发展理念和发展路径无可厚非，也是历史的必然。

新加坡是较早支持"一带一路"倡议的国家，从一开始就积极投入。新加坡因为马六甲海峡这个重要地理位置的区位优势，以及与中国源远流长的友好合作历史、国际资金集聚和跨国公司青睐的投资宝地、丰富的人力资源等优势，将能够成为中国对"一带一路"沿线国家投资的重要节点。当然，新加坡也清楚地知道，虽然其拥有得天独厚的战略位置，但也需要妥善处理气候变化（可能影响贸易路线）和亚洲地缘政治所带来的问题。成功从来不是理所当然和一成不变的，新加坡要想保持可持续发展的核心竞争力，必须与时俱进迎接新形势下经济全球化带来的新挑战。

中新友好合作源远流长

新加坡位于东南亚马来半岛最南端的赤道北侧，扼马六甲海峡的出入口。虽然有关新加坡最早的历史记录因年代久远而难以追溯，但公元3世纪的中国史料曾将其描述为"蒲罗中"，意为"半岛末端的岛屿"。到了公元 1298~1299 年，首批移民落户此处，并将城市命名为淡马锡（Temasek），爪哇语意为"水镇"。

公元 14 世纪，这个地理位置优越的小岛被赋予新名称。传说，当巨港（即室利佛逝首都）王子山尼拉·乌他马（Sang Nila Utama）某天外出狩猎时，看到一只从未见过的动物。他认为这是一个吉兆，于是决定在这个发现动物的地方建一座城市，称它为"狮城"或"新加坡拉"（Singapura），这个名字源于梵文中的"singa"（狮子）和"pura"（城）二字。

此后，古老的狮城相继由五位国王统治。由于狮城位于马来半岛最南端，是东西方海上航线的天然交汇点，因此很快就崛起成为繁荣的海上贸易中心。

中国有关新加坡的详细记录，最早出现在元代商人汪大渊编撰的航海记录《岛夷志略》中。汪大渊公元14世纪航海到国外通商，途径新加坡。他回国后把一路上的见闻整理成《岛夷志略》，里面以地名分出100多个章节。不少学者相信，"龙牙门"和"班卒"这两个章节分别指的就是新加坡的圣淘沙一带和福康宁山一带。

汪大渊在书中明确提到3个不同的群体：班卒居民、龙牙门居民以及和龙牙门土著一同生活的华人。《岛夷志略》一直是研究新加坡古代历史的重要史料。新加坡国家考古队从1984年起到福康宁山上展开了13次的考古挖掘，那里相信是汪大渊书中所描述的班卒。30多年的考古发现，大致符合汪大渊书中的描述。

1405年至1433年，中国著名航海家、明朝三宝太监郑和七下西洋，马六甲海峡是其庞大船队的必经之地，马六甲城是其临时指挥中心和后勤补给基地，其间郑和也多次到访新加坡。

到了19世纪，虽然欧洲殖民者推动了新加坡种植业的发展，但早在他们登陆之前，华人种植甘密已在岛上蔚然成风。甘密是19世纪新加坡对外贸易的主要商品，可用来鞣制皮革、制作丝绸染料，也是嚼槟榔用的配料，因此甘密也俗称"槟榔膏"。19世纪40年代是甘密种植的鼎盛时期，当时全岛有多达800个甘密园，产量占了所有经济作物的3/4。欧洲纺织业和皮革业的蓬勃发展，也带动了甘密需求，将其大量输出到欧洲国家。当时有超过九成的甘密园主是潮州人，大部分来自印度尼西亚的廖内群岛，实行的是一种叫"港主"的经济组织形式。

1877年10月，中国首个驻外领事馆在新加坡正式成立。清朝末年，财政逐渐枯竭的清政府将目光投向海外，新加坡汇集了清廷所需要的经济和政治资本。新加坡开埠后迅速吸引大批华人前来，19世纪下半叶，华人已经占新加坡总人口的六成。新加坡的华人人口达15万人，私营企业有八成归华人所有。中国首个驻外领事馆应运而生，地点就在新加坡的驳船码头和蒙咸街交界处。

1905年至1911年，中国民主革命的先驱孙中山为了筹备和发动辛亥革命，以及为辛亥革命筹款，先后9次南下新加坡，以新加坡晚晴园作为他发展革命事业的东南亚临时基地。他到新加坡时也住在那里。有感于海外华人华侨对辛亥革命的巨大贡献，1912年，孙中山在就任中华民国临时大总统时，称华侨乃"革命之母"，赞扬他们为推翻中国君主制度所做的贡献。

1937年至1945年，新加坡华人华侨为中国人民的抗日战争使出了洪荒之力，甚至献出了生命。1937年"七七"事变之后，催化了一个以新加坡为基地、由陈嘉庚领导的南洋华侨抗日救亡运动，侨民除积极筹赈外，南侨机工还为前线抢运战略物资。新加坡沦陷前夕，当地华人社会和社团还协助殖民地政府维持地方治安和民防的工作。

1990年10月3日，纽约时间上午10时30分（新加坡时间晚上10时30分），新加坡外交部部长黄根成和中国外交部部长钱其琛，在联合国总部签署联合公报，宣布从1990年10月4日起，两国建立大使级外交关系。新中建交开启了冷战结束后"新型的大国与小国关系"的新局面，堪称当今世界国与国相互尊重、友好合作、共同发展的典范。

新中建交28年经贸合作成果丰硕

由于地缘政治和历史的原因，新加坡于1965年8月9日正式独立和建国之后，没有立刻和中国建交。不过，这并不等于双方没有来往。实际上，建国总理李光耀一直在注视着中国的政局和发展。1976年5月，李光耀第一次访问中国，与当时的国家主席毛泽东、总理华国锋进行了会谈，这是两国高层领导第一次面对面、公开、直接交流与分享彼此对各方面问题的看法。从那时起，李光耀共访问中国大陆33次。

1978年11月12日至14日，在中国结束"文化大革命"之后的关键历史时刻，邓小平副总理成为第一位访问新加坡的中国重要领导人。

1980年6月，两国签署了在北京和新加坡互设商务贸易代表处的协议，次年9月正式设立。1985年5月，新加坡前第一副总理吴庆瑞应聘担任中国政府沿海开发经济顾问，后兼任旅游业顾问；当月，两国正式通航；同年9月，中国中央政府同意新加坡政府可同中国地方省级政府直接磋商开展经济合作。

1992年1~2月，邓小平到武昌、深圳、珠海、上海等地，发表了重要谈话。其中，他鼓励中国城市在维持良好社会秩序的同时，学习新加坡成功的经济发展经验。随后，中国许多官方和非官方代表团纷纷访问新加坡，学习新加坡管理体系。1994年2月，两国政府在北京正式签署了合作开发建设苏州工业园区的协议；5月12日，"新中合作苏州工业园区"在苏州东郊的金鸡湖破土启动。24年来，苏州工业园取得了巨大成功，如今它已成为城市与工业发展的范例，并成功复制到中国其他的城市，如江苏南通、江苏宿迁、安徽滁州及新疆霍尔果斯。

1994年，新加坡—山东经济贸易理事会成立，此后，新加坡又陆续和四川、辽宁、浙江、天津、江苏、上海、广东等省市成立了类似的经贸理事会以及国家层面的新中双边合作联合委员会（JCBC），进一步扩大双方在中国区域发展方面的合作。2004年5月，双方决定成立"新加坡—中国基金"，支持两国青年官员的培训与交流。

1993年10月，新加坡交易所迎来了第一个中国项目——中远投资（新加坡）有限公司在本地借壳上市；1996年6月，天津中新药业直接上市；2011年2月，李嘉诚旗下的和黄港口资产以60亿美元的融资额上市，成为新加坡交易所历史上规模最大的IPO项目。今天，本地股市782个上市企业中，中国项目就有145个，接近1/5。

2001年11月，中国加入世贸组织，新加坡清楚地认识到中国经济将有一个巨大的飞跃，政府明确提出了"搭上中国经济顺风车"的理念，鼓励和推动新加坡企业和商家前往中国投资、经商。如今，越来越多的新加坡企业加入投资中国的行列，约10万家中小企业中的一半，在中国市场有相关业务往来。与此同时，约8000家中国企业也在新加坡落户，其中不乏中国500强企业，以此为基地向东南亚、中东、非洲和欧美市场辐射发展。

2006年8月，新中两国开始磋商自由贸易协定；2008年10月，两国成功缔结自由贸易协定，这是中国首次同亚洲国家签订的全面双边自由贸易协定。今天，新中双边的年贸易额已突破1000亿美元，是1990年建交初期的28倍。从2013年起，中国连续5年成为新加坡最大的贸易伙伴；新加坡对中国的直接投资项目逾2万个，新加坡也连续5年成为中国最大的新增投资来源国。

在苏州工业园成功的基础上，2007年11月，新中第二个国家级合作项目"中新天津生态城"成立；2010年12月，第三个合作项目"中新广州知识城"成立；2015年11月，第四个合作项目"中新（重庆）战略性互联互通示范项目"成立。

2015年11月，中国国家主席习近平对新加坡进行国事访问，将两国关系提升为"与时俱进的全方位合作伙伴关系"；2018年4月，新加坡总理李显龙出席博鳌亚洲论坛并成功访华，两国就进一步加强合作达成多项共识；2018年11月12日，中国国务院总理李克强特意在邓小平40年前访问新加坡的同一天首次访新，又为两国合作注入了新动能。

新加坡的资金优势、跨国公司汇集和国际化的优势

新加坡是世界上著名的资金聚集地，位列世界第二大财富管理中心、第三大外汇交易中心、第三大金融中心。新加坡有约200家银行，除了3家本国银行之外，197家是外国银行。新加坡金融管理局向33家银行颁发了"全面银行执照"，即3家本国银行和30家外国银行在新加坡都可以合法从事零售金融业务（吸纳居民存款业务）。另外，属于金融管理局审批和管理的、从事金融类业务的机构多达1061家。

新加坡是世界级的财富管理中心，管理的总资产约33000亿新元（全球资产管理规模79.2万亿美元或109.4万亿新元）。其中，金融机构投资基金15600亿新元，私人财富12600亿新元，淡马锡＋GIC（政府投资公司）管理的资金4800亿新元。2018年净流入新加坡的资金为2500亿新元。同时，新加坡也是重要的人民币离岸中心。

对各种有规模和有潜力的企业而言，新加坡凭借优越的地理位置，成为通向亚洲的门户，成为受欢迎的地方。外国企业都乐意在新加坡建立基地和总部来开展亚洲业务。

有几个原因促使新加坡能够成功推动总部经济：

1. 有吸引力的税收制度；
2. 避免双重税收协定（DTA）；
3. 优越的地理位置和连通性；
4. 熟练的和多元语言劳动力；
5. 移民政策；

6. 组织家庭之地；

7. 知识产权保护和高效的法律体系。

1986年，新加坡趁势推出了总部计划。到2006年，重量级企业总部已达到415家，2010年更达到500家。目前，大约7000家跨国公司在新加坡落户，其中4200家是跨国企业的区域总部或全球总部（对比之下，香港只有1389家，由此可见新加坡总部经济的规模之大）。现在，尽管全球经济形势严峻，新加坡仍吸引世界各地的公司到此设立总部，在这方面依然做得非常出色。

在2018年世界知识产权组织（WIPO）发布的全球创新指数（GII）中，新加坡排名第五，超越了美国、德国、以色列、韩国、日本等科技强国，在高端及中高端技术生产、高技术出口等方面有着令人瞩目的成绩。

另外，法律界一致认为，新加坡在为"一带一路"项目提供法律服务方面，亦有相当大的竞争力。一直以来，设在新加坡的律师事务所为客户在东南亚地区的投资和工程项目服务。就传统来说，投资和工程项目使用的法律文书会选择英国体系，但新加坡日益成为有竞争力的替代选项。越来越多国际律师事务所将内部工程开发团队转移至新加坡，并在当地设立区域总部。对多数国际开发项目来说，大部分国际法律技术的专业性服务都在新加坡。这让设在新加坡的国际律师事务所在'一带一路'投资和开发中处于有利位置。

除了专业性强，新加坡在解决"一带一路"相关商业纠纷方面独具优势，目前新加坡设有国际调解中心、新加坡国际仲裁中心和新加坡国际商业法庭等。新加坡是领先的国际仲裁枢纽，不仅因为这里有新加坡国际仲裁中心，还有很多来自世界各地、富有仲裁经验的国际仲裁律师。在执行仲裁协议和裁决方面，新加坡法院的立场是支持仲裁，并且不干涉仲裁程序。作为《纽约公约》的成员国，新加坡处理了数以千计的案例，这让大家有信心到新加坡来解决争议。客观地说，争议双方都会想去自觉胜算更大的地方或者他们认为更公正的地方去解决争议。对中国的'一带一路'争议解决机制来说，要学习如何将仲裁团队进一步国际化，给外界留下一种不偏不倚的印象非常重要。

2019年8月，国际社会将迎来联合国框架下首个以新加坡为名的公约——《新加坡调解公约》（简称《新加坡公约》）。这份公约将促成国际商业和解协议的跨国执行，进而促进国际商业发展和跨境贸易。

在《新加坡公约》下，签约国能更有效执行商业和解协议，解决这类协议往往无法获得有效执行的难题。这不但使调解途径能在全球获得广泛使用，也将为企业注入信心，通过调解机制解决跨境商业纠纷。《新加坡公约》将让新加坡在世界版图上发亮，将让新加坡以国际贸易法领域的思想引导力而闻名。

新加坡的人才战略与人才优势

一 调查报告："2019年全球人才竞争力指数"

一项有关人才竞争力的全球调查显示，新加坡在吸引和留住人才方面仍保持领先地位。在125个国家中排名第一，也是唯一挤进前10名的亚太国家。"2019年全球人才竞争力指数"报告是由欧洲工商管理学院、人力资源公司德科集团和印度塔塔通信携手完成。

2019年的报告共分析了125个国家的人才竞争力，这些国家国内生产总值的总和占全球近98%，总人口则占全球93%。根据报告，新加坡在人才竞争力方面的得分为77.27分，略低于上年的78.42分，排名则继续保持在第二名，仅次于瑞士。

调查人员根据68项指标来衡量人才竞争力，而这些指标又分别归入六大支柱，即国内环境、人才吸引、人才培养、人才保留、技术与职业技能，以及全球知识技能。新加坡在国内环境、人才吸引和全球知识技能这三大支柱方面均排名第一。这意味着，新加坡拥有良好的监管、经商和领导力环境，能够成功招揽人才，而这些外籍专才也具有创意和解决问题的技能，可胜任管理或领导角色。不过，新加坡在留住人才方面的表现略差，因此影响了总体分数。

此次名列前十名的国家当中，除了瑞士、新加坡和排名第三的美国之外，排名4~10位的均为欧洲国家，依序为挪威、丹麦、芬兰、瑞典、荷兰、英国和卢森堡。亚太区域其他国家当中，挤进前50名的则有新西兰（第11位）、澳大利亚（第12位）、日本（第22位）、马来西亚（第27位）、韩国（第30位）、文莱（第36位）和中国（第45位）。

和往年一样，排名较高的国家一般为收入较高的经济体，因此能够持续投资于终身学习、技能强化、人才吸引和留住人才方面。发达国家的人才政策也不太容易受政治和社会波动的影响。报告指出，回顾过去五年的数据，高收入和低收入国家之间的人才差距有所增加，这个趋势令人担忧。

此外，报告也公布了"2019年全球城市人才竞争力指数"，新加坡在114个城市中排名第17，当年唯一挤进前10名的亚太城市是韩国首尔。

二 新加坡如何吸引和留住人才

1. 兴建生物医药研究园吸引人才

2000年，新加坡建起举世闻名的生物医药研究园，吸引了大批的科学家回国或者来新加坡工作。美国的诺贝尔医学奖获得者、遗传学家雪梨·布雷内（Sydney Brenner），英国癌症研究领域的带头人大卫·莱因（David Lane）、克隆羊多莉的创造人柯曼（Alan Colman）、日本胃癌研究专家（Yoshiaki Ito）教授以及基因研究专家刘德斌博士（Edison Liu）等，都被招揽至此，为新加坡科技腾飞贡献良多。

2. 针对性、策略性引进外籍人才

新加坡人力部统一对人才引进进行全面协调和管理，对经济发展急需的通信、电子及其他领域的高技术人才和金融领域的专业人才，优先从速引进。这种针对性强、按需引才的做法现实而又高效。

3. 放宽外籍人才居留和工作限制

近几年，为有效留住人才，新加坡政府每年都批准约3万名外国人成为新加坡居民，并允许部分外籍专业人士成为新加坡公民。新加坡为吸引人才而招收的硕士生、博士生，毕业后只要找到用人单位就可以获得就业准证留在新加坡工作。

4. 实施免退税等优惠措施

新加坡是个人所得税税率最低的国家之一，1999年，新加坡政府在《21世纪人力报告》中提出，用退税等措施吸引外国人才。目前，个人所得税税率为 0~22%，属非居民的个人在新加坡获得的海外收入不需要在新加坡缴税，直接为吸引外籍人才提出了优厚条件。

5. 提供丰厚的薪金待遇

借助于雄厚的经济实力，新加坡在经济刺激方面采取的最直接策略，便是提供丰厚的薪金待遇。新加坡人力部规定，在本地申请就业准证的外国人，其月工资不得低于 2500 新元（1 美元约合 1.82 新元），至于受雇于跨国公司的企业管理人员，年薪超过百万新元的人比比皆是。

6. 政府的高效率与高度协助

新加坡政府的高效率和高度协助，是吸引人才的重大原因，也是许多国际知名学校选择新加坡设立分院的重要原因之一。

7. 打造国际环境

为了吸引人才，更为了持续发展，新加坡致力于打造国际环境。新加坡总理李显龙曾指出："如今人才要到任何一个国家居住、工作都不成问题，因此，如何创造吸引国外人才的环境，更为重要。"政府认为，要使新加坡成为一个吸引人才的国家，首先应该创造一个世界一流并且充满乐趣的居住环境。

8. 吸引国际知名学校、跨国企业进驻，培训更多人才

自 2000 年起，新加坡就积极邀请欧洲工商管理学院、芝加哥大学商学院、约翰霍普金斯医学院等来当地设分校与分院，以更好地提高国际知名度并培养高端人才，同时，还可以吸引更多跨国企业到新加坡投资，使企业人员有机会接受专业的在职训练，获得更多跨国人才。

新加坡的人才政策非常成功，如今，在新加坡的居民中，平均每 6 个人就约有 1 位外籍人士，他们增强了新加坡的经济实力。根据新加坡贸工部的统计，20 世纪 90 年代的 10 年间，外籍人士为新加坡 GDP 的成长提供了 41% 的贡献度，其中 37% 来自有专业技术的白领阶层。

结　语

2019 年，适逢新中建交 29 周年，中国深入推进"一带一路"建设，这对新加坡会有什么影响？新加坡又能够发挥什么作用？

"一带一路"涵盖了64个国家和地区，研究表明，新加坡是其中最发达的经济体。新加坡作为东西文化的交汇点，也是全球化世界贸易的重要轴心点，可以凭借其天时地利人和的各项优势，充当"一带一路"的基础设施评估、仲裁、投资和融资中心，推动人民币的国际化，成为中国企业向东南亚、南亚次大陆等国发展的重要节点。中国企业可以充分利用新加坡充裕的资金优势；或者与新加坡的企业以及在新加坡的跨国企业强强联合，而不是单打独斗；或者聘用新加坡的华裔、马来裔、印度裔、南亚裔、欧亚裔等高素质的专业人士和职业经理人，利用他们熟悉英语、马来语、印度语、南亚语以及当地语言、文化与生活习惯的优势，前往这些国家发展。

　　地缘政治中，印度尼西亚、印度、巴基斯坦这三个国家拥有数量极其庞大的穆斯林人口，其穆斯林人口数量分别位居世界第一、第二、第三位。从这个意义上可以说，到海上丝绸之路的沿线国家去发展，主要就是和穆斯林人口打交道。

　　因此，在具体的操作层面，拟有以下几点可以考虑：①中国企业可以到新加坡的主板或者凯利板（即创业板）上市，筹措资金。②打破产权封闭：中国企业向新加坡的投资者（如私募基金等）出售股权。③中国企业或项目到新加坡发售重大项目债券。④中国企业与新加坡投资者在中国或新加坡合作成立发展基金。⑤中国企业在新加坡设立合资公司或者区域总部，联合新加坡企业到"一带一路"的沿线国家发展。⑥中国企业吸引或吸收新加坡各方面的专业人士和高管，参与"一带一路"项目。

　　按照东南亚当地人士的说法，从中国对"一带一路"不遗余力的推动力度来看，"一带一路"对于中国肯定是一件好事，同时"一带一路"对于东南亚也应该是一件好事，这个事情才可能成功。东南亚的国家如果要从"一带一路"中受益，前提是这些项目必须以经济原则作为评估标准，并以市场纪律保障执行，同时尽可能远离非经济因素。把新加坡作为"一带一路"的重要节点，不但有利于中国，而且有利于新加坡、东南亚、海上丝绸之路沿线各国的国家和人民，能够减少判断失误和降低运作成本，更能够减少和沿线国家的利益冲突、意识形态冲突和政治摩擦。这样提出问题和认识问题，"一带一路"一定能够做到互惠互利、双赢。

参考文献

[1] 〔新加坡〕李光耀:《李光耀回忆录 下册》,新加坡:《联合早报》,2000。

[2] 〔法国〕雅克·阿达:《经济全球化》,中央编译出版社,2000。

[3] 〔法国〕托马斯·皮凯蒂:《21世纪资本论》,中信出版社,2015。

[4] 〔美国〕傅高义:《邓小平时代》,香港中文大学出版社,2012。

[5] 〔美国〕保罗·克鲁格曼:《全球经济预言》,台湾先觉出版社,1999。

[6] 吕元礼、陈家喜、张万坤:《新加坡研究2016卷》,社会科学文献出版社,2017。

[7] 〔新加坡〕杨建伟:《解读新加坡》,社会科学文献出版社,2017。

[8] 〔马来西亚〕陈达生:《郑和与马六甲》,马来西亚:国际郑和学会出版社,2005。

[9] 〔新加坡〕柯木林:《新加坡华人通史》,新加坡:宗乡会馆联合总会出版,2015。

[10] 〔新加坡〕潘星华:《互学互鉴》,新加坡:八方文化创作室出版,2015。

[11] 〔新加坡〕杨浚鑫:《吸引留住人才我国全球第二》,新加坡:《联合早报》出版,2019。

第三篇
管理与政策

组屋政策与新加坡和谐社会的政治效应[*]

● 孙景峰　杜　睿[**]

内容提要：1965年独立以来，新加坡的社会发展取得了举世瞩目的成就，形成了独特的新加坡式和谐社会。新加坡人民行动党在执政期间保持高度敏锐性和前瞻性，将共存共生的和谐理念贯彻于组屋政策与实践之中，"居者有其屋"政策及成就使新加坡成为世界上解决住房问题最好的国家，趋于完善的组屋制度是新加坡公民实现基本生存权利的保障，对新加坡和谐社会的形成发挥着有力的推动作用，住房充分发挥了作为关键抓手解决国家治理难题的政治效应。新加坡政府通过组屋政策从多方面促进了社会和谐：组屋建设的成就奠定了新加坡社会稳定的根基；组屋政策的实施与发展发挥了家庭和睦的保障功能；组屋建设践行夯实新加坡多元共生平等共处的种族政策，也构建了主导新加坡社会公平的政治体系。

关键词：新加坡；人民行动党；政府组屋；社会和谐

新加坡人民行动党之所以能在10余次大选中连续获胜取得执政地位，并将新加坡建设成为国泰民安的和谐社会，重要原因是其政治立场表现为一个"代表国内各方利益的党"。在新加坡的政治发展过程中，观念的转型确立了和谐社会的思维方式；优先发展经济奠定了和谐社会的物质基础；倡导的共同价值观构筑了和谐社会的价值基石；"家庭为根"铸造了和谐社会的文化根基[1]。人民行动党务实且高效的良性运作

---

[*]　基金项目：河南省哲学社会科学规划项目（项目编号：2018BZZ004）。
[**]　孙景峰，河南师范大学政治与公共管理学院教授，博士生导师，主要从事政党政治研究；杜睿，河南师范大学政治与公共管理学院研究生，主要从事政治学理论研究。

制度维持了社会平衡,与时俱进地觉察并解决人民最关切的利益问题,建立了一个有凝聚力且和谐的社会。新加坡政府将国民拥有住房作为其庄重的政治承诺,组屋不只是为民众提供遮风挡雨的住所,更是为了建设人人安居乐业的美好家园。新加坡组屋政策作为改善民生、促成社会和谐的基石之一,成功地为国家的社会和谐奠定了基础。过去学术界在探讨新加坡的公共住房政策及成就时,大多是从改善民生满足物质利益需求的角度出发,而鲜有学者从社会和谐层面进行深入探析。本文从政治和社会角度阐释公共住房政策对构建和谐社会所发挥的积极作用,试图为中国的住房建设和发展提供借鉴。

一　组屋建设成就奠定了新加坡社会稳定的根基

新加坡1959年自治以后,面临着殖民主义者遗留下来的"屋荒"这一严重的社会问题,不仅人口迅速增加,种族冲突也时有发生。当时新加坡市区有84%的家庭住在店铺和简陋的木屋区,其中40%的人居住在贫民窟和窝棚内,只有9%的居民有自己较为稳定的住房[2]。"房荒"不仅给新加坡人民的生活带来极大困难,也成为新加坡社会动乱的潜在根源。新加坡政府深刻认识到,稳定和进步不能靠毅力和说服力去争取,而必须使人人都能分享国家的财富。文化、经济、政治和地理等因素构成了一种相互作用的合力,这种合力推动了作为一个国家的"新加坡"和作为其公民的"新加坡人"的形成。新加坡政府在制定和贯彻经济、住房、人口、教育和语言等方面的政策时总是要考虑到特殊的目标——政治稳定[3]。自治后的新加坡政府把解决殖民当局遗留下来的居民住房问题作为社会发展的重要任务。1960年,新加坡政府按照《住宅发展法》成立了"建房发展局"。1964年新加坡政府宣布实施"居者有其屋"政策,鼓励中低收入阶层购买政府组屋,以拥有自己的住房。新加坡在1965年独立后成为一个城市国家。鉴于世界各国首都的选民总是倾向于投票反对政府,李光耀对新加坡选民几乎都住在市区中心深感不安:如果新加坡人没有自己的住房,人民行动党政府将难以持续,国家也将难以安定,人们也会缺乏落地生根的归属感与稳定感。将国民和国家的命运联系起来,才是实现新加坡稳定的根本之道。新加坡从殖民地时期的"弱国家、强社会"顺利过渡到了建国后的"强国家、弱社会",有效的治理方式和有序的参与体制确保了新加坡的社会稳定,在一个"强国家"制度下创造了相对活跃并具有自主性的社会。

有恒产者有恒心。新加坡是一个多元种族的国家。根据2016年的统计数据,新加坡人口约为560万,其中华人占74.3%,马来人占13.2%,印度人占9.1%,其他民族占3.3%[4]。由于是多种族、多语言、多宗教以及多文化的融合,社会整合难度较大。新加坡独立前后,因加入马来西亚联邦后又退出等多种原因,种族矛盾尤为突出,发生的几次种族骚乱既对社会的发展带来了巨大损失,也造成了社会的对立和分裂,使民众缺乏安全感。如何使民众摒弃种族、语言和宗教等成见,朝着一个包容、合理和更有凝聚力的社会迈进,是新加坡社会建设不能回避的问题。20世纪五六十年代发生暴乱时,路人会向汽车挡风玻璃扔石头,把汽车掀翻,放火烧毁。到60年代中期,当人们拥有住房和其他资产后,发生暴乱时他们的反应大不相同。年轻人会把停放在路旁的速克达抬上组屋的楼梯。李光耀认为:当他发现人们在照顾自己拥有的住房与租赁单位采取截然不同的态度时,就深信一个人的产权感是与生俱来的。这种情况坚定了他的决心。他要让新加坡每个家庭都有真正的资产让他们去保护,尤其是他们自己的住房[5]。新加坡组屋政策的顺利推行表明,为中低收入者提供保障性住房不仅可以增强其主人翁意识以有利于社会稳定,也可以为社会进步、经济发展、城市开发和文化建设等提供纽带和平台。拥有住房是使公民产生归属感最直接的方式。没有这些计划,新加坡人将像香港、台北、汉城或东京的人民一样。在这些城市,工人工资高,却须花大价钱租小房子,而且这些房子永远不会归他们所有[5]。对于一个历史很短的移民国家而言,组屋建设的举措意义更不一般。通过实现民有恒产,人民行动党获得了时间意义上的扎根力,通过与民众的切身利益紧密相连来赢得人心。

翻新组屋以加强内聚力。"居者有其屋"计划使新加坡的政治在相对稳定的状态下持续不断地发展了50多年。随着屋龄的增长,新加坡启动了重建旧组屋区的初步计划,拆除空置的租赁物业,将腾空出来的地段进行重新规划。1990年建屋发展局出台"组屋翻新计划",各方协同努力翻新了所有组屋区,以跟上时代发展及需求变化。政府希望通过翻新组屋实现几个目的:一是满足民众物质条件改善后提高生活品质的愿望;二是激励年轻人留在老旧组屋区。与早期购买的组屋相比,现在的市价已上涨几倍,人民行动党政府不但没有像其他国家一样征收增值税,还拨出巨款作为所有组屋翻新及改善的补助费用,这种政策安定了大部分民众的人心。新加坡旧组屋翻新计划历时22年,圆满完成。新加坡政府为此拨出约33亿新元,共有13.1万户家庭受惠[6]。仅仅用了几十年的时间,新加坡的住房格局便脱胎换骨,把邋遢恶劣的棚户聚集区变成满足日益富足社会所需的优质住宅。组屋除了满足公民最基本的居住功能外,还发挥了房产保值增值等其他的保障功能,增强了社会稳定和国家认同感。

组屋建设及成就为人民行动党赢取更多政治筹码。"当人们没有住房、公积金等社会保障的时候,在大选时就很容易投票给那些善于哗众取宠但不一定具有治国能力的反对党候选人,而当人们有了住房和公积金,他们就会投票给能够让他们的住房和公积金保值的执政党——人民行动党"[7]。拥有住房是产生归属感最直接的方式。在威权政治形成、人民行动党控制政局后,它就利用各种手段来减少反对党在选举中所赢得的席位数,并限制其力量的壮大。执政的人民行动党掌握了国家资源,在选举时,便用这些资源吸引选民向该党投票,以减少选民对反对党的支持。例如,在2001年的大选前,国家发展部部长马宝山就明确表示行动党议员所在的选区,其所有组屋会优先进行翻新。时任人民行动党秘书长的吴作栋更是宣称,在波东巴西区和后港区(反对党有可能取得选民多数支持的选区),如果人民行动党候选人能够获胜,政府就会先为得票率最高的投票区内的街区进行翻新[8]。组屋翻新政策迅速激发了无数民众对新政权的信心。相应的一系列社会保障措施,给新加坡人民带来了巨大的福祉,也为新加坡人民行动党在政治选举中获胜起到了至关重要的作用。

二 新加坡组屋建设发挥家庭和睦的保障功能

在思想上构建一整套"新加坡人"的共同价值观体系,是新加坡政府实现社会和谐的重要举措。人民行动党对家庭政治功能的实践是将家庭与国家联系起来。"居者有其屋"计划把家庭作为社会的基石，让人们以家庭为根，推出了有利于家庭和谐的各项组屋政策。

共同价值观的理想是建立和谐社会。新加坡政府认为："有牢固、快乐和健康的家庭，就有坚强的社区和紧密的社会结构，因为家庭是国家的核心。"[9]家庭价值观教育是新加坡民族团结和睦和强化国家意识教育的基本内容之一。1991年国会通过了经全民讨论的五大共同价值观：即国家至上，社会为先；家庭为根，社会为本；社会关怀，尊重个人；协商共识，避免冲突；种族和谐，宗教宽容。该价值观被各种族所认同，由此提升为新加坡的国家意识。家庭伦理可以带动政治伦理，家庭秩序可以促进社会秩序观念的深入人心。新加坡人认为，博爱是以家庭为中心发散出来的，一个热爱自己家庭的人，也会毫不含糊地热爱和服务于自己的国家。在这个意义上，家庭伦理可以推及政治伦理，家庭秩序关联政治秩序，家庭伦理与秩序建设因此带有政治意义和功能。

组屋被赋予促进儒家伦理亲情的政策意蕴。20世纪80年代，随着新加坡经济的快速发展和民众对组屋依赖度的逐步降低，民众的民主意识不断增强，要求参政的呼声越来越高。在这个时期，人民行动党积极寻求解决威权统治受到挑战的办法，在对社会进行强控制的同时，也寻找软控制的手段。儒家崇尚孝道亲情，珍爱家庭伦理的思想观念在组屋政策中有着鲜明体现，能够从意识形态上淡化政治多元化，对威权统治起到了很好的维护和巩固作用。为了转变青年人婚后与其父母分开居住这一趋势，鼓励弘扬儒家孝道亲情，新加坡政府实施了以下政策来推进和谐家庭的建设。凡是愿意与老人共同居住或者就近住在一个组屋区的公民，政府在组屋销售上给予价值不菲的补贴。这样，既解决了子女赡养老人的问题，也方便了老人照顾孙子女的问题。2002年推出的已婚子女优先抽签计划规定，已婚儿女选购靠近父母家的组屋或父母选购靠近已婚儿女的组屋，可优先购房。该计划申请人比没有申请居于父母或已婚子女附近的申请人可获得多一倍的中签机会。而育儿优先购房计划、育有三名孩子家庭优先购房计划则既是对传统观念的传承，也是新加坡鼓励生育政策的体现[10]。为了便于赡养老人，与父母同住的子女在抽签决定购买组屋时不仅有补贴，排名顺序也大大提前。新加坡政府通过一系列组屋计划具体政策的实施来推动家庭组屋建设，儒家伦理所倡导的孝道、社会和谐等理念对国民道德品质的提高起到了很大的促进作用，增强了民众对国家、政府的忠诚，进而提高了国家的凝聚力。新加坡结合自身的国情及顺应现代化发展所改造的儒家文化，焕发了强大的生命力，对新加坡组屋的发展产生了深刻的影响。

建立中央公积金制度，发挥住房保障功能。中央公积金制度是新加坡政府为解决公民养老问题而实行的强制性储蓄计划，实施50多年来，此制度不仅提供养老保障，还提供包括医疗、住房、教育等方面的保障。新加坡政府根据"取之于民、用之于民"的自助原则，建立了以中央公积金为核心的社会保障体系，该体系在维持新加坡社会和谐方面发挥了重要作用。自组屋政策实施至1964年底，新加坡有40万人口住进组屋，但由于可供出售的组屋数量仍然较少且大多数公民难以提供首付款，1968年新加坡政府对中央公积金制度进行调整，允许公积金会员动用公积金储蓄购买组屋，这一政策极大提升了民众对组屋的购买能力和热情[11]，为组屋计划的实施和发展提供了资金援助，实现了"居者有其屋"的目标，使新加坡成为所有非福利国家尤其是亚洲国家中社会福利最好的国家。经过多年发展，中央公积金制度成为新加坡社会保障体系的基石和民众生活的安全网。建立有效的社会保障体系，使经济发展的成果共享，社会改革的风险分担，有效化解新加坡社会矛盾的积累和爆发，是新加坡经济平稳发展、社会和谐有序的重要保证。

三 组屋建设践行新加坡多元共生平等共处的种族政策

新加坡是个多种族国家。1819年后，为加快开发新加坡，英国殖民当局大量招徕移民。世界各地尤其是与新加坡邻近的亚洲国家的移民不断涌入，使新加坡逐渐成为一个"人种博物馆"。不同于传统的民族国家，新加坡国家独立早于民族发展，先独立建国而后开始建立新加坡民族认同。总结新加坡建国以来的发展历程，突出表现为，人民行动党一党持续执政,经济发展迅速,国家认同增强,社会运行良好,国际生存环境趋于平稳。其表现出的特点可以总结为"物质与精神的两个发展、国内与国际的两种和谐、一个独特政治现象",真正实现了可持续发展与多元社会和谐[12]。新加坡依托"居者有其屋"政策,在多元种族社会成功地完成了族群整合,并建构出超越族裔认同的国家认同,这已成为多民族国家实现良好治理的基础。

纵观新加坡组屋的发展,可以看出,在组屋发展的不同阶段,多元共生族群融合的实践一直贯彻始终。人民行动党执政以来把消除种族隔阂、实现种族和谐、增强国家的凝聚力作为重要任务。由于英国殖民政府实行"分而治之"政策,新加坡各族人民长期以来分区而居、互不来往,各种族由于地域等人为的阻隔交流甚少。1965年新加坡独立以后,李光耀曾指出,为使国家成为一个国家,就必须摒弃分而治之的管理模式。为了实现种族融合的最终目标,政府明确宣布实行多元民族主义政策。1989年新加坡正式出台组屋种族配额政策,即政府通过抽签方式在公共组屋区实现多元种族的居民组合。在组屋区邻里,种族限额的上限如下:华族84%、马来族22%、印度族和其他种族10%;对个别座的组屋,限额则分别提高3个百分点,即华族87%、马来族25%、印度族和其他种族13%[13]。由于实行混居政策和配额制度,围绕政府组屋而建的学校、图书馆和其他公共设施也都是各种族共用。公民日常的互动交往为各种族创造了一个共同的而不是隔离的生活世界。这是新加坡到目前为止各种族能够和睦相处的一个重要因素。"不同种族的居民共同生活在组屋当中,没有明显的所谓'富人区''穷人区'之类的地域区间,不但为种族和谐和社会稳定提供了强大的社会基础,而且为逐步形成相似相同的价值观提供了社会物质条件"[14]。社会学家哈珊(Riaz Hassan)指出,公共组屋对消除各族自建社区、自立聚落的种族樊篱,有着重大的贡献。获得国宅配额的条件是公民身份、收入水平、家庭条件,而非种族或族群的隶属。因此组屋所形成的社区,乃是华人、马来人、印度人、巴基斯坦人、欧亚混血人毗邻而居,不再是种族分隔的社区[15]。"居者有其屋"计划对塑造新加坡人独特的国族身份发挥了作用,也树立了组屋居民共同的精神气质。凭借同样的精神,建屋发展局调整了组屋的数量及类型,改善组屋设计并翻新组屋,使其跟上国家发展、人民收入的步伐。然而，除了住房"硬件"外，建屋发展局还不断开发社会"软件"，坚持实行种族配额政策来平衡组屋区的种族及社会经济人口结构，不仅实现了种族和谐，也增强了对一个多民族、多宗教社会的认同，更强化了国家认同感。

组屋种族配额政策促进了各种族和睦相处。新加坡政府的这种政策打破了过去按种族聚居的局面，促进了不同种族的沟通及多种文化交流，也有助于培养各种族民众的种族容忍与和谐精神。族群居住格局的得当处理必然对族群成员行为和族际关系产生影响。混居格局下，不同族群成员间的接触、交流机会增加，促进各种族相互理解不同的文化、宗教、生活习俗，并培养一种包容性的求同存异心理，这对人民相互理解、互谅互让，保持种族和谐起了重要作用，在平等交往中减少了疏离感，增强了彼此信任感。国家的合法性要获得多种族的认同，既要尊重族群文化，又要积极培养一元政治意识。这种自发产生的信任作为一种润滑剂，减少了生活中的摩擦，促使了族群关系的和谐稳定。

种族配额政策一度使反对党指摘人民行动党的做法怀有政治目的，人民行动党内部也有不同的声音。建设一个多元种族的平等社会，是建国总理李光耀所揭橥的建国理想。当时，他强调：这不会是个马来族国家，也不是华族国家或印度族国家。每个人不论语言、文化和宗教，都有平等的位置。这在当时新加坡国内外的整个大政治环境中，是逆流而进的宣示。李光耀在 2007 年为这个政策辩护时说："种族分配比例是为了确保少数民族能够融入社会主流，这个政策也协助反对恐怖主义，使他们无法在这个小岛内生存。"[13] 新加坡人对各种族共处取得越来越大的共识，使各种族之间交朋友的比例也逐渐增大，社会凝聚力大大增强，并长期保持了稳定，人民安居乐业，社会、经济发展加快。

在新加坡，确实是逆着区域和世界洪流，继续坚定地信守与捍卫着建国元勋们所订立的建国原则。种族问题、小国的忧患意识以及政府的正确引导使新加坡人放弃隔阂，团结起来。开放宽容的胸怀、优越幸福的生活使得各种族的自我认同在逐渐淡化，一种新的国家认同正在形成。种族和谐为新加坡提供了安定团结的政治局面，"居者有其屋"政策在其中发挥了不可或缺的作用。

四 新加坡组屋构建主导新加坡社会公平的政治体系

在全世界范围内,由多元种族主义所引发的国家治理问题是多样且复杂的,每个国家都要找到一条适合自己的道路,以便在民主空间内把公民身份与社会公平有机地结合起来。住房公平是新加坡政府最大的社会公平。新加坡人民行动党执政以来,聆听民意,在长期的执政实践中把提出的每一个观念都看成对民众的政治承诺,无论是制度建设,还是政策制定都力求与其所提出的价值观相吻合。

组屋的外观给人以公平感。首先,新加坡的组屋在外观上比较相似,所以对初到新加坡的人来说,会有一种"到处都一样"的感觉。每一个新镇很相似,每一个小区很相似,每一座组屋也很相似。这种相似给人一种单调感,但也会让人体会到一种公平感。其次,住房不分富人区、穷人区,"富人能看海,穷人也能看海"。对居住在组屋的人们来说,相互之间似乎没有贫富贵贱之分。为了使来自不同地区、不同族群的新邻居们加强团结,培养共同的居民意识和连带感,政府又成立了居民委员会,并督促公务员积极参加居民委员会的活动,希望它成为加强各族人民一体化和各族人民与政府一体化的另一重要基层组织。"居者有其屋"计划不仅解决了新加坡人的住房问题,也在很大程度上解决了新加坡的社会公平问题。

组屋对不同收入阶层不同阶段的财富重新划分。新加坡政府通过公共住房的建设完成了从"广厦"到"恒产"的过程,即从满足人民基本居住需求到完成社会财富结构重塑的过程。"居者有其屋"计划的提出和实施使住房作为一种重要的社会福利对不同收入阶层的财富重新划分,例如,对低收入家庭仍给予必要的支持:为其建设小户型组屋和低租金组屋;对于不断扩大的中产阶级,也就是无法纳入原来组屋申请标准的"夹心层"家庭,为其提供更符合其需求的组屋产品,如大户型住房和行政公寓。实现了保证新加坡居民人人有房住的基本目标,并通过各种方法使人民拥有的物业保值和增值,最终为新加坡经济的持续发展提供了稳定的政治和社会基石[16]。新加坡政府的强烈的忧患意识、高度开放、对竞争力和效率的追求是其立国和发展的法宝。

坚持以人为本,富人没有资格买组屋。新加坡之所以能够实现"居者有其屋"的奇迹,首先是靠政府的大力调控和补贴,放眼全世界,没有哪个国家像新加坡政府这样肯在居民住房上下血本。其次,购买组屋者必须是新加坡公民且家庭月收入不超过12000新币。因为组屋的价格远远低于成本价,建屋发展局每年都有巨大的财政赤字,需要政府拿出资金进行填补。这项举措普惠了新加坡的中低收入者,也和"居者有其屋"计划的初衷相互呼应。

作为新加坡住房政策的制定者和践行者,人民行动党一直通过立法手段以支持建屋发展局的住房政策的有效实施。2007年修改了建屋发展法,以适应建屋发展局实施的家居改进计划的实施;2010年7月通过"建屋与发展(修正)法案",以禁止放贷者向借贷者提出组屋转让申请禁令[17]。面对不断变化的新形势,人民行动党从立法方面不断进行调整,在继续保证"居者有其屋"的基础上,不断提高人们的生活质量。新加坡政府坚定地选择一直持续至今的政府全面主导、民众广泛受益的独特模式,成功地做出了只有民众拥有住房才能为社会和谐稳定提供基础的正确判断。

新加坡没有"贫民窟"。政治学学者何启良形容这是"开明的领袖愿意分享国家财富的政策"。严崇涛视公共住屋为"进步最具体的体现"[18]。新加坡1961年到1995年共实施了7个"建屋发展五年计划",共计建设公共住房超过70万个单元。据统计,1995年新加坡的公共住房在新加坡总住宅中所占比重高达88.2%,2000年新加坡人口普查数据显示,已有88%的家庭住在公共组屋中[13]。社会的不和谐大多与政府功能缺失有关,背后往往是执政理念的偏差。参考和谐社会建设相对成功的国家,政治领导人大多能把握社会发展的动态且根据社会矛盾的运动变化,在执政理念上进行适时而必要的调整和革新,防止出现社会矛盾激化而引发的社会动荡。新加坡"居者有其屋"计划,本质上是一种政府行为,是政府为解决中低收入者家庭基本生存需要而采取的惠民行为,从族际交流与融合的角度而言,为构建多种族和谐种族关系搭建了制度平台,同时成为国家实施社会政策的有力抓手。这种管理艺术,认清了政府在其中的责任,以及住房对于政府治理的深刻含义,充分发挥了房子作为关键抓手解决国家治理难题的综合效应。

参考文献

[1] 吕元礼. 新加坡为什么能：下 [M]. 南昌：江西人民出版社, 2007.

[2] 马志刚. 新加坡道路及发展模式 [M]. 北京：时事出版社, 1996：426.

[3] 李路曲. 新加坡道路 [M]. 北京：中国社会科学出版社, 2018：251.

[4] 毕世鸿. 新加坡概论 [M]. 广州：世界图书出版公司, 2012：55.

[5] 李光耀. 李光耀回忆录（1965 – 2000）[M]. 新加坡：新加坡联合早报, 2000.

[6] 新加坡旧组屋翻新计划 [EB/OL]. (2012 – 04 – 24) [2019 – 02 – 15] http://news.ifeng.com/gundong/detail_2012_04/24/14112319_0.html.

[7] 李光耀治下的新加坡：保障力催生归属感 [EB/OL]. (2015 – 11 – 13) [2019 – 02 – 15] http://www.studytimes.cn/zydx/SHFZ/FAZZL/2015 – 11 – 13/2712.html.

[8] 孙景峰. 新加坡人民行动党执政形态研究 [M]. 北京：人民出版社, 2005：153.

[9] 家庭价值观首份草件邀公众提意见与建议 [N]. 联合早报, 1994 – 02 – 16.

[10] 谢宝富. 新加坡组屋政策的成功之道与题外之意——兼谈对中国保障房政策的启示 [J]. 中国行政管理, 2015 (5).

[11] 贾玉娇. 新加坡社会保障制度 [M]. 北京：中国劳动社会保障出版社, 2017：95.

[12] 李韶鉴. 可持续发展与多元社会和谐：新加坡经验 [M]. 成都：四川大学出版社, 2007：2.

[13] Sonny Yap, Richard Lim and Leong Weng Kam. Man In White: the Untold Story of Singapore's Ruling Political Party [M]. Singapore: Singapore Press Holdings Limited, 2009.

[14] 梁永佳, 阿嘎佐诗. 在种族与国族之间：新加坡多元种族主义政策 [J]. 西北民族研究, 2013 (2).

[15] Hassan Riaz. Some Sociological Implications of Public Housing in Singapore [J], in South – East A Asian Joural of sociology, 1969：24.

[16] 张祚. 公共商品住房分配及空间分布问题理论与实践——以新加坡公共住房和中国经济适用住房为例 [M]. 北京：中国建筑工业出版社, 2012：110.

[17] 谢燕燕. 国会紧急通过建屋与发展（修正）法案放贷者不准申请组屋转让禁令 [N]. 联合早报, 2010 – 07 – 20.

[18] 王宁楠. 新加坡的公共住宅政策及其借鉴 [J]. 南洋问题研究, 2011 (2).

新加坡的住房保障体系及对中国的启示

● 何晓斌 吕淑敏*

内容提要：寸土寸金的新加坡，同时也是世界上公认的住房问题解决得最好的国家之一，其完善的住房保障体系，主要是由"中央公积金"提供主要资金支持，以"建屋发展局"主导房屋供应，同时以自有住房为主要权属，是在土地制度、中央公积金制度和组屋制度基础之上建立起来的。新加坡的经验，对于中国有着较大的借鉴价值，只有发挥政府作用，完善相关法律体系，才能切实推动住房问题的解决。

关键词：新加坡；组屋制度；住房问题；中央公积金

新加坡别称为狮城，是东南亚的一个岛国，位于马来西亚半岛南端，是世界海洋交通的要道之一，也是亚洲、欧洲、大洋洲的重要国际航空中心，享有"海岛城市"之美誉。1959年新加坡从英国统治中自治，并在1965年8月9日成为独立国家。在建国后的30年里，新加坡成功实现了经济腾飞，成为全球第四大国际金融中心和"亚洲四小龙"之一。2017年，其人均国内生产总值达到5.5万美元[①]。

在创造经济增长奇迹的同时，土地极其稀缺的新加坡也在创造着"居者有其屋"的住房奇迹，成为全球住房制度的典范。作为一个资源匮乏的小岛国，新加坡国土总面积仅有722.5平方公里，相当于北京市

---

* 何晓斌，清华大学全球共同发展研究院新加坡研究中心研究员，清华大学社会科学学院副教授；吕淑敏，清华大学社会科学学院硕士研究生。
① 数据来源：中华人民共和国外交部网站（www.fmprc.gov.cn）。

土地面积的 1/23 左右，总人口 564 万，约为北京市总人口的 1/4，然而其人口密度高达 7806 人/平方公里[①]，是全球仅次于摩洛哥的高人口密度的国家（地区）。但同时新加坡的居民住房自有率始终保持在 90% 左右，2002 年达到 94% 的峰值，2018 年为 91%[②]，是世界上住房自有率较高的国家之一，套户比[③]也一直稳定在 1 以上[④]。随着住房制度的不断完善，新加坡人均居住面积提高至 30 平方米，比起 20 世纪 60 年代 40 多平方米的公寓平均要住 6.2 个人来说，已经有了很大改善[⑤]；同时，合理的房价大大减轻了家庭购房压力，新加坡组屋市场的房价收入比[⑥]仅为 21.77，远小于香港（48.63）、北京（48.72）和上海（42.07），以及深圳（45.04）[⑦]。

实际上，新加坡曾存在严重的住房问题，在 20 世纪五六十年代，住房短缺、人均居住面积狭小和居住环境恶化等都对社会的安定造成了极大困扰。当时大多数居民居住在用木板和铁皮搭建的棚屋之中，甚至需要栖身于贫民窟和窝棚内。因此，新加坡政府将解决住房问题放到了优先位置，将"居者有其屋"作为基本国策之一，逐步对住房供应体系进行完善。目前，82% 的新加坡居民都居住在组屋中，[⑧] 充分实现了李光耀当年所提出的"居者有其屋"目标。

新加坡是如何从"房荒之国"转为解决国民住房问题的"全球典范"，这一过程又能为中国住房制度改革提供怎样的借鉴经验，值得深入探讨。总体而言，新加坡的住房奇迹主要得益于其三大制度支持：以国有为主的土地制度、以中央公积金为主导的住房金融制度和以组屋为主导的住房供应体系。

---

① 数据来源：中华人民共和国外交部网站（www.fmprc.gov.cn）。
② 数据来源：2018 年《新加坡统计年鉴》（Yearbook of Statistics Singapore, 2018），第 39 页。
③ 套户比是衡量住宅存量充裕程度的国际通用指标，均衡线为 1.1。套户比 = 厨卫浴齐全的成套住宅套数/常住家庭户数。
④ 数据来源：新加坡统计局网站（www.singstat.gov.sg）。
⑤ 数据来源：新加坡建屋发展局（HDB）2018 年年报。
⑥ 房价收入比是指住房价格与城市居民家庭年收入之比。
⑦ 数据来源：NUMBEO（www.numbeo.com）。
⑧ 数据来源：新加坡建屋发展局（HDB）2018 年年报。

一 土地制度：国有为主，强制征收

作为一个土地资源高度紧缺的国家，新加坡想要安置下密度高达中国54倍的人口，就需要建立严格的土地制度，进行精良的土地规划，实现最大的土地利用效率。具体说来，新加坡的土地产权制度体系可以用8个字概括：地权归公，地利留民，即政府拥有土地所有权，而其他任何个人和法人可以在一定期限内占有和使用土地。

一方面，新加坡土地是以国有为主，实行强制征收、低价补偿。新加坡土地按照所有权不同可以分为三类：国有、公有和私有。其中国有和公有土地均归国家所有，合计占比87%。国有土地由土地管理局代表国家持有并进行直接管理，占比约为59%；公有土地由半官方机构负责管理，如陆路交通局、建屋发展局、国家公园局等法定机构等，占比约为29%，保证了组屋建设的充足土地供应；其余约13%的土地则为私人所有[1]。

而高比例的国有土地，则有赖于其"国家利益优于个人利益、经济发展先于人权保障"的土地征收制度。1966年，新加坡通过了《土地收购法》，建屋发展局由此获得强制征地权，能以远低于私人开发商的价格获得土地，且价格不受市场影响。直到2007年才开始以征地公告日的市价作为唯一的补偿标准。通过不断强行征用个人土地，新加坡的国有地产占比持续上升，1965年，新加坡的私有土地尚占国土面积的51%；到2006年，这个比例已下降到13%[2]；而目前，新加坡政府及其法定机构已拥有全国近90%的土地[3]。

另一方面，新加坡政府财政盈余并不主要依赖土地财政，从而实现地利留民。新加坡税收是政府财政收入的主要来源，但新加坡没有土地

---

[1] 数据来源：恒大研究院：《新加坡住房制度启示录：新加坡如何实现"居者有其屋"》，其中，土地产权相关数据由恒大研究院对2006年新加坡土地管理局（SLA）年度报告整理形成。

[2] 陆建义：《向新加坡学习》，北京，新华出版社，2009。

[3] 数据来源：新加坡统计局网站（www.singstat.gov.sg）。

财政，土地出让金[①]在政府财政收入中占比较低，2017年仅为12%，而中国内地和香港则分别是52%和27%[②]。同时，法律规定土地出让金直接纳入国家储备金，本届政府无权支配，这就最大限度地避免了政府的卖地动机。

二 中央公积金制度：强制储蓄，高存低贷

1955年，新加坡国会颁布了《中央公积金法》，由政府设立中央公积金局，建立中央公积金制度；1968年，《中央公积金修正法令》出台后中央公积金开始用于住房消费，这不仅为组屋的建设提供了资金支持，同时也保障了居民的住房购买力，大幅提升了民众对组屋的购买能力和热情。

中央公积金的征收依赖居民的强制储蓄，且覆盖范围广泛。《中央公积金法》明确规定，新加坡所有公民和永久居民，不论行业，不论私人机构和国家机关，不论雇员和雇主都必须按月强制缴纳公积金，截至2017年居民覆盖率已达到95.3%，人数达到391万[③]。同时，新加坡公积金的缴存率极高，55岁以下占职工薪金收入的约37%[④]，远高于中国大陆的24%。除购房及部分投资外，公积金只有在雇员退休后才可以动用。公积金按照一定比例分配进入每个参加者的三个户头：普通户头、特殊户头和医疗户头。这在一定程度上替代了社会福利的保障费用，因此目前，新加坡的中央公积金已发展成为包括退休保障、医疗保障、住房保障和家庭保障在内的综合性保障体系。

[①] 土地出让金是指各级政府土地管理部门将土地使用权出让给土地使用者，按规定向受让人收取的土地出让的全部价款（指土地出让的交易总额），或土地使用期满，土地使用者需要续期而向土地管理部门缴纳的续期土地出让价款，或原通过行政划拨获得土地使用权的土地使用者，将土地使用权有偿转让、出租、抵押、作价入股和投资，按规定补交的土地出让价款。

[②] 数据来源：恒大研究院：《新加坡住房制度启示录：新加坡如何实现"居者有其屋"》，其中土地出让金占政府收入比例的数据由恒大研究院对各国（地区）统计局网站数据进行整理后形成。

[③] 数据来源：新加坡中央公积金2017年年度报告。

[④] 数据来源：新加坡中央公积金2014年年度报告。

中央公积金的运行采用封闭式管理，具有"高存低贷"的特点。作为新加坡中央公积金的管理机构，中央公积金局独立于政府财政，是一个自负盈亏的独立系统，负责公积金的缴纳、支付、管理和保值，通过购买政府债券的形式交由新加坡政府的投资公司掌控，以用于国内组屋及基础设施建设。同时，新加坡公积金存款利率较高，普通账户的存款利率为3.5%，特殊账户和医疗账户高达5.0%[①]，高于同期五年期国债收益率和商业银行12个月定期存款利率[②]。其次，公积金贷款利率较低，一般仅在住房公积金存款利率的基础上上浮0.1个百分点，自1993年起就一直稳定在2.6%左右[③]。

"高存低贷"保障了居民能够买得起房，中央公积金既可以直接用于购房，也可以间接用于购房贷款，还可以提供阶梯式住房补助。同时，通过中央公积金的投资，政府能够为建屋发展局提供贷款和无偿补贴，保证组屋能够在低定价高成本的基础上完成修建。由此形成了老百姓、政府和建屋发展局三者之间的良性循环，也是目前组屋制度能稳定发展的重要因素，为保证"居者有其屋"计划的实现发挥了重要作用。目前，新加坡近82%的人居住在政府建设的组屋中[④]，其购房资金的主要来源就是公积金的储蓄。

同时，除了公积金制度之外，新加坡还有购房低息贷款制度，为购房者提供远低于市场利率水平的优惠贷款利率；不止如此，新加坡还设立了购屋津贴制度，为购房者提供6种不同类型的购屋津贴，充分满足了多种购房家庭的需求，大大减轻了普通家庭的购房压力。

三 组屋制度：覆盖广泛、梯级供应

除上述两种制度之外，新加坡住房保障体系的核心就是"组屋制

---

① 数据来源：新加坡中央公积金网站（www.cpf.gov.sg）。
② 数据来源：新加坡统计局网站（www.singstat.gov.sg）。
③ 数据来源：恒大研究院：《新加坡住房制度启示录：新加坡如何实现"居者有其屋"》，其中公积金贷款利率数据由恒大研究院对各国（地区）统计局网站数据进行整理后形成。
④ 数据来源：新加坡建屋发展局（HDB）2018年年报。

度"。新加坡的房地产市场是一个以政府组屋市场为主,以私人住宅市场为辅的二元结构市场,主要依靠政府对组屋市场的有效调控来实现市场的整体稳定。

新加坡私人住房主要包括有地房产和私人公寓两种形式,其中,有地房产指的是由私人房地产商投资兴建并按市场价格销售的独立洋房、半独立洋房、排屋等,但数量很少。公共住房,又称政府组屋,是指由政府投资建设、价格由政府统一规定、以低于市场价出售或出租给中低收入者的公屋,是新加坡最主要的住宅类型。经过50多年的发展,至2017年底,新加坡建屋发展局现已建造了约118万套组屋和商业共管公寓[①],且房型多样,从一房式到多房式、从专为老年人设计的小型公寓式组屋到适合多成员家庭的大型公寓式组屋,新加坡逐步搭建完善了能够满足不同居民需求的梯级式组屋供应体系。

1. 城市重建局规划、建屋发展局主导,按需建设、严控售价

城市重建局和建屋发展局是国家发展部下辖的两个法定机构,分别负责城市规划和住房发展。

新加坡的城市规划体系由战略性的概念规划、总体规划和开发指导规划三级构成。概念规划明确了城市布局、区域中心和交通网络;总体规划是在其基础之上制订的中期发展蓝图,是新加坡55个区域的开发指导规划合并,将指导新加坡未来10~15年的发展。城市重建局对新加坡住房的影响在于,通过城市规划为住房开辟了新的市镇,解决了城市中心居住过于密集的问题。而组屋大多修建在新镇,住房价格较为便宜,且交通便利。同时,城市重建局也加强了对基础设施的建设和完善,使每个新镇都能够成为一个自给自足的小社会。在新加坡,一般由2000~8000户居民组成一个住宅区,由20000~60000户居民组成一个新市镇,人口在15万到30万之间[②]。

建屋发展局于1960年成立,是新加坡住房体系的关键支柱,其职责是保证住房供给、后续修缮以及社区建设,是一个融合政府机构、开发商和物业管理的多重角色,为新加坡居民提供可负担的高质量住房。同

---

① 数据来源:新加坡建屋发展局(HDB)2018年年报。
② 数据来源:维基百科(Wikipedia)。

时建屋发展局主导定价，能够严控房价收入比保持低位，新租屋均以低于市场的价格公开出售。

为了更好地保证组屋分配的公平性，建屋发展局曾多次探索、调整和优化组屋分配制度，先后采用轮候制度、预定制度、登记配售制度，2001年，建屋发展局推出了预购组屋制度，并一直沿用至今。根据预购组屋制度，每季度建屋发展局都会通过报纸、网站和其他媒体发布新建组屋的信息，包括地理位置、价格及数目，而后符合条件的申请人可在建屋发展局网站上提交购房申请，之后由建屋发展局在所有申请人中进行抽签，确定申请者的排队顺序。此后，建屋发展局将根据排队情况邀请申请人挑选组屋，在达到70%以上的预订量后，通过招投标确定建筑承包商进行组屋的建设，完工后申请人即可领取钥匙入住。一般来说，从申请成功到入住新房需要两到三年的时间。这种"先售后建"的方式，不仅能够满足申请人的需求，还能够大大减少组屋的空置率，提高土地的利用率。目前组屋预购是最主要的销售模式，占比约为61.8%，而剩余组屋销售和剩余组屋再销售模式仅分别占比26.9%和11.3%①。

2. 以公共组屋为主和私有住宅为辅的住房供应体系

目前，新加坡已形成组屋为主、私宅为辅，自有为主、租赁为辅的双轨制住房供应体系。其中，约82%的人居住在政府供应的组屋中，约18%的人居住在开发商建设的私人住宅中②。组屋主要分为两种：一种是面向中低收入家庭提供的普通组屋，另一种是面向收入较高但无力购买私宅的人群提供的执行共管公寓、私人组屋住宅等改善型组屋。而私人住宅作为开发商投资兴建并以市场价格出售的住房，则主要面向新加坡高收入家庭或非新加坡公民群体。

由于城市中心人群密度过高，政府新开辟了大批市镇，并鼓励居民疏散到郊外居住。因此，新加坡整体呈现"居住组群－邻里－新镇"三级分布，由多个组群形成一个邻里，多个邻里再构成一个HDB新镇。目前新加坡已形成23个HDB新镇和3个住宅区③。

同时，建屋发展局在组屋设计上花费了大量心思，旨在追求土地精

---

① 数据来源：新加坡建屋发展局网站（www.hdb.gov.sg）。
② 数据来源：新加坡建屋发展局（HDB）2018年年报。
③ 数据来源：新加坡建屋发展局网站（www.hdb.gov.sg）。

细利用的同时，能够为居民带来高品质的生活。相比老式组屋长廊的设计，近些年的组屋更加讲求隐私性和分局式，一般都是塔式设计，从外观来看与中国城市小区十分相似。截至2017年底，主要组屋类型中，大户型组屋（四、五房式）合计占比为55.3%，三房式占比为17.8%，共管公寓占比为15.7%，而一、二房式组屋等小户型仅占比5.9%[①]，在购房市场中所占份额越来越小。

尽管住房规划和设计已经十分合理，但从总体上来看，新加坡政府所提供的住房资源仍然是稀缺的，住房市场长期以来都存在着需求大于供给的现象。因此，为了使中低收入阶层能够切实享受到政府提供的组屋，新加坡制定了严格的准入、分配及退出机制，防止利用在组屋转售中投机倒把、牟取不正当利益事件的发生。

需要特别指出的是，由于移民混居，为了增进各个种族间的凝聚力，新加坡长期以来实行种族融合政策与新加坡永久居民配额规定。具体到组屋政策上，政府对每个组屋区和每座组屋中各种族所占比例都做了规定，华族在每个社区的占比不得超过84%，在每一栋公寓中的占比不得超过87%；马来族在每个社区的比例上限为22%，在每栋公寓中的占比不得超过25%；印度族和其他族人在每个社区的占比不得超过10%，在每一栋公寓中的占比不得超过13%，防止社区中因空间距离造成族群的进一步隔离，以促进不同种族间的和睦相处。

四 新加坡住房制度对中国的四大启示

与新加坡相似，中国同样设立了住房公积金制度、经济适用房以及廉租房制度等，但由于各项制度还不够完善，落实不够到位，使住房问题的解决一度停滞，甚至倒退不前。

首先，在对住房公积金的管理中，始终存在着定位模糊、效率低下和改革滞后的问题。公积金是作为一项社会保障制度出现的，其初衷是希望实现"高收入者不补贴，中低收入者较少补贴，最低收入者较多补

[①] 数据来源：新加坡统计局网站（www.singstat.gov.sg）。

贴"的目标，但是在实行过程中，这一初衷并没有得到很好的体现。公积金甚至曾经沦为一些国有垄断企业或部门变相高额福利的通道，也成为一些高收入群体的合法避税工具；与此同时，低收入者难以享受到公积金福利，因为他们没有能力购房，或者不具有购房资格，被迫以远低于市场利率的水平进行储蓄，这也导致了一些"骗提"公积金现象的出现。

其次，在经济适用房建设方面也存在许多错位，出现了"经济适用房不经济"的现象，房屋面积过大、价格优势不明显且供求关系相对紧张，导致中低收入阶层的消费压力难以得到缓解；同时，经济适用房分配制度尚不完善，为权力寻租提供了可乘之机，不可避免地增加了隐形成本和负担。

同时，廉租房制度同样存在许多漏洞。一方面，为了降低成本，廉租房往往选址较远，导致生活不便，同时使用面积捉襟见肘，安全设施匮乏，且缺乏后续的维护资金；另一方面，目前各地政府建设廉租住房的资金来源并不稳定，在监管、审批等程序上也存在漏洞，导致廉租房供不应求，不能分配到最需要的居民手中。

中国社会当前所面临的许多困境，都与住房保障问题相关，我们需要结合自身实际，向邻国取经，因地制宜，改善现状。一方面，新加坡和中国都受到东方社会文化的深刻影响，在制度经验的落地上有相似的土壤；另一方面，两国政府均相对强势，可以在市场稳定过程中发挥积极的调节作用。因此，研究新加坡成功的组屋体系建设，对于中国住房市场的发展具有较大的借鉴价值和学习意义，具体则可以从以下几个方面进行比较和讨论。

1. 强化政府宏观调控职能

新加坡组屋政策的突出特点在于政府的强势主导、干预和介入，充分调动各种资源，并牢牢掌握房地产市场的主动权，因此能够通过有效的宏观调控合理解决大部分国民的住房问题。而中国自住房制度改革后，住房成为一种特殊的商品，其价格受市场支配，不可控性较强，近些年来房价的快速飙升更是导致许多家庭尤其是低收入家庭购房无力，只能望房兴叹。因此，想要有效解决中国社会目前所面临的住房问题，就必须意识到中国政府的宏观调控作用仍有很大的改善和发挥空间，不能完全依赖市场，应该使政府成为住房保障体系构建中的主体，充分发挥其主导作用，采取合适的方法进行市场干预。

2. 进一步完善住房公积金制度

新加坡成熟的中央公积金制度，在其实现"居者有其屋"目标的过程中发挥了极其重要的资金筹措作用，反观中国，住房公积金制度尚不成熟，许多方面都有待进一步完善。与新加坡相比，中国公积金制度最突出的问题就是覆盖率较低，目前的受益者主要是中高收入人群，还没有覆盖真正需要资金扶持的低收入人群，故而难以形成强大的推动力，不能有效缓解当前低收入人群购买力不足的问题。因此，中国的住房公积金制度，需要以扩大住房公积金的社会覆盖面为目标进一步改善，以使其真正惠及低收入人群。此外，与新加坡的购房低息贷款制度和住房补贴类似，中国还需积极拓展各类住房融资渠道，使居民都能够从多元化的筹资机制中获益，从根本上提升住房购买力。

3. 保证保障性住房的土地供应

能否有充足的土地供应，直接影响到保障房工程是否能够顺利进展。新加坡的"公益优先"的土地征收制度保证了政府能够以较低成本、在较短时间内调动组屋建设用地。但是，在中国的保障性住房建设中，土地供应却存在着诸多问题。一方面，在现行的国有建设用地出让制度下，土地财政一直是地方政府财政收入的主力军，从地方调拨土地用于保障性住房建设，必然带来地方政府财政收入的减少，因此地方政府往往欠缺动力；另一方面，地方政府对于保障房土地供应情况缺乏相应的监管措施，违规操作、擅自改变土地用途等现象时有发生，导致保障房的用地得不到保障。所以，想要切实解决土地供应问题，需要对保障性住房用地进行统一的计划管理，同时计划公开，加强监督，保障用地落实；同时改进审批管理程序，保证供地充足及时。

4. 健全住房保障法律体系

新加坡的住房保障体系是建立在完善的法律体系基础之上的，从《中央公积金法》、《住房发展法》到《土地征用法》，在组屋建设的各个发展阶段，新加坡都通过立法的形式以确保"居者有其屋"计划的贯彻实施。由此可见，完善的法律体系是推进住房建设的保障，而中国目前的住房保障管理机构尚不健全，法律体系建设滞后，缺乏专门性的住房保障法律，大多数存在的条文都是以政府红头文件、政策、规定以及行政命令的形式存在，权威性和规范性欠缺，也较为混乱。因此，中国应该加强住房保障的立法工作，尤其是全国性的统一系统立法，明确职责权限，强化政府监督，避免责任推诿；同时也要因地制宜，给予地方一定的自主权利，助力政策落地，切实推动现实问题的解决。

资料来源

［1］新加坡建屋发展局网站（www.hdb.gov.sg）。
［2］新加坡统计局网站（www.singstat.gov.sg）。
［3］新加坡土地管理局网站（www.cpf.gov.sg）。
［4］新加坡中央公积金网站（www.cpf.gov.sg）。
［5］恒大研究院：《新加坡住房制度启示录：新加坡如何实现"居者有其屋"》，2018。

新加坡公共管理经验与先行示范区政策创新实践

——以深圳 B 区为调研对象

● 李淑飞[*]

内容提要： "逆全球化"下认同政治与民族主义的再度兴起，对多元主义国际治理体系带来巨大挑战。面对急剧转变的世界格局，中国始终坚持制度自信，积极探索中国特色社会主义道路，中共中央更是战略性赋予深圳建设中国特色社会主义先行示范区的全新使命。如何借鉴世界重要城市现代化的治理经验，并结合中国制度优势和深圳城市特性，先行探索出能够引领、示范中国城市治理能力和治理体系现代化的城市治理实践，成为深圳面临的重要而迫切的议题。深圳特区发展四十年，虽然取得了举世公认的巨大成就，但在诸多公共政策领域也面临着较为严峻的政策挑战，特别是在公共住房领域，深圳甚至提出摒弃"香港模式"，学习"新加坡模式"的政策方向。本研究在重点调研深圳 B 区公共住房、公共医疗和教育人才政策的基础上，探索将新加坡公共管理经验与深圳先行示范区建设的政策创新实践进行结合，尝试系统呈现城市间公共管理经验借鉴和公共政策创新的现实案例。

关键词： 新加坡；深圳；公共管理经验；政策创新实践

---

[*] 李淑飞，新加坡国立大学哲学博士，深圳大学新加坡研究中心执行主任。本研究的政策调研得到了深圳市 B 区政策研究室的全力支持，在此表示感谢，本文是"深圳市哲学社会科学规划课题"项目（项目编号：SZ2019D026）的阶段性成果。

引　言

在全球化动力衰退甚至出现"逆全球化"的当今世界，国家及地区的竞争越来越多地表现为政府之间公共管理和公共决策水平的竞争。作为只有五十五年建国历史的城市国家，新加坡在成功实现产业升级和国家治理能力现代化的过程中，赢得了超出其本身的国际影响力。立足于我国实际政策环境，对新加坡的公共管理和公共政策经验进行参考借鉴，有助于提升我国各级政府的公共管理效能和政策创新水平。

新加坡是一个城市国家，面积只有 700 平方公里左右，常住人口却高达 560 余万。深圳市 B 区面积不到 400 平方公里，常住人口也高达 300 多万，实际管理人口则更多（见表1）。B 区和新加坡都属于人口密度极大的城市区域类型，在城市治理类型上具有可比性。而且，B 区和新加坡同样是滨海地理环境，B 区划定 70 平方公里工业控制红线大力发展制造业的战略规划也与新加坡裕廊工业园区的政策设计不谋而合，因此对新加坡的公共管理和公共政策经验进行研究和提炼，对于加快 B 区的产业升级和提升政府的公共管理水平都有着十分积极的意义。

表1　深圳 B 区与新加坡人口、面积对照

地区（国家）	深圳 B 区	新加坡
面积（平方公里）	400	700
常住人口（万人）	300	560
人口密度（人/平方公里）	7500	8000
工业控制线区域（平方公里）	70	63

一　新加坡公共管理的体制创新与政策效能

由英国的海外殖民地演变为独立国家的新加坡，承继了英国立法、行政与司法三权分立的政治体制，同时李光耀形塑下的新加坡将精英主

义作为建国的核心理念，从而使新加坡的行政权力显得更为集中、强势。作为城市国家，新加坡公共管理职能主要由行政机构和法定机构共同承担。行政机构即新加坡政府，只设立一级政府，由16个内阁部门组成，负责制定经济、社会发展战略和中长期规划，具体的政策执行则由隶属于各行政部门的法定机构进行。

法定机构属于半政府机构，独立于政府序列和公务员体系，采用社会化的组织模式和企业化的运营方式来执行公共政策和承担公共服务职能，相较行政机构具有更大的灵活性和更强的执行能力。为居住在新加坡的560多万民众提供公共服务的公务人员不超过13万人，其中行政机构的公务员编制只有3万人左右（不包括纳入公务员范畴的3万多名公立学校教师和公立医院医生），而法定机构的雇员则超过6万人。

对新加坡公共管理体制和政策执行能力进行考察，得出新加坡政府在创新行政体制、提升政策执行效能方面主要有以下经验值得参考和借鉴。

（一）设定法定机构承担特定公共服务职能，提高公共管理的灵活性和执行力。截至目前，新加坡国会通过立法共设立65个法定机构，这些机构按照职能属性可划分为三类，第一类定位为公共领域监管，如土地管理局、金融管理局和赌场管制局等；第二类主要是向公众提供公共产品，如国家公园局、国家水资源局和建屋发展局等；最后一类则侧重于产业发展和国家竞争力提升，如经济发展局、新加坡旅游局、未来技能局和圣淘沙发展公司、裕廊集团等。

（二）组建或控股政联公司参与市场竞争，确保国有资产保值增值及特定产业领域的国际竞争力。新加坡法定机构承担特定的公共服务职能，采用半政府的运作方式和管理体制，而政联公司（Government Linked Corporation，新加坡政府一般控股四分之一以上）则完全采用市场化的运行模式和董事会的管理方式，只是在参与市场竞争的同时会兼顾产业发展和国家公共利益。[1]

1974年以私人名义注册成立，由新加坡财政部负责监管的淡马锡控

---

[1] Feng F, Sun Q, Tong W H S, "Do government-linked companies underperform?", *Journal of Banking & Finance*, Volume 28, Issue 10, October 2004, pp. 2461-2492.

股公司是国内最为熟悉的两家新加坡政府投资公司之一（另一家为新加坡政府投资公司）。① 同时淡马锡控股公司还通过控股的方式经营运作多达45家政联公司，这其中不仅包括对新加坡基础服务具有绝对影响力的新加坡航空公司、新加坡电讯、新加坡地铁及星展银行等，也包括凯德集团（Capitaland）、吉宝集团（Keppel Corporation）及胜宝旺造船厂等在世界地产、航运等领域极负盛名的国际化企业集团。

（三）持续对公众进行政策倡导和社会动员是新加坡政府提高公共管理和公共政策效能的重要社会手段。法律体系完备、监管执法严苛是国内对新加坡的既定认识，但新加坡政府的公共管理也有强调沟通、协调的柔性一面。新加坡政府不但熟于运用传统媒体及新媒体进行公共政策的发布、解释和倡导工作，而且擅于动员公共组织、社会组织和广大民众，营造全民参与的政策执行氛围，提升特定公共政策的执行效能。"清洁与绿化新加坡运动"、"抗击骨痛热灭蚊运动"及"讲华语运动"等都是新加坡在提升公共政策执行效能上进行的政策倡导和社会动员。

二 新加坡重点公共政策领域的政策经验

新加坡政府不仅通过行政体制创新提升公共政策执行效能，而且通过五十多年的公共管理实践在多个领域积累了丰富的公共政策经验。新加坡国家发展战略的成功，使得新加坡诸多公共政策在国际社会上成为研究和参照的典范。限于研究精力和研究时间，本研究选取公共住房、公共医疗、教育人才政策这三项新加坡公共政策经验比较突出且深圳B区也注重的政策领域进行系统研究和经验提炼。

具体到本研究选取的三个公共政策领域，每个领域都包涵相当丰富、复杂的政策设计和执行细节，本研究从宏观层面上对新加坡公共政策三个重点领域进行政策主体、政策经验的总结与提炼。

---

① 马志刚：《新加坡的国营企业》，《国际研究参考》1992年第10期，第3—7页。

(一) 公共住房政策

新加坡因其在创立新型模范市镇过程中的大胆创新,早在1991年即获得了联合国颁发的"世界人居奖",并被联合国评为国际上解决住房问题非常优秀的国家之一。[①] 根据新加坡统计局的数据,经过50多年的发展,新加坡政府共建造了约100万套公共住房(即组屋),居住在政府组屋中的人口占新加坡总人口的80%左右。新加坡组屋家庭中约有95%左右拥有所居住组屋的产权,余下5%左右的低收入家庭租住在政府提供的廉价组屋中,形成了世界上少有的政府解决大部分民众居住问题的独特模式(见表2)。[②]

表2 新加坡住房类型

住房类型	组屋居住人口		私宅居住人口
住房占比	80%		20%
	95%左右拥有产权	5%左右租住	

1. 公共政策主体

分别隶属于国家发展部及劳工部的两个法定机构——建屋发展局(HDB)和中央公积金局(CPF),是新加坡公共住房体系的政策主体,在新加坡公共住房政策的成功运作中扮演着核心角色。[③] 具体而言,建屋发展局承担了目前新加坡对住房市场进行供给方干预的主要职能,而作为强制性储蓄方案的中央公积金局则作为政策性融资机构发挥了需求方干预的职能。

在具体机构设置和政策职能方面,建屋发展局下设营建发展部、产业土地部、行政财务部和内部审查处,主要任务是负责规划、建造和管理所有公共住房,其工作职能具体包括两个方面:一方面是为中低收入居民提供住房,实施政府确定的建屋计划,包括征用土地、拆迁安置、

---

① 叶锦明:《政府加大投入解决住房问题——新加坡中低收入者住房融资经验(一)》,《中国住宅设施》2003年第8期,第51-52页。
② 史可:《新加坡组屋:方寸岛国实现"居者有其屋"》,《安家》2011年第10期,第116-121页。
③ 黄程栋、朱丽、刘端怡:《新加坡住房体系建设的经验》,《上海房地》2017年第4期,第46-51页。

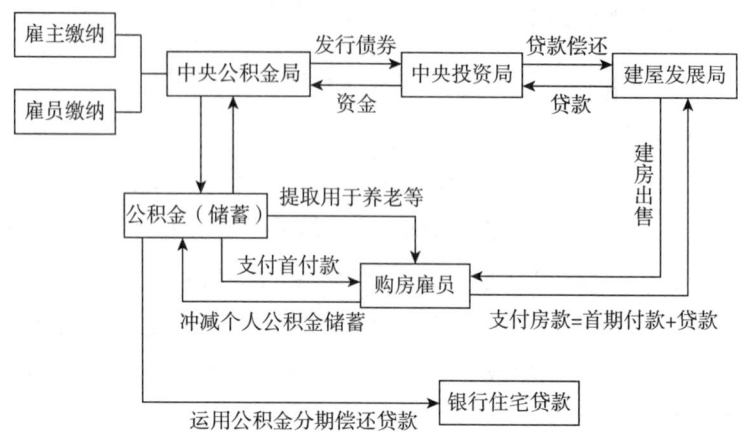

图 1　建屋发展局与中央公积金局关系①

规划设计住宅区、策划基础设施建设、安排承建商建造房屋等；另一方面，HDB 也负责管理公共住房定价、建设规模、户型结构、申请资格、组屋出租、出售及房屋贷款、物业等。

而在公共住房政策中扮演购房融资机构角色的中央公积金局，则是一个依据 1955 年《中央公积金法》成立的半官方性质的法定机构。中央公积金局的最高负责人由新加坡总统任命，中央公积金局主要负责公积金归集、管理和增值工作，由雇主服务部、会员服务部、计算机服务部、行政管理部、内部审计部和人事部六个部门组成。中央公积金局的核心作用包括对购买组屋的居民提供优惠贷款安排，政府也通过中央公积金向居民提供购房补贴。中央公积金的缴存比率、存款基准利率、贷款额度、存款使用范围等政策工具都可以显著地改变住房消费需求和投资需求。

2. 公共政策经验

（1）公共土地获取经验

土地是公共住房建设的基础和命脉，新加坡政府严格控制土地资源，为公共住房建设提供了强有力的土地保障。1967 年，新加坡政府颁布了《土地征用法令》，规定政府有权征用私人土地用于国家建设，并有权调

---

① 刘静：《独立后的新加坡住房政策体系研究》，南京大学硕士学位论文，2012。

整被征用土地的价格。[①] 根据该项法令，新加坡政府协助建屋发展局以远低于市场的价格获得开发土地，保证了大规模建设组屋所需的土地。到20世纪90年代，新加坡法律规定建屋发展局必须向土地管理局购买土地，但其购买价仍远低于私人开发商的购买价。土地的价格只有国家有权力调整，而且价格不受市场的影响。新加坡土地征用秉持"既不会多给，也不会少给"的原则进行补偿。新加坡土地征用过程中遵循一套详细的征地程序、操作流程，且新加坡政府多次对《土地征用法令》进行修订，规范了土地征用的补偿标准。

（2）公共住房规划经验

公共住房的选址和布局关系到城市总体规划的和谐，为此，建屋发展局的住宅发展计划必须建立在综合研究与分析的基础上：详细分析历年住宅建设的数量和销售情况，核实申请购买组屋的家庭数量及其对户型、地点的要求，以及不同地区城市基础设施状况、社会服务设施状况和就业机会，并预测今后5年的需求量，选择最佳开发地点。新加坡一定比例的公共住房采用预购组屋制度，建屋发展局只有在认购率达到70%时，才会兴建有关组屋，以此防止需求与供给之间的政策脱节。

（3）公共住房建造经验

建屋发展局不但注重公共住房建造的数量，而且也非常注重公共住房建造的质量。新加坡组屋的建筑施工通过公开招标由承包商承建，工地的监督工作则由建屋发展局的专职人员负责，从而确保房子的工程质量。新加坡的住房政策不仅给市民提供了一个有质量保障的住所，更重要的是提供了一个以人为本的生活环境。尽管多数的公共住房坐落在郊区的新市镇，但均配建有高质量的社区服务设施，如新市镇中心、邻里服务中心、学校、体育场、巴士换乘站、菜市场和其他休闲设施等，基本满足了居民的日常生活需求。另外，随着住房条件的逐步改善，政府高度重视公共住房居住环境的提升，改变了以往千篇一律的公屋建筑设计风格，积极探索建筑设计样式的多样化，以提升社区空间的活力和归属感。

---

① Sock - Yong Phang, "Economic Development and the Distribution of Land Rents in Singapore: A Georgist Implementation", *American Journal of Economics and Sociology*, October 1996.

(4) 公共住房分配经验

新加坡公共住房的申请资格,涉及公民权、年龄、私有物业、收入水平及家庭结构五个方面的内容。其中收入水平这个要素随着社会经济的发展、个人条件的改变呈现动态变化的趋势。在实际运作中,建屋发展局根据居民住房短缺的程度以及收入变化的情况来动态确定符合公共住房申请资格的收入水平上限。当组屋使用者的条件得到改善,不符合当前所享有的条件时,就必须立刻腾出所居住的组屋,否则会构成违法,情节严重者将受到法律严格的制裁。在具体的分配方案方面,新加坡建屋发展局根据组屋市场的供需变化,采用抽签法、即选即购法和组屋预购法等多样化的公共住房分配方式。

(5) 公共住房管理经验

新加坡建屋发展局不仅设定了严格的公共住房准入、退出机制,而且还针对违规、违法的公共住房买卖行为制定了非常严厉的惩罚措施。在组屋申请、退出、转让等环节中如果发现虚报情况,将处以高达5000新元的罚款或6个月的监禁,严重的或将面临罚款和监禁并施的双重处罚。新加坡公共住房的日常物业管理由建屋发展局统一协调,社区组织市镇理事会具体负责。市镇理事会负责组屋管理中日常工作,也可将物业管理中部分项目外包给物业管理公司,但市镇理事会要负最终责任。物业管理公司的选择由市镇理事会决定,市镇理事会定期到组屋社区内搜集居民意见和建议,根据居民意见和评分决定是否与物业管理公司签订合作协议。市镇理事会十分注重与居民、组屋管理的承包商、基层领袖和政府部门之间的联系,始终保持着有效的沟通,共同维护对组屋的管理。

(二) 公共医疗政策

新加坡在五十多年的发展中,建立了世界上最完善和高效的医疗保健体系。目前新加坡的基础医疗设施排名世界第4,预期寿命排名世界第7,新加坡共有13家医疗机构获得国际联合委员会的品质认证(JCI),占亚洲的1/3。[①] 更值得注意的是,与世界上其他国家相比,新加坡政府在公共卫生医疗领域的投入并不高。新加坡政府2010年的医疗

---

① 戴月明:《新加坡医疗保健政策及其对中国的启迪》,《团结》2013年第5期,第59-62页。

投入不到国内生产总值的4%，仅是美国的1/4，或者西欧的1/2，但在当年世界卫生组织的最佳医疗系统排名中，新加坡却高居第6位，远超英国（第18位）和美国（第37位）。

1. 公共政策主体

新加坡卫生部是公共卫生和医疗保健政策制定和执行的政策主体。卫生局下设8个法定机构，分别承担卫生医疗监察和行业发展管理，分别是：保健促进局、卫生科学局、新加坡医药理事会、新加坡药剂理事会、家庭医生认可委员会、新加坡牙医管理委员会、新加坡护士管理委员会和中医委员会。

为居住在新加坡的超过500万民众提供高效医疗服务的新加坡公立医疗机构总数却只有32家，这其中包括8家公立医院、7家专科中心和17家政府诊疗所。在公共医疗资源有限的状况下，新加坡医疗体系的高效运转离不开私立医疗体系的完善发展。新加坡拥有16家私立医院，数目超过公立医院，并且拥有超过800家的私人诊所，承担了80%以上的基层医疗服务（见图2）。新加坡公立医疗机构按集团化模式进行运作和管理，现有国立医疗卫生集团、新加坡医疗卫生集团、国立大学医院、裕廊医疗服务集团和Alexandra医疗集团5个医疗集团，统一管理和经营新加坡的公立医院和政府诊疗所。

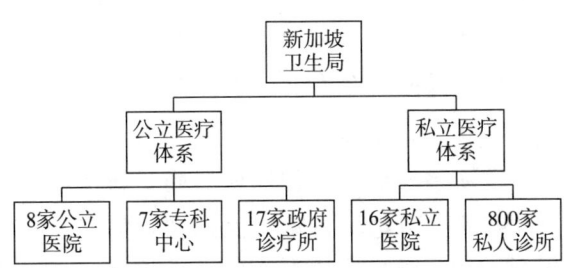

图2　新加坡医疗体系

2. 公共政策经验

（1）建立严格的分级诊疗、双向转诊制度，合理分配医疗资源。新加坡明确规定：病人除急诊外，首先要到家庭医生或社区诊所（私人诊所或政府诊疗所）就地治疗。经过医生初步筛查认为需要转诊时，会为患者出具证明，患者凭证明到综合医院就诊，综合医院治疗之后，进入康复期再转回社区诊所进行后续康复治疗。如果患者不经过社区诊所诊疗直接到综合医院就医，除了费用会贵几倍外，在综合医院产生的费用也不能享受政府补贴，而只能全额自费。这样严格的分级诊疗、双向转诊制度的设计，能够有效防止医疗资源滥用，达到合理分配有限医疗资源的政策目标。

（2）个人、社会、政府三方共同合理分担的医疗保障制度。新加坡公民的医疗保健费用分别由个人、社会与政府通过保健储蓄计划、健保双全计划和保健基金计划共同合理分担（即3M计划）。新加坡从1984年开始实施全国性的国家强制保健储蓄计划（Medisave），每个新加坡公民将每月工资的6%存入储蓄账户，用于支付个人或家庭成员的诊断、医疗和保险费用。1990年，针对重大疾病新加坡政府又推出健保双全计划（Medishield），帮助病人支付大额住院费用和特定门诊的治疗费用。[①]健保双全计划的保费可以用保健储蓄支付，如果病人住院费用超过自付额度，或进行手术、癌症放化疗、洗肾、器官移植等大型治疗，在政府医药津贴和自付比例之外，还可以通过健保双全计划的保费来支付。新加坡政府还于1993年进一步设立了保健基金（MediFund），为贫困病人医疗保障提供最后的安全网。保健基金由政府设立，本金来源于政府的预算盈余，产生的利息存入保健基金，用于低收入群体病人的救济。低收入群体病人的医疗费用如果不能被前两种储蓄计划完全涵盖，或者一些疾病需要长期疗养和康复，花费超过个人承受范围，可以申请保健基金的补助，资助结果由保健基金委员会审批决定。

（3）注重医疗政策的顶层设计，构建优质、合理、稳定的公共医疗制度。新加坡第一代领导人从建国初期就明确了新加坡公共卫生医疗制度的基本原则：政府需要考虑国民承担医疗费用的能力，但国民也必须对自己的健康负责，新加坡不能建立英国式的全民免费医疗，医疗费用应由个人、社会与政府三方共同承担，20世纪60年代社区门诊收费和20世纪80年代3M计划的出台都是这一原则的体现。新加坡政府始终在医疗政策上坚持有所为有所不为，有选择地对医疗服务进行补贴。同时新加坡也强调政府必须在卫生医疗领域承担必要的公共责任，保证每个

---

① 冯鹏程、荆涛：《新加坡保健储蓄计划研究及启示》，《社会保障研究》2013年第6期，第94–101页。

国民都能享受到优质的医疗服务和承担合理的医疗费用,并利用竞争机制和市场力量来提升服务品质和效率,使患者拥有自由选择医生和医疗保健服务的权利。

另外,新加坡政府对医疗卫生行业实施严格监管,以确保医疗服务的质量合格和价格合理。为更好规范医院行为,给病人足够的选择权,从2004年开始,新加坡政府强制规定各医院必须公布各级病房各项治疗的具体情况、收费水平,以及每年处理的病例数。新加坡卫生部还在官方网站上将一百多种疾病的治疗方法和收费价格区间进行公示,供病人查询比较,在就医治疗前享有充分的知情权,以此构建优质、合理、稳定的医疗制度。

(4)新加坡跨越式发展生物医药产业的政策经验。在缺乏知名医药公司、专业技术人才的背景下,为战略性发展生物医药产业,新加坡于2000年成立了以副总理陈庆炎为首的生命科学部长级委员会,进行生物医药产业规划、扶持政策制定和多个部门政策协调。同时新加坡还在新加坡科研局和经济发展局下面分别设立"生物医学研究理事会"和"生物医学集团"作为促进生物医药产业发展的政策执行机构。新加坡政府在基础医学和临床应用方面投资12亿新元,建立七大医药公共研究院和五大生物医药实验室,完善生物医药公共研究体系。新加坡经发局还设立12亿新元的生物医药投资基金,引导世界生物医药公司和专业人才向新加坡"启奥生物城"聚集。通过政府规划扶持、产业基金引导、吸引专业人才和培育本土研发能力,经过十多年的努力,新加坡政府成功将新加坡打造成为世界领先的生物医药研发、生产集聚地。

(三) 教育政策和人才政策

新加坡政府十分注重教育事业发展,从1965年建国起就始终把发展教育看作实现国家现代化的基本国策。[1] 新加坡政府每年把超过国民生产总值百分之四的经费用于发展教育事业,年度财政预算中超过20%的经费拨给了教育。新加坡长期的教育投入取得了预期的效果,不但基础教育和高等教育在国际社会取得卓越声望,而且极具特色的职业教育也

---

[1] 王勤:《新加坡的教育发展与改革》,《比较教育研究》1987年第5期,第62-64页。

为新加坡产业转型升级提供了必不可少的技术人才。与教育紧密关联的人才引进政策的成功也是新加坡在当今激烈的国际竞争中立于不败之地的重要因素,对新加坡五十多年来的教育政策和人才引进政策进行研究和经验借鉴,有助于深圳B区当下的产业升级和教育、人才政策发展。

1. 公共政策主体

教育部是新加坡教育政策制定和执行的核心政策主体。教育部下设9个法定机构,除了新加坡考试及评核局和负责推动及统筹"未来技能"计划的未来技能局外,还包括工艺教育学院和其他6个侧重职业教育的理工学院,即南洋理工学院、共和理工学院、义安理工学院、新加坡理工学院、淡马锡理工学院和民事服务学院。新加坡人力部和经济发展局是负责人才引进政策制定和执行的重要政策主体。为引进国际人才,助力新加坡经济发展,经济发展局和人力部共同成立了专门性机构"联系新加坡"。该机构在世界多个全球人才资源丰富的区域设立分支机构,有效地进行海外宣传和招聘联络工作,在世界范围内建立潜在专业人才数据库,为新加坡的投资和商业发展创造便利条件,提升新加坡在全球人力资源市场的竞争力。

2. 公共政策经验

(1)精英主义与因材施教的教育理念

精英主义是新加坡国家治理的核心理念,这一理念对新加坡的教育制度和教育政策产生了深远影响。新加坡已故前总理李光耀主张在对人力资源进行开发时,一方面要注重先天禀赋的重要性,另一方面也要依靠教育投入来提升人的知识与技能水平,亦即改善人的质量。[①] 因此,李光耀在将高等教育定位为精英教育的同时,在新加坡中小学实施"分流"教育政策,并且在新加坡大力开展道德教育。

新加坡教育分流制度的理论基础是精英与大众兼顾的因材施教教育理念,虽然新加坡的教育非常注重培养"精英"人才,但在整个教育分流过程中始终对学生展现出一种人性化的人文关怀。首先,它充分尊重学生的个体差异,关注学生的兴趣特长,在学习内容和教学方式上因材施教。其次,多次重要的分流考试保证了每个人都有不止一次的机会为

---

① 《联合早报》编《李光耀40年政论选》,现代出版社,2012,第287-290页。

自己的未来奋斗和拼搏,也从某种程度上分散了学生的升学压力,以保持积极向上的健康心态。再次,在分流选拔中显得比较落后的学生并没有受到忽略,而是被积极地提供继续学习的机会,学习谋生的技能。新加坡的精英教育和分流制度虽然也受到不少诟病,但新加坡在双语教育、基础教育和高等教育等领域所展现出来的卓越成绩,也使得新加坡精英主义与因材施教的教育理念受到诸多的关注和研究。

(2) 职业教育发展与产业转型升级相匹配,与企业实际需求相结合

新加坡成功实现产业转型升级离不开优质的职业教育,职业教育为新加坡产业的不断升级提供了持续不断的技术人才支持。新加坡于1969年提出发展职业技术教育,为技术密集型产业发展输送合格人才,具体做法是在基础教育阶段大力加强职业技能训练,严格区分普通中学教育与职业教育的教学内容。为了给职业教育提供合格师资,新加坡还于1973年专门成立了教师培训学院。随着新加坡产业结构的转型升级,其对科技型和创新性人才的需求日益迫切,新加坡的职业教育理念也随之发生转变,在继续强调职业教育的实用性和操作性的同时,也开始注重教育的超前性。超前性的职业教育不但注重培养学生或职工关注和研究国际新技术的兴趣,而且强调对职工进行持续培训和再培训,给他们创造一个不断提高新知识、新技术的机会,以适应新加坡科技密集型和知识密集型的产业发展需求。

新加坡的职业教育也十分强调与企业实际需求相结合的理念,不仅在课程设计和专业实习方面与企业紧密合作,而且还在学习德国、英国等多个国家的职业教育方法的基础上创设了特有的职业教学理念——教学工厂。教学工厂将实际的企业环境引入教学环境中,在学校内建立技术先进、设备完善的用于教学的逼真模拟环境,与此同时,学校不断地引进企业生产项目和研发项目,形成学校、教学工厂、企业三位一体的综合教学模式,使企业实习、企业项目与学校教学有机结合,目标是使学生一毕业就能适应企业的工作岗位。这种教学模式被各理工学院和工艺教育学院广泛采用,极大地推动了新加坡职教事业的发展。

(3) 秉持"人才立国、人才治国"国家战略,实施全球人才引进政策

人力资源匮乏的新加坡之所以能在激烈的国际竞争中胜出,和其始

终秉持的"人才立国、人才治国"的国家战略密不可分。努力开发人才资源及引进产业发展需要的国际人才一直是新加坡政府人才政策的一贯理念。为实施全球人才引进政策，新加坡人力部和经济发展局不仅联合设立"联系新加坡"这样的人才引进机构，而且新加坡教育部还通过提供奖学金等奖励手段，把国外优秀的高中生和大学生吸引到新加坡就读，并和学生签订毕业之后为新加坡至少服务6年的强制性协议，以此来培养人才、留住人才，解决新加坡人口老龄化和人才短缺的问题。

另外，为了实施全球人才引进政策，新加坡政府的领导人还会亲自出面邀请各国人才。根据本国经济发展的需求，新加坡每年都会派专人带着总理的亲笔信和招聘书到牛津大学、剑桥大学、麻省理工学院等世界著名大学招聘人才。新加坡政府提出要用最优惠的政策、最好的待遇、最好的工作环境和最有挑战性的工作来吸引最优异的海外人才。新加坡政府还规定企业在招聘、培训人才方面的支出可以享受减税，以此加强人才的培训工作和改善人才的居住环境及待遇。近几年，许多新加坡政府控股的企业也开始使用股票期权来吸引和留住人才，同时使他们的事业与企业的发展前途紧密联系在一起。

三 新加坡公共管理经验与深圳B区政策创新实践

新加坡公共管理经验与深圳政策创新课题组通过多次实地调研和政策讨论会，深入了解深圳B区（以下简称B区）在公共住房、卫生医疗和教育方面的现状及实际政策研究需求，结合新加坡公共管理经验将研究重点进一步聚焦到B区公共住房规划及分配、分级诊疗和医疗集团化改革、职业教育与产业升级这三个公共政策领域。课题组认真分析B区在这三个政策领域需要亟待解决的突出问题，并结合新加坡的公共政策成功经验，提出以下政策分析和政策创新建议。

（一）公共住房规划及分配

1. 现状分析

截止到2017年9月，B区保障性住房在册轮候家庭（B区户籍

10233户（其中已选房3242户），规划的政策目标是使轮候家庭三年内能够选房。深圳市人才安居政策出台后，开始在新增住房中清楚区分保障房和人才住房，B区2016年和2017年分别供应2700套和4500套人才住房。根据深圳市公共住房建设规划，B区"十三五"期间计划供应两万套人才安居房，因此2018~2020年需年均供应约4300套人才住房才能达到规划供应目标。

B区公共住房（包括保障房和人才房）在规划、建设和分配中存在以下突出问题：

（1）公共住房建设土地短缺问题

区住建局目前主要通过棚户区改造、盘活"城中村"存量住房及鼓励企业利用自有用地建设人才住房等方式来加大人才住房的建设力度。多种因素导致公共住房土地获取困难：首先，用于公共住房建设的新出让土地极少（"十三五"前两年仅有一宗，而且也不是纯住宅，只能建造几百套宿舍）。其次，棚户区改造及城市更新不确定性强，周期也相对比较长；在企业用地改建公共住房方面，虽然企业和区住建局积极性都较高，但碍于工业用地红线的政策限制，也难以推进。

（2）公共住房整体紧缺与部分区域分配困难的结构性矛盾

土地短缺问题导致公共住房建设及供应出现整体数量上的短缺现象，但同时也出现了个别偏远区域或交通配套不方便区段公共住房分配不出去的结构性矛盾（例如位于石岩羊台苑的公共住房多次发布公告后仍有部分尚未分配出去）。这种公共住房分配的结构性矛盾与B区人口分布不平衡的现状有关，人员多集中在西乡、新安等城市区域，而这些区域往往都是地少、房贵问题最突出的地区，石岩等偏远区域虽然有土地可以建设公共住房，但却又存在需求少及建后闲置的问题。

（3）人才住房分配中存在的重点企业和一般人才认定标准问题

B区的人才住房分配目前主要采用向重点企业配租和向人才个人配租两种方式。企业配租方面，由企业申请，然后区住建局根据企业税收、产值、人才数量等评分后进行分配，这样的分配标准不利于小微企业特别是政策鼓励和扶持的创新型企业，但要想具体细化企业分配标准又在操作上存在一定困难。面向人才个人的分配目前仍局限在机关事业单位范围内，由于难以明确一般人才认定标准，所以并未向企业中的一般人才开放申请人才住房,而高层次人才由于标准比较明确,公共住房需求都得到了较好满足。

2. 政策建议

针对 B 区公共住房领域的现状和突出问题,课题组提出以下政策建议方向供区决策部门参考。

(1)建议对深圳市其他区新转入 B 区户籍的区保障房申请人员设置一定的户籍转入年限要求

B 区目前对申请人并无户籍转入年限要求,导致其他区人员将户籍临时迁入 B 区以申请保障房,对申请人户籍转入年限进行适当限制,以此保障 B 区户籍人口的合理住房需求和公共住房资源的公平性和可持续性分配。

(2)加强区住建局与区土地整备局、区土地规划监察局和规划国土委 B 区管理局之间的常规性政策沟通

针对公共住房用地短缺而区住建局又不具备用地规划权限的问题,建议加强区住建局与区土地整备局、区土地规划监察局和规划国土委 B 区管理局之间的常规性政策沟通,争取能在新出让土地获取、公共住房用地合理规划方面有所突破。新加坡建屋发展局早期拥有征用土地、拆迁安置、规划设计住宅区等多项权限,20 世纪 90 年代后建屋发展局虽然也要向土地管理局购买土地,但建屋发展局仍和国土规划部门保持紧密的政策合作,以保证工业园区与公共住房、公共交通等公共资源之间的高度匹配,形成工业园与公共住房为主体的新市镇有机结合的产业、市镇规划及开发模式。

(3)借鉴新加坡"预售式组屋"的建造、分配模式

除了参照新加坡产业、市镇规划及开发模式外,还可以借鉴新加坡"预售式组屋"的建造、分配模式,解决 B 区公共住房整体紧缺与部分区域分配困难的结构性矛盾。新加坡近年来频繁推出"预售式组屋"项目,以此防止公共住房建设与居民实际需求脱节的问题,只有预先申请该项目的居民达到一定比例时才会开工建设特定组屋。[①] 同时,B 区也可

[①] Chen Zhigang, "Analysis of Singapore Housing and Central Provident Fund Policy," *Land and Resources Information*, 2014 (1), pp. 2–11.

以考虑把部分分配存在障碍的公共住房纳入深圳市的统一分配指标（据区住建局工作人员介绍，市里要求关外各区每年将20%的区级公共住房纳入深圳市进行统一分配，租金仍归区财政），各个区的区域位置不同，也存在一定的跨区住房选择偏好差异。

（4）制定详细的重点企业和创新型企业认定标准，以及与之配套的高层次人才和一般性人才认定细则，以提高公共住房分配的精准度和可操作性

建议区主管领导协调区发展和改革局、区经济促进局、区科技创新局和区人力资源局、区住建局、区卫生和计划生育局，根据B区产业发展规划，制定详细的重点企业和创新型企业认定标准以及与之配套的高层次人才和一般性人才认定细则。企业和人才认定标准的细化和优化，不但能使公共住房、公共教育和公共医疗的分配更具有操作性，而且可以通过企业和人才认定细则的调整建立起B区产业发展方向与公共资源分配的动态配合机制。

（二）分级诊疗和医疗集团化改革

1. 现状分析

截止到2017年8月底，全区共有1027家医疗卫生机构，其中公立医疗卫生机构163家（包括公立医院10家、社康中心131家、医疗站2家、公立门诊部12家、公共卫生单位8家），占医疗卫生机构总数的16%。占比16%的公立医疗卫生机构承担全区81%的诊疗量，而占全区医疗卫生机构总量84%的社会办（私立）医疗机构则只承担了B区19%的诊疗量。

表3 深圳B区与新加坡公立、私立医疗机构及其诊疗量对比

地区（国家）	B区			新加坡		
对比数据	机构数量	机构占比	诊疗量占比	机构数量	机构占比	诊疗量占比
公立医疗机构	163家	16%	81%	32	4%	20%
私立医疗机构	864家	84%	19%	816	96%	80%

为破解医疗资源分布不均衡和基层医院、社康诊疗量倒置的难题，B区早在2015年即开始在全市率先探索医疗集团化改革，构建以医疗

集团为基层的分级诊疗服务体系。根据市医改办和区委区政府的部署，B区自2015年起分别成立B区中医院集团、B区人民医院集团和B区第二人民医院集团，整合B区8家公立医院和128家社康中心，并在各医疗集团的社康管理中心下设负责医院与社康间联系工作及双向转诊、慢病管理的全科医学中心，探索医院与社康联动的信息化医疗管理模式。

表4 深圳B区医疗集团简介

集团名称	B区中医院集团	B区人民医院集团	B区第二人民医院集团
成立时间	2015年	2016年	2017年
整合医院数	6家	4家	2家
管理社康数	50家	47家	38家

B区在推进分级诊疗和医疗集团化改革中存在以下具体问题：

（1）基层公立医院与社区康复中心之间的利益协调问题

罗湖医院集团以医疗、医药与医保"三医联动"模式破解医疗改革中多方主体利益不一致的难题，重新理顺医院、医药与病人之间的利益关系，取得了不错的改革成效。B区在分级诊疗、医疗集团化等医改上虽然起步较早，但限于医改政策权限，在国家和深圳市新一轮医改实施细则推出之前，较难有大的重新协调各方利益的医改规划出台。而在医疗集团内部，也存在着基层公立医院与社区康复中心利益不一致的普遍现象，如果大量诊疗量下沉到社康，就会直接出现医院收入较少的结果，这是公立医院管理者不愿看到的。因此，在公立医院实现集团化后，亟待建立合理机制理顺基层医院与社康之间的利益分配关系。

（2）B区分级诊疗实施以来，虽然取得了不错的效果，但仍然存在不少尚待改善的问题

B区社康的诊疗量占到总诊疗量的55%左右，中心区域由于大医院集中社康所占的诊疗量会少一些。社康的全科医生主要由市里规培后分配下来，B区也推出政策鼓励全科医生进修，但由于深圳生活成本过高的缘故难以找到其他更好的渠道解决全科医生不足的现状。B区分级诊疗工作中也存在医疗集团间转诊手续过于复杂的问题，专家下沉到社康

坐诊还较大比例地出现了在公立医院日均诊疗量几十例而在社康却只有几例的医疗资源浪费现象，这与分级诊疗的政策宣传不到位有着密切关系。

（3）B区虽然已经形成了三个医疗集团的格局，但集团间的政策协调和集团内的资源、利益协调并未得到实质性推进

罗湖医院集团因为只有单一医疗集团，它的资源整合相对比较容易，检验中心、物资配送中心都已经整合起来，达到了设备、人员的最优化配置和共享。B区目前的医疗集团化改革，虽然实现了法人和牌子的变更，但不少社康由于一直是院办院管，集团化变更后对社康来说并未产生太大改变，系统内部还未打通，集团内部的资源整合、利益协调也未实质性展开。

（4）社会办（私立）医疗机构虽然达到864家，却难以在分级诊疗中发挥应有的基层首诊功能，而在新建社康和翻新社康中也遇到用地困难及原有老旧建筑消防标准难以达标等诸多问题

调研中了解到，人们普遍认为，私立医院普遍以利益最大化为首要追求，医疗水准和质量得不到保证，虽然其占到B区医疗机构总数的84%，但却难以在居民基层首诊中发挥作用。在私立医院无法在分级诊疗中扮演必要角色的状况下，缓解医疗资源紧张的着力点只能放到增建社康和翻新社康方面，但增建社康的用地、用房问题不好解决，同时，在财政资源充足的情况下，对原有老旧社康进行翻新扩建也遇到消防标准难以达标的棘手问题，进而导致翻新社康以提升居民社康就诊满意度的工作同样困难重重。

2. 政策建议

（1）充分发挥医疗集团化的政策协调、资源协调和利益协调功能

推行医疗集团化是为了更好地实现政府的医疗政策规划和协调功能，更有效地实现医疗集团间和集团内的资源整合和协调功能，更有力地实现医院、社康及病人间的利益合作和协调功能。B区在医疗集团化改革方面起步较早，且有较好的集团化布局基础，建议在进一步的改革中能够积极探索出充分实现医疗集团化的政策协调、资源协调和利益协调功能的"B区模式"，从而建立医院愿放、社康能接和病人满意的新型分级诊疗体系和医疗集团化模式。

（2）在充分发挥医疗集团化协调功能的同时，进一步实现医疗集团化的机制竞争、质量竞争和服务竞争功能

从新加坡的公共政策经验看，协调功能只是医疗集团化的部分功能，促进公立医疗体系内部及公私医疗机构之间的机制竞争、质量竞争和服务竞争，给予民众比较、选择优质医疗服务的充分选择权才是医疗集团化更为根本的功能。罗湖医院集团因为只有单一医疗集团，所以只能在医疗集团的协调功能上做足文章，但拥有多家医疗集团良好基础的 B 区，则具备在充分发挥医疗集团化竞争功能方面先行先试，探索出领先"罗湖模式"的政策创新空间。

（3）针对分级诊疗宣传效果及民众接受度欠佳的问题，建议 B 区在公众的就医政策倡导方面能够探索和创新出新的政策方法，以达到提升分级诊疗实际效果的政策目标

新加坡政府在运用媒体手段提升政策效果方面具有丰富的政策经验，无论是在报纸、电视等传统媒体，还是在公交车站、互联网等新型媒介，都能频繁看到政府各项政策的倡导宣传。国内的公共政策制定和执行尚未发展到精细化阶段，对公众进行的政策倡导与政策执行效果和政策目标实现程度之间的关系还未得到充分重视，同样希望 B 区能在公众政策倡导方面探索和创新出领先中国其他地区的政策经验。

（4）从医疗改革的长远发展角度，建议 B 区更加重视社会办（私立）医疗机构的医疗质量监管问题，尽最大可能发挥社会办医疗机构在分级诊疗和医疗集团化中的必要功能

新加坡和其他发达国家的公共医疗政策经验表明，私立医疗机构以营利为目的并不与其提供价格合理的优质医疗服务发生必然矛盾，而且私立医疗机构还能在医疗质量和医疗服务方面与公立医疗机构展开良性竞争，使得民众能够获取更为优质、高效和公平的医疗服务。建议 B 区在公立医疗机构改革获得较大进展的同时，能够进一步研究私立医疗机构规范发展的问题，以此更加充分地实现分级诊疗和医疗集团化的政策目标。

（三）职业教育与产业升级

1. 现状分析

B 区现有两所公办职业技术学校（B 区职业技术学校和 B 区第二职

业技术学校）和两所民办职业技术学校（奋达职校和中嘉职校），均开展中职层次职业技术教育，现有学生9000多人。两所公办职校在国内都较有名气，开办的数控、服装设计和财经等专业的就业和升学率状况都相对较好。B区于2016年9月整合两所公办职校和深圳广播电视大学B区分校的教学资源，成立深圳市B区职业教育集团。B区职业教育集团在借鉴德国"双元制"办学理念的基础上，积极实行"引企入校"、定制式教育等校企合作办学方法，并积极探索引进中德合作项目和开办中德实验班等新型职业技术教育模式。

B区在职业教育发展及职教发展与B区产业升级的结合方面，存在以下职教界人士较为关注的问题：

①在推进中高职一体化办学，提高集团办学层次及职教集团申建公共实训中心和集团二职新校区建设等方面，教育部门希望能够得到更多政策支持。

②校企合作方面，调研中了解到，多数企业对职业技术教育的重要性认识不足，即使有需求也不会主动寻求与职教学校合作。B区教育局在2009年曾出台政策鼓励校外实训实习基地方面的校企合作，在B区产业转型升级的新阶段，职教工作人员希望B区能够尽快出台新政策，着力促进职业教育与产业升级之间的深度结合。

③职教集团的老师们还就B区开展行业培训工作提出以下政策建议：可以分产业、分行业找龙头企业去开展本行业的职业技术培训，政府可以在龙头企业承担培训学生、培训行业员工的社会责任时给予一定的政策奖励，在行业培训得到发展的情况下还可以建立跨企业、跨行业的职业技术培训机构，提高B区技术工人的素质，服务B区产业转型升级。

2. 政策建议

①在校企合作的良性机制尚未有效建立阶段，B区政府可以考虑运用必要的政策工具，在校企合作及学校专业设置与产业发展需求间的深度对接方面发挥适当的作用。德国的行业协会和新加坡的法定机构发挥了职业教育与企业深度合作的桥梁功能，在行业协会难以有效承担这种桥梁功能的政策环境下，B区政府有必要承担职业教育与产业发展深度对接、合作的桥梁功能，但又必须谨慎、恰当选择政策方式和力度，避

免走向行政命令式的强制管理方式。

②建立职业教育系统、行业培训机构与企业多方合作共赢的长效员工培训体系，助力B区高端制造业发展。新加坡政府高度重视员工技能培训与产业转型升级之间的关系，将劳动力技能培训定位为公共物品，要求企业在享受产业扶持政策的同时，也有责任通过和职业教育系统或行业培训机构的合作，对员工实施专业化的职业培训。新加坡政府还通过征收技能发展税和设立技能发展基金的方式，为员工和企业的培训及技能提升课程提供高比例的资金补贴（新加坡政府补贴80%的课程费用，其中40岁以上员工补贴比例高达90%）。高标准、高效率的长效员工培训体系的建立，将对B区精密制造、高端制造和智能制造的产业转型升级起到基础性的支撑作用。

③通过引进高职教育或合作办学的方式提升B区职业教育的办学层次，以适应B区的产业高端化、智能化发展需求。随着B区产业转型升级的加快，企业对技术、人才的要求也更趋专业化、高端化，B区现有的以中职教育为主体的职业教育已经不能满足高端企业的实际需求，必须大力推进中职、高职教育的一体化发展。同时，也可以考虑与深圳技术大学、深圳职业技术学院合作办学或引入分校等多种方式，大力提升B区职业教育的层级和水平，进而不断满足B区的产业转型升级对技术人才的需求。

四　结语

新加坡公共政策创新是自身政策实践与他者政策经验持续结合的过程，担当中国特色社会主义先行示范区建设使命的深圳，更当秉持开放、进取的学习精神，积极进行城市治理探索和公共政策创新。基于比较公共政策的研究视角，本文首先对新加坡公共管理和公共政策经验进行分析、提炼，然后对深圳B区公共政策需求进行充分调研，之后将政策比较分析的重点聚焦到公共住房规划及分配、分级诊疗和医疗集团化改革、职业教育与产业升级这三个重要的政策领域，最后力图将深圳B区的政策创新实践与新加坡公共管理经验进行结合，提出深圳B区未来的公共政策改革方向。新加坡模式在中国探索社会主义发展道路中扮演了特殊的角色，随着中国治理体系和治理能力现代化的全面推进，作为"城市现代化"样本的新加坡，其公共管理和公共政策经验，对中国各个层级的城市探索自身治理体系和治理能力现代化也具有一定的参考价值。

论新加坡城市规划经验对中国国土空间规划工作可借鉴性

● 李韶鉴[*]

内容提要：中国新一轮的国土空间规划编制要综合考虑人口分布、经济布局、国土利用、生态环保等因素，科学布局生产空间、生活空间、生态空间。

目前中国规划体系存在规划类型过多、内容重叠冲突，审批流程不合理、周期过长，地方规划因领导人变更修改等问题。在2018年初的机构改革中，自然资源部完成组建之后，中国即将全面启动国土空间规划编制。按照自然资源部《关于全面开展国土空间规划工作的通知》，我国对国土空间规划各项工作进行了全面部署，全面启动了国土空间规划编制审批和实施管理工作。国土空间规划将主体功能区规划、土地利用规划、城乡规划等空间规划融合为统一的国土空间规划，实现"多规合一"，强化国土空间规划对各专项规划的指导约束作用，成为国家空间发展的指南和实现可持续发展的蓝图。新加坡城市规划"宜居度框架"，对中国下一步的国土空间规划具有较大的借鉴和指导价值。

关键词：国土空间规划；新加坡；宜居度框架

---

[*] 李韶鉴，高级经济师，历史学硕士，现任河北省保定市旅游协会会长、保定文发集团经济顾问、保定学院旅游规划和村镇规划教师。曾历任河北省保定市政府副秘书长、贵州省黔西南州旅游局长、兴义市委副书记、铜仁市旅游局长、重庆市石柱县黄水管委会常务副主任、四川省九寨沟县政府副县长、九寨沟管理局党委委员和卧龙大熊猫旅游公司党委书记。主要学术业绩：2007~2009年"九寨沟景区标准化管理体系（2009）"课题主持人；2007年出版专著《可持续发展与多元社会和谐：新加坡经验》，四川大学出版社，本书为新加坡国立大学市长班推荐书目。

一 中国和新加坡城市规划体系比较

（一）中国国土空间规划体系

国土空间规划是对一定区域国土空间开发保护在空间和时间上做出的安排，包括总体规划、详细规划和相关专项规划。国家、省（区、市）、市县编制国土空间总体规划，各地结合实际编制乡镇国土空间规划。国土空间规划总体上是三个层次：

一是全国国土空间规划，是对全国国土空间做出的全局安排，是全国国土空间保护、开发、利用、修复的政策和总纲，侧重战略性；

二是省级国土空间规划，是对全国国土空间规划的落实，指导市县国土空间规划编制，侧重协调性；

三是市县和乡镇国土空间规划，是本级政府对上级国土空间规划要求的细化落实，是对本行政区域开发保护做出的具体安排，侧重实施性。

此外，市县及以下编制详细规划。详细规划是对具体地块用途和开发建设强度等做出的实施性安排，是开展国土空间开发保护活动、实施国土空间用途管制、核发城乡建设项目规划许可、进行各项建设等的法定依据。

（二）新加坡城市规划体系

1. 概念性规划（Concept Plan）

概念性规划体现在形态结构、空间布局和基础设施体系方面，起示意性作用，并不是详细的土地利用区划，不足以指导具体的开发活动，不是法定规划。

1967~1971年，新加坡编制了第一个概念规划，被称为环状发展方案（Ring Plan），定位新加坡为国际性的经济、金融、商业和旅游中心；沿着快速交通走廊（大容量快速交通体系和高速公路），形成兼有居住和轻型工业的新镇（new towns），市中心的人口和产业将疏散到这些新镇；一般工业集中在西部的裕廊工业区；国际机场位于本岛的东端。基本上造就了新加坡现今的格局。

1991年新加坡重新编制概念性规划，确立2000年、2010年甚至X年发展目标，人口达400万。全岛共建4个中心区，在交通节点和地区中心周围发展由科学园区（science parks）和商务园区（Business Parks）构成的高科技走廊（high-technology corridors），提升居住环境品质，提供更多的低层和多层住宅，并将更多的绿地和水体融入城市空间体系。与现在看到的景象基本一致。

2001年重新编制了概念性规划，规划人口550万，定位为具有三个特色的世界级城市：动态、与众不同、令人愉悦。2006年修编了概念性规划，人口指标提升到650万。

2. 总体规划（Master Plan）

总体规划规定土地使用的管制措施，包括用途区划和开发强度，以及基础设施和其他公共建设的预留用地。

2008年的总体规划主要体现了以下四个基本原则：

（1）让新加坡的住房选择更加多样化和多区域化；

（2）加强新加坡的商务吸引力，在中央港湾区打造金融中心，提供更多的商业机会；

（3）打造不夜城，开展全天候24小时的休闲娱乐活动，提供多样化的活动场所；

（4）使新加坡成为一个值得珍惜的具备安全保障又让人有认同感的家园。

3. 开发指导规划（Development Guide Plan DGP）

DGP主要出现在20世纪80年代之后，编制、修改、审批程序与总体规划相同，大部分由URA全面协调，少量地区可以由规划事务所编制，再上呈URA审批。DGP将新加坡划为5个规划区域（DGP Regions），再细分为55个规划分区（Planning Areas）。到1997年底才完成了每个分区的开发指导规划，取代了1985年总体规划的相应部分。分区的DGP类似详规，以土地使用和交通规划为核心，根据概念规划的原则和政策，针对分区的特定发展条件，制定用途区划、交通组织、环境改善、步行和开敞空间体系、历史保护和旧区改造等方面的开发指导细则。DGP的应用主要是为了涵盖总体规划和其他非法定的地区规划的所有内容，便于灵活地进行修编调整。

在DGP的基础上，URA进行土地销售与开发控制。开发控制的内容包括：开发类型定义、授权豁免规划审批、颁发规划许可、征收开发费、强制征地（建国65年后，为了发展，新加坡一度把80%的国土强征为国有，然后再慢慢开发）、公众参与上诉。新加坡的规划职能（包括发展规划和开发控制）归属中央政府，地区政府和镇议会（Town Council）不具备规划职能。

二 新加坡城市规划"宜居度框架"

基于地域空间规模和人口聚集程度，新加坡人口规模大体与中国地级市人口规模相当，国土面积仅与中国县域面积相当。新加坡城市规划"宜居度框架"对中国的借鉴意义主要体现在第三个层面，即市县级及以下行政区域的国土空间规划。

新加坡作为闻名世界的"花园城市"，依托其自然条件和资源禀赋打造了宜居并实现可持续发展的典范城市。其从"高质量的生活""有竞争力的经济""可持续发展的环境"三个目标维度定义了"城市宜居成果"。

为了实现"城市宜居成果"，新加坡在推进城市化中建立了两大支撑系统：一是完善综合总体规划与发展的制度（Intergrated Master Planning），二是拥有动态城市治理（Dynamic Urban Governance）措施，在此两个主题之下又各有5项具体原则。这套基于成功经验的理论总结与"城市宜居成果"，共同构成了"宜居度框架"（见图1）。

"宜居度框架"围绕"高质量的生活""有竞争力的经济""可持续发展的环境"三个目标维度定义了"城市宜居成果"，并设定了"综合总体规划与发展"和"动态城市治理"两大支撑系统。

支撑系统一：综合总体规划与发展。

一是立足长远的战略眼光；二是有成效的辩论；三是规划要内置灵活性；四是规划需要得到有效执行；五是具有系统创新能力。

支撑系统二：动态城市治理。

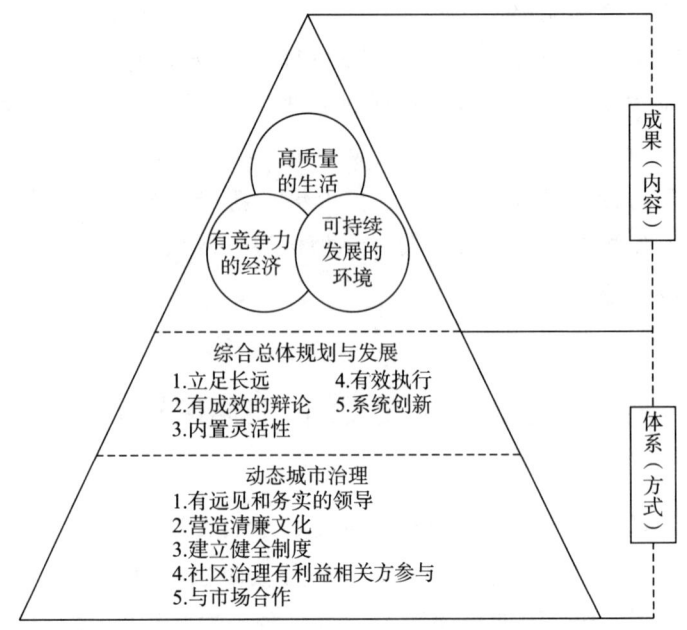

图1 新加坡城市规划"宜居度框架"图示

一是有远见和务实的领导;二是营造清廉文化;三是建立健全制度;四是社区治理有利益相关方参与;五是与市场合作。

三 对问题的梳理和建议措施

借鉴新加坡城市规划建设经验,对照"宜居度框架",对中国以往城乡规划和土地规划与管理中常见的问题做一梳理,并对下一步新的国土空间规划编制提出相应建议措施和解决办法。

(一)关于发展目标

城市规划中对发展目标的追求,中国和新加坡是相近的。"宜居度框架"中,"高质量的生活""有竞争力的经济""可持续发展的环境"三个目标维度共同组成"城市宜居成果",与中国很多城市建设提出的生产、生活、生态也称为"三生"的发展目标内涵相近。

中国一些城乡规划中产业定位不客观,盲目追求高、精、尖,盲目追求人口聚集和产业规模,不切实际地扩大经济辐射区域,以致出现县级城市普遍建立高新技术产业园,市级城市普遍上马生物医药、节能材料、电子信息等技术密集型产业,全国报批的城市规划人口容量累计超过40亿。这样的城乡规划其产业定位脱离实际,不可能形成有竞争力的产业布局和有竞争力的经济结构。

必须实事求是地研究当地资源禀赋,把握所处环境条件,找到比较优势,尊重经济发展规律,科学制定产业政策,合理确定城市和人口规模。在产业富有活力、城乡经济健康发展的基础上注意保护好生态系统,为城乡居民提供宜居环境。

(二) 关于城市规划

城市发展目标的两大支撑系统之一,即城市规划体系,新加坡称为"综合总体规划与发展",规划中主要存在问题如下:

1. 城乡规划缺乏战略远见,片面强调眼前"热门"样板城市,不恰当地盲目跟风

有些城镇功能叠加、布局交叉;有些城市医疗、基础教育等公共服务布局不合理,群众上下班浪费大量时间并造成拥堵;有些城镇被工业区包围、被市场包围的问题突出。功能分区不明晰,存在一定的交叉混乱现象。

必须吸取教训,立足长远、科学制定规划并严格执行,通过社会意见征集机制,广泛吸收合理意见,形成科学决策。尤其防止片面跟风、一味迎合时尚的规划编制,实实在在地根据社会发展水平和人民群众需要编制规划,在实事求是原则下城乡发展理念适当超前,在保持思路初心前提下局部微调,在忠实于基本框架前提下保持城市设计创造性。

2. 城镇建设中缺乏统筹规划和系统设计

伴随着城镇建设规模的快速膨胀,实际规划中缺乏系统城市设计,出现"三边工程"(边施工、边设计、边办手续),重建设、轻规划等急功近利情况普遍存在。

针对以上情况,今后在城市建设中,一要把城市设计贯穿城市规划建设始终,让规划可执行。大到城市发展方向、城市道路、桥梁、建筑物,小到路灯、垃圾箱、候车厅、雕塑、门店牌匾等都要精心设计与施工。

二要细化城市形象设计，做好文化创意。根据城市品牌形象定位，设计城市特色标志符号，对城市进行全方位的形象包装，通过雕塑、指示标牌、广告牌匾等对外展示，形成辨识度强的城市符号。

三要高度重视轴线和廊道的规划建设，把美学元素引入所有视觉感知空间，体现以人为本。通过轴线和廊道，把城市空间布局组成一个有秩序的整体。要通过规范不同区域的建、构筑物高度来控制城市天际线。在道路主轴上，合理规划高层建筑，营造高低错落、山水相间、疏密有致的城市轮廓。

3. 出现"千城一面"现象，特色不够突出

目前很大的共性问题是城市规划定位雷同，对当地的历史文化底蕴挖掘不够，体现不出地方特点，"千城一面"的问题较为普遍。如通行的"山水园林城市""生态旅游城镇"等，在建设上不仅风貌相近，建成之后反复改建也造成不必要的浪费。

避免出现上述问题，一是深入挖掘当地文化，要把握与控制好主旋律。把城市的内涵挖掘出来、展示出来。功能区域空间适当跳跃布局，增强城市建筑的韵律感和层次感。建筑物及环境要体现地方特色。

二是重视重要窗口和节点的规划建设，要具有创新性。重视城市广场建设，既要有现代气息，又要体现文化内涵。扮亮重要节点和窗口。主干道、交通节点、广场周边和旅游景点，要重视建筑与环境的打造，尽可能多建园林绿地。用当地文化点缀城市空间。

三是充分利用山、水、林、湿地等自然要素，做到"显山、露水、见树、透绿"，巧借天造地设的地形地貌和植被类型设计展示独有的城市风貌特征，营造"山在城中、水穿城过、城在绿中"的城市美景。

（三）关于城市管理

城市发展目标的两大支撑系统，其二就是城市管理工作，新加坡称为"动态城市治理"。本文对这方面存在的问题进行分析并提出相应的对策。

1. 一些地方政府规划意识不强，缺乏前瞻性和宏观整体的大局观

在城市规划中把规划调整与政府任期和个人业绩挂钩，规划执行具有随意性。同时存在《城乡规划法》执行不够到位的问题，社会层面缺乏有效监督，一旦涉及违法建设拆除，行政部门担心强制拆除执法工作引起群众不满，实现依法行政有顾虑。

城市管理中上级政府应该明确支持当地城市政府的依法治理，不能简单把城市短期发展与业绩考核挂钩，领导人升迁组织部门要在政务公开透明前提下更多授权当地社会评价，规划执行要更多引入人民代表的满意度测评；不能以维稳等理由放松法律尺度，纵容违法建设，应确保城市建设顺利实施和健康发展；从立法角度要增强其可操作性，避免出现过高执法成本并应简化执法程序。

2. 城乡建设过程中片面重视城市表面形象，忽略整体设计

实施顺序上忽略地下管网、污水处理等基础配套设施，片面强调经营城市建设住房，抬高地价，忽视广场、公园、步道等城市公共服务配套，对城乡居民生活的便利性考虑不足，城乡环境品质难以保证。

必须按照"先地下、再地上"以人为本的原则确定实施顺序，不能建成之后慢慢完善；坚决避免上马华而不实、贪大求洋、以怪为美的"形象工程"，减少劳民伤财的无谓投入。

3. 尽可能加大公众参与力度，推进科学民主决策

一是重大规划建设项目实施前要广泛听取人大代表、政协委员和社会各界人士的意见，并通过媒体让广大市民参与其中，实现专家评审、群众评议、领导决策的有机统一，以确保科学、民主决策。

二是公众参与规划决策。规划决策是为了形成科学的行动方案，完善规划委员会和专家委员会专业人员组成，发挥规划委员会的领导、决策和协调职能；实行例会制，认真研究和决定城乡建设发展的重大方针和战略；规划委员会引入公众代表参与制度，参与规划决策，代表公众对规划提出意见建议。

三是进一步完善规划及建设项目审批前、审批后公示。使规划及建设公开、透明，让各方利益更好地接受社会监督。进一步建立完善规划变更提议人公示制度，并将规划变更提议人与相关规划变更审批文件一并存档，防止由利益驱动、长官意志等造成随意变更规划现象的发生。

4. 市场化杠杆要合理使用，既要利用民间资金投入加快城市发展，也要避免被民间资金的趋利性所绑架

推进城市建设方式要全面科学统筹，不能被开发商主导，政府不能被企业牵着鼻子走。一些城市在开发进度和节奏上，企业片面强调其开发区域的重要性，牺牲城市发展整体服务功能。在市场化杠杆的使用上要有效收集社会各界意见，着眼城市长远发展、全面发展、整体效益，避免局限于城市片区局部意识，争取整体效益最大化，政府决策过程不能被企业利益所捆绑。

参考文献

［1］《宜居及可持续发展的城市：新加坡》，新加坡宜居城市中心、中国城市科学研究会智慧城市联合实验室，中国建筑工业出版社，2018。

［2］《城市发展的挑战与改革：中国与新加坡的治理经验》，中国国务院发展研究中心与新加坡国家发展部（宜居城市中心）联合课题组，中国发展出版社，2017。

［3］王才强：《新加坡城市规划50年》，中国建筑工业出版社，2018。

第四篇
文化与认同

福建土楼及马六甲海峡历史城区成功申遗对新加坡的启示

● 〔新加坡〕张克润[*]

内容提要：2019年是新加坡开埠200周年，新加坡总理李显龙选择1月28日这个200年前莱佛士爵士登陆圣约翰岛的日子作为纪念活动揭幕日，开启了独立54年国庆暨第13届国会大选活动的序幕。2015年7月，新加坡植物园申遗成功；8月9日，新加坡举行独立50周年纪念活动；8月25日，"后李光耀时代"的首次大选结果是，人民行动党以69.9%的总高得票率获压倒性胜利，一扫2011年大选得票率仅60.1%的阴霾。

2019年，伴随着新加坡小贩文化申遗成功，人民行动党赢得下届大选也没有悬念。这印证了美国学者迈克尔波特所言："基于文化的优势是最根本的、最难以替代和模仿的、最持久的和最核心的竞争优势。所以我们认为当城市资源逐渐枯竭时，文化才是城市最大的不动产。"

为此，我们期待新加坡新旧领导把握"新加坡历史城区中心"申遗这个"文化城市"未来发展的重大机遇。

关键词：新加坡历史城区中心；城市遗产；申遗；世界文化遗产

---

[*] 张克润（字泽润，号恪瑞），1973年毕业于新加坡南洋大学（现新加坡南洋理工大学），获壹等荣誉文学士（政府与公共行政学系）。现任南洋大学校友学术会（The Nanyang University Alumni Academic Society, NUAAS）副会长兼新加坡文化遗产小组组长。

引 言

2008年,中国"福建土楼建筑群"与马来西亚"马六甲海峡历史城区马六甲与乔治市"被联合国教科文组织列入《世界遗产名录》;2015年,新加坡植物园获选为新加坡首个也是唯一的世界文化遗产。然而,李光耀先生却不幸在同年3月23日病逝,没来得及目睹花园城市申遗成功。

远在千里之外的大埔县高陂镇党溪乡唐溪村的李氏宗亲,依照客家传统风俗在"李光耀祖居中翰第"设立灵堂及匾额来悼念这"唐溪骄子世界伟人";紧接着大埔李氏宗亲联谊会及大埔县领导在李先生举行国葬的3月29日这天,在"中翰第"举行传统客家人送别逝者的仪式。同年10月10日,大埔县政府将唐溪辟为"李光耀祖居旅游景区"。

客家先民因躲避王权更替、农民起义或少数民族入主中原引发的战乱而5次大规模举家南迁闽粤赣等省份及海外。始于西晋直至清末的5次波澜壮阔和旷日持久的迁徙,建造了上万座造型独特、规模宏大、结构奇巧并获世界文化遗产殊荣的福建土楼。清末由客家人主导的太平天国运动(1851~1956)和孙中山早期领导各次武装起义失败后,相当数量的闽粤破产农民和城市贫民逃亡流落海外,他们或乘帆船,或被招雇、拐骗为"契约华工"(契约奴工俗称苦力)到南洋及世界各地从事苦役。

其实,满族入关建立清朝前后,就不断有粤闽移民到南洋从事贸易并居留。漳州郑芳扬1672年在马六甲建立青云亭,1779年廖内王朝丹绒槟榔潮州人建立天后圣庙,1799年客家五属在槟城建立海珠屿大伯公庙,1800年粤闽侨民在槟城建立广福宫,1821年广客七属(广惠肇三府、嘉应州及丰永大三县)侨民在新加坡建立海唇福德祠。这都说明新马的闽粤华侨华人社会初步形成于明末清初,定型于18世纪末及19世纪初。

根据敦本堂《李氏族谱》记载,李沐文(1846生)是龙岩市上杭县稔田镇李氏入闽始祖李火德第25代世孙;李氏家族从龙岩分几路迁徙到唐溪及李屋村。"中翰第"是李光耀曾祖父16岁（1862年）到星洲谋生返回家乡所建，属"下山虎"式砖木结构建筑。它见证了鸦片战争后解除海禁，汉族客福移民漂洋渡海到南洋的迁徙过程。李光耀的祖父李云龙（1871年生于新加坡为第26代世孙）属于迁徙南洋第二代，父亲李进坤（1903年生于三宝垄为第27代世孙）为第三代，李光耀（1923生于新加坡为第28代世孙）为第四代，李显龙（1952年生于新加坡为第29代世孙）为第五代。李光耀、李显龙父子一前一后成为新加坡共和国的开国总理及第三代总理。

客家在艰难的生存环境及迁徙中形成的剽悍的民风与性格，对新加坡建国之际形成的一股独有的为生存所表现出来的剽悍民风与性格有重要作用。另外，李光耀与客家人特别重视教育传承一样，对于双语教育非常执着。

狮城古城历史沿革及位置范围

土楼建筑产生于11世纪宋代，经14~17世纪明代逐渐普遍，17世纪中叶清初进入成熟期。马槟古城随着闽粤移民到新马谋生受到传统建筑元素与风格的影响。

莱佛士爵士代表东印度公司由乔治市（英国1786年占领槟城）乘巡洋舰于1819年1月29日登陆狮城，并与天猛公另立廖内苏丹王朝长兄东姑胡先为柔佛苏丹签订设立贸易站。在1824年克福德签订扩大自由港条约之前，莱佛士1822年重返狮城时指示工程师杰克逊中尉绘制"新加坡市区规划"（Plan of the Town of Singapore 1828 又称莱佛士市区规划）。1828年出版的规划图体现了英国1824年与荷兰协议换得马六甲及1826年成立海峡殖民地三府之后，建设和管治狮城港（Port of Singapore）的远见及野心。

近年新加坡河河口北岸的考古发现及最古老近陆地图（1819~1920）的出版，证明传承自柔廖王朝的狮城（Singapura）具有700年历史沿革。近陆地图不仅是莱佛士爵士构思《新加坡城区规划》将天猛公官邸/居民区迁徙规划为核心行政中心位置的基础，而且学者指出它是参照乔治市城区经验把不同族群分隔在不同城区的土地利用和管治。近陆图进一步提供了原狮城核心中轴线的沿革，母亲河北岸（白色莱佛士雕像登陆点）有天猛公官邸/商港/居民区，东海岸（美芝路）有苏丹官邸及直落亚逸有苏丹渔村的存在。

莱佛士爵士将原有数千名居民住在湿米河（Sungei Bras Basah）及旧城堡墙以西的天猛公官邸/居民区核心区改为行政/欧洲人区，然后把南部海岸线五平方公里古城区西边划为华人/朱烈人区，东边划为马来/阿拉伯/武吉士人区的三段不同族群的管治范围；同时把通往禁山的淡马锡皇宫遗址改为炮台堡（福康宁：Fort Canning 实是炮台堡的意思）。

新加坡经过建国前3次及建国后3次共6次向南移山填海工程，扩大了城区范围，原狮港城区没有受到的高速城市化发展及城区重建的破坏，反而由于市区重建局（URA）在1986~1989年将唐城/驳船码头历史区、文化行政区及甘榜格南区历史区/美芝路定居区，使到"莱爵城区规划"三段历史城区约5平方公里的范围受到保护；加上国家古迹保存局（现称古迹遗址保存司）从1971年到2015年陆续鉴定保存三段历史城区共23个望海国家古迹[①]，再加上海唇福德祠、文纳/安德生桥、哥烈码头、新加坡板球俱乐部、人民卫国军营、海南会馆天后宫，狮城古城三段滨海城区共存续29个实体遗存。

这使得三段滨海核心中轴城市遗存的年代沿革、位置范围、实体遗存及文化价值恢复到原点及清晰起来。只要继续加大系统人文环境科学的研究，新加坡独特商港生态文化及独有多元宗教文化特色将重新获得生机。

初期港口开发的移民多来自马槟古城及廖内，后期大批华工陆续到

---

① 三段城区23个国家古迹所属历史地段及鉴定保存年代依次为：1. 直落亚逸老巴刹（A：1973）、2. 圣安得烈大教堂（B：1973）、3. 天福宫（A：1973）、4. 哈惹花帝玛回教堂（C：1973）、5. 纳哥圣殿（A：1974）、6. 阿尔阿布拉回教堂（A：1974）、7. 苏丹回教堂（C：1975）、8. 莱佛士酒店（C：1987）、9. 卫理公会直落亚逸礼拜堂（A：1989）、10. 赞美广场（B：1990）、11. 旧国会大厦（B：1992）、12. 高等法院（B：1992）、13. 市政大厦（B：1992）、14. 维多利亚剧院与音乐厅（B：1992）、15. 皇后坊（B：1992）、16. 旧总检察（B：1992）、17. 粤海清庙（A：1996）、18. 应和会馆（A：1998）、19. 庆德会（A：2009）、20. 康乐通道公园（B含林谋盛纪念碑、陈金钟喷泉及战亡纪念碑：2010）、21. 日治时期蒙难人民纪念碑（B：2013）、22. 浮尔顿大厦（A：2015）、23. 苏丹皇宫（C：2015），后两者是在建国50周年纪念时被列为国家古迹。

新马从事建筑、贸易、甘密业、橡胶业、棕榈业和采矿业。19世纪中叶，李沐文依契约到新谋生是历史事实。选择留在狮岛的侨民，其身份随着自治独立就实现由"过客"到"建国"身份的转化。

狮城港核心中轴古迹与店屋建筑群的实体遗存

槟城古城街道KING ST（俗称大伯公街建有大伯公街行宫）及PITT ST（和谐街俗称椰脚街）等成片的店屋建筑群，无疑具有南洋老街屋（或称南洋店屋）之风味。有学者定义店屋建筑是具有"英华本土建筑"（Anglo-Chinese Vernacular Architecture）特色——其"五脚基"店屋设计具备避风雨的行人道骑楼及用砖及瓦屋顶的建筑结构，已成为莱爵城区店屋建筑设计的规定。

城区经过200年的演进及市区重建的发展，原古海岸线虽然已荡然无存，但深入研究原滨海建筑群，就会发现由直落亚逸街到美芝路的滨海区是经历帆船到轮船时代。29个望海实体遗存形成的狮城核心中轴遗存证实它们是已消失帆船时代的传统商港、行政及店屋生活区的历史遗址及海上丝绸之路重要节点。

市建局按《莱爵城区规划》界定1个文化行政区、3个历史地区及美芝路定居点，保护建筑物从1986年的3200座增加到2011年的7100座（含丹绒巴葛及小印度建筑群）。如果参照中国文物局从3000座土楼精选11座土楼群（共46个土楼）成功申遗办法，新加坡当局从5块片区7000多座保护建筑精选3段历史地段29个望海古迹作为核心中轴古迹（Core Heritage Axis），界定为"新加坡历史城区中心"（简称新中心），或许能申遗成功。

"不可逆转易于损坏"的3段历史遗址得到保护，保存了东西方建筑物在海陆公共行政、交通及商业服务与结合多元族群宗教文化在城区聚居生活景观保存了19~20世纪自开埠以来的建筑、街道、广场、店屋及构建物，展示了先民帆船时代在海岸汲水居住、祈祷及和谐群居过渡到轮船时代的特殊景观范例。

新中心的文化价值与申遗的可行性

马槟古城区是以符合第Ⅱ、Ⅲ及Ⅳ三项世界文化遗产准则成功申遗的。作者11年前在《联合早报》倡议望海古迹可以界定为新中心并指出与马槟古城一样符合三项申遗准则。而且，和乔治市和谐街一样，新加坡长达5公里的古海岸线存有12个望海宗教圣殿和平共处，符合申遗的第Ⅵ项准则，即"突出代表人类和睦相处及宗教和谐容忍等世界大同的普遍意义"，可与澳门历史中心相媲美，堪称世界宗教民族融合的突出典范。

《莱爵城区规划》原海岸线东西长5公里及往内1公里延伸范围的3段旧城区，经过200年演进发展形成狮港历史城区。市建局《中央保护区》正是历史城区组成范围。3段城区遗址核心中轴古迹的29个国家古迹及保护建筑物的内外延伸，可成为申遗必备的缓冲保护区（Buffer Zone）。

截至2015年《莱爵城区规划》内50个国家古迹占全国69个国家古迹74%的份额；加上古海岸线宗教古迹遗存有12个（含琼州天后宫）及缓冲区16个共28个宗教遗存，展现的多元宗教信仰的和睦相处及和谐容忍足以让新中心申遗成功。

缓冲区内因不少建筑物已消失，故不适合申遗。但核心中轴古迹及店屋/行政建筑群却保存得相当完整，见证了已消失帆船时代到轮船时代的特殊历史文化景观和范例，涵盖代表了城区杰出、唯一的遗存及200年从"过客"到"建国"对本土物质文化遗产及非物质文化遗产的寻思、挖掘、鉴定、保存、保护及整理。

2018年2月22日，新加坡正式成为联合国《保护非物质文化遗产公约》缔约国，核心古迹中轴的活态文化遗产（含语言、文学、音乐、舞蹈、游戏、神话、礼仪及手工艺）应该特别获得文物局的全方位的支持与挖掘，从而加强完善"新加坡历史城区中心"的有形与无形文化遗产深层多元文化的普世价值。

滨海新城源自利用南部五河古海岸线旧城区基础上的创造性延伸发

展，源头活水是新中心及地理风水的自然生成与创造性利用。长达10多年的新加坡河、史丹福河、梧槽河、加冷河及芽笼河流域的改造，创造出滨海湾蓄水池、公园、游轮中心/码头及新海岸地标。如果新中心沿着申遗第V项准则："作为传统人类居住地或土地利用、或海洋利用的杰出范例、代表一种或几种文化或人类与环境的融汇，尤其在不可逆转变化影响下的易于损坏"，把新加坡新旧城区有机地融汇搭配历史上6次向南扩大土地及海洋的利用，尤其是建国后天翻地覆的填海造地工程，此创造性的新地标与新中心的融汇发展可归纳为"作为传统滨海人类居住地或土地及海洋利用的杰出模范"，从而超越植物园以两项准则、马槟古城以三项准则及澳门历史中心以四项准则入选世遗名录。

后　记

在全国热烈开展开埠200周年纪念活动之际，希望全国上下特别是当局、集团法人与学术文化界能借鉴澳门历史中心、客福土楼、马六甲与乔治市古城及鼓浪屿与国际历史社区等成功申遗的经验，马上成立国家委员会为3段城区遗址的核心中轴古迹作出科学的辨识与界定；接着可参照北京市为中轴线申遗编写的《保护规划》、《综合整治规划纲要》、《综合整治规划实施计划》及《风貌设计管理导则》等，积极落实申遗工作准备。这必能通过举国共同的努力，由国民有识之士撰写提呈申遗"临时名单"及两年后确定以最少四项申遗准则提呈"提名档案"，启动世遗的申办程序。

这些举措必将大力促进新旧城区的融汇发展，推进城市文化与竞争力的强劲升级。独特多元岛国文化优势将得到彰显并大放异彩，并强劲带动千年商港的经济社会旅游业的发展。

媒体在城市品牌建构与传播中的作用

——基于《联合早报》与新加坡的案例

● 杨晓青　杜哲浩[*]

内容提要：媒体在城市品牌的塑造中发挥着重要的作用。新加坡《联合早报》作为蜚声世界的有着重要影响力的华文媒体，在新加坡城市品牌构建以及这个城市国家的品牌传播过程中扮演着积极的角色。其在华人世界已经树立起崇高的信誉，承载着新加坡公共外交架构中传媒外交的作用，不仅有力地促进了新加坡形象的塑造，讲好了新加坡故事，同时还依托其与中国的天然联系积极促进了中新两个国家的民间交流，促进了中新两国在多个层面和领域关系的良性发展。

关键词：媒体；城市品牌；公共外交；联合早报；新加坡

城市在持续发展中塑造了凝聚历史人文、自然地理、经济社会等多个领域的文化内核和精神气质，形成了呈现城市形象的城市符号，这就是城市的品牌。可以说，城市品牌就是"城市特色的集中体现，是城市形象的精彩缩影，是城市综合竞争实力和影响力的重要标志。"[①] 城市品牌是城市形象构建中最具特色的元素，也是城市发展增值的重要推动力量。对本市的市民而言，可以借助城市品牌建设形成对这座城市的美好记忆和联想，提升对城市的认同感；对城市自身而言，则有助于通过品

---

[*] 杨晓青，毕业于南洋理工大学，山东政法学院传媒学院讲师，山东政法学院新加坡研究中心研究员，主要研究方向：新加坡历史与文化、公共外交与国际传播。杜哲浩，山东政法学院新加坡研究中心青年研究员，主要研究方向：民族主义、东亚政治。

[①] 何春晖：《城市品牌时尚传播解构——以杭州十大趋势、十大现象发布为例》，《品牌研究》2016年第6期。

牌的美誉度和影响力来吸引更多的投资和游客，为城市发展贡献积极的力量。

当前全球化进程日益加速，世界性的人口与信息流动已经势不可当，国家之间的界限也随着跨国互动的频繁而日益模糊，"在全球资源重组的历史进程中，城市的地位和角色日益凸显"。[①] 可以说，城市正在成为全球化网络中最为活跃的行为体之一，正在逐渐成为全球治理和社会变革进程中的重要参与者和推动者，优质的城市品牌形象已经成为城市核心竞争力的重要内容。城市品牌的建构与传播很大程度上要借助多元化的手段和路径，其中媒体传播是其中最具影响力的方式之一。

以新加坡为例，"虽然它有着有限的幅员、多元的族群和复杂的地缘环境，但是却以出色的治理能力赢得了与其先天条件不相称的巨大国际影响力"。[②] 这个城市国家的城市品牌建构与传播已经成为当今世界城市发展的传奇。但是不论是新加坡城市品牌的建构还是传播都离不开新加坡媒体在其中发挥的积极作用，作为除了中国之外世界上华人最集中的区域，其华文报纸《联合早报》成为在华人世界塑造新加坡形象和品牌的重要载体。最终，新加坡凭借其出色的品牌形象，赢得了世界的目光，获得了华人世界的认可，成为全球资源汇聚的重要枢纽型城市。

一 媒体传播与城市品牌建构

媒体强大的传播力和渗透力令其在助力城市品牌的塑造与传播方面，有着得天独厚的优势。卷入国际事务程度的加深使诸多媒体被视作"国际政治的掮客"，并通过媒体外交这种新形式呈现出来。而外国公众对于他国城市品牌的认知往往来自大众传媒的影响，比如一国城市的经济发展水平、城市风貌、自然地理、历史文化、市民素质等，都会借助媒体的传播而得以强化，进而帮助他国公众建构起对该城市的立体认知。所以，从某种程度上而言他国公众对一国城市形象和品牌的认知已经成

[①] 赵可金：《非传统外交导论》，北京：北京大学出版社，2015，第171页。
[②] 范磊：《新加坡族群和谐机制：实现多元族群社会的"善治"》，长沙：湖南人民出版社，2016，第12页。

为信息流的终点，也是一个城市品牌效应和对外传播的最后作用点。在这个层面上，城市品牌建构与传播在与媒体的有效对接中得以实现。

城市品牌建构是城市发展和城市外交的重要组成部分，也是城市赢得世界目光的重要变量。城市品牌的提升是一座城市自身软实力建设的重要内容，也是全球化时代城市参与全球治理提升其国际竞争力的重要推动力量。尤其是在当前新媒体时代，城市品牌的建构与传播更是成为城市拓展其国际影响力的重要组成部分。具体而言，城市品牌的意义就在于让受众能够通过品牌形象认同并选择一座城市。以媒体来强化城市形象传播，无疑是城市品牌建构与传播以构建城市软实力的最为有效的途径。很多城市都是借助各类传统的和新兴的媒体进行系统的城市品牌建构与传播。

尤其是近年来微博、微信、抖音、新闻客户端等新的媒体平台的几何级数增长，为城市品牌的塑造和传播提供了更为快速和多元化的渠道。现在有不少的城市正是借助相关的媒介将城市品牌的符号推送到受众的指尖。现在国内出现了城市宣传的"抖音"现象就是一个鲜明的案例。很多的城市正是借助抖音瞬间成为网红城市，不仅吸引了大量的客源，更为关键的是通过这种方式全方位地挖掘了本城市的文化和情怀，很多本来不为人知的文化符号得以放大，得到了公众的认可，从而重塑和强化了城市的品牌形象。

正是大众传媒的发展和信息革命的推动，为当今世界各国之间的文化交流与信息沟通提供了宽广的平台，甚至"足不出户"就可以感知天下。这种跨国的互学互鉴以及不同文明之间的互动沟通为塑造或者重塑一国在他国公众心目中的形象提供了更为便捷的可能，有助于纠正此前可能存在的错误认知，践行"国之交在于民相亲"的理念，通过现代化的公共外交路径建构更加积极良性的城市品牌。

近年来中国越来越重视公共外交在提升自身城市品牌方面的作用，强调讲好中国故事以及传播好中国声音等耳熟能详的外交理念就是强调依托公共外交的路径来推动外国公众对中国的认知和了解。不论是讲述中国故事还是传播中国声音，媒体在其中扮演着非常积极的角色。今后要继续借助媒体的传播能力，推广和传播城市品牌，实现中国与目的国民众之间的双向互动，积极"鼓励民间举办各个层次的媒体交流，加强双方媒体经营、知识分子就不同议题进行互动讨论,淡化误解、缩小分歧"。[1]

二 新加坡城市品牌的建构

城市形象的塑造就是打造城市品牌的过程。这一目标的实现并不是一朝一夕就可以做到的,也不是理所当然的,而是需要漫长的形象建构和品牌塑造。在品牌塑造过程中,往往会借助大众传媒、社交新媒体以及其他多方渠道等平台,同时还会依托外交行为,尤其是公共外交/城市外交实践,拓展对他国以及他国社会公众的影响力,赢得对象国国家公众的好感和认可。很简单的一个道理,每年休假的时候出国度假你首先会想到哪个国家和哪个城市?如果给你一个机会移民,你首先又会想到哪个国家和哪个城市?在每个人心中闪现出答案的那个国家和城市就是品牌建设的最佳验证。而之所以如此,是因为这个国家在他国公众的视野所及和心灵碰触之处与目标群体产生了共鸣。

自 1965 年独立建国以来,新加坡励精图治,其生活质量指数位居全球前列,在亚洲国家中表现抢眼。2010 年的某项国家品牌调查中,新加坡居全球前十五位[2]。而在 2017 年的由品牌财经(Brand Finance)公司所发布的国家品牌排名中,新加坡以 92.9 分在"十佳最强国家品牌"(Top 10 Strongest Nation Brands)中位居榜首,是唯一得分超过 90 分的国家或地区[3]。政府设立了专门的职能部门负责打造城市品牌,输出科技、创意和价值,保证国家发展永远被最有智慧的人才推动,同时坚持低福利,但是高收入和高购买力又推动了全民富裕社会的实现;法治严苛也造就了亚洲最安全和最廉政的国家;而花园城市的美誉赢得了世界的目光,发达的社会闪耀着不夜城的传奇。

---

[1] 韩方明:《以公共外交手段推动中国与东南亚国家的睦邻友好》,载《中国与东南亚国家的公共外交》,新华出版社,2012,第 2 页。
[2] 许木松:《国家营销:新加坡国家品牌之道》,赵鲲译,浙江人民出版社,2012,第 Ⅸ 页。
[3] Brands Finance, "Top 10 Strongest Nation Brands", in Nation Brands 2017, accessed on December 17, http://brandfinance.com/images/upload/bf_nation_brands_2017.pdf.

新加坡城市品牌的建构涉及多个领域，涵盖了纵横交错和大小融合的不同层面和多个领域，从而让新加坡城市品牌的建构与传播呈现更加多元化的特点与选项。

首先，通过打造标志性的国家符号，让新加坡的国家形象从抽象走向具体，也让这座城市的品牌形象得以固化。鱼尾狮的形象代表了新加坡的文化特点，也成为这个城市国家的重要象征；新航所打造的"新加坡女孩"（The Singapore Girl）品牌通过精心设计的娘惹风蜡染服饰和贴心周到的服务为新加坡赢得了世界的赞许；肉骨茶、海南鸡饭、咖喱、椰浆饭以及娘惹菜等带有典型移民社会风格的美食成为吸引世界各地游客味蕾的载体，甚至海南鸡饭被称作新加坡的"国饭"。而在不同的时期，新加坡政府根据所处的时代背景、经济发展阶段以及社会发展要求提出了不同的旅游营销口号，以此来助力新加坡旅游业的发展，打造新加坡的国家品牌和形象（见表1）。

表1　新加坡旅游的营销口号

时间区间	营销口号	口号内涵
1964~1973年	亚洲万象（Instant Asia）	多元亚洲文化元素，吸引西方游客
1984~1995年	无限惊喜新加坡（Surprising Singapore）	高楼、绿树、花园城市；现代化与亚洲魅力文化并存
1996~2003年	新加坡，新亚洲（New Asia Singapore）	东西文化熔炉，东南亚旅游中心
2004~2010年	非常新加坡（Uniquely Singapore）	多种族融合，传统与现代融合
2010~2017年	我行由我新加坡（Your Singapore）	独一无二的旅行体验
2017年至今	心想狮城（Passion Made Possible）	热忱和无限可能

资料来源：①夏心愉：《'非常新加坡'——从新加坡旅游宣传文本看国家整体认同的建构》，载《新闻大学》2008年第3期。②《"我行由我新加坡"品牌故事》，新加坡旅游局网站，最后登录日期：2016年12月1日，http://www.yoursingapore.com/content/traveller/zh/browse/aboutsingapore/singapore-brand-story.html。③Singapore Tourism Board and Singapore Economic Development Board launch Passion Made Possible Brand for Singapore, STB, accessed on July 7, 2018, https://www.stb.gov.sg/news-and-publications/lists/newsroom/dispform.aspx? ID=713。

其次，提升国家治理能力，国家虽小却为世界提供了发展与稳定的样板。提起新加坡，世人首先想到的是新加坡这座城市的干净、整洁、高效与安全，而在建国初期以及建国以前，这是一个被温思敏（Albert Winsemius）形容为"一辆破车，而不是劳斯莱斯"的地方，甚至有人将其称作苏伊士运河以东最糟糕的贫民窟。但是，就是在这个缺少自然资源和基础薄弱的弹丸之地，凭借人民行动党政府的励精图治，将新加坡打造成了善治社会的典型代表。其中打造高效文明的投资环境，坚持开放型的经济发展模式，打造全球城市等举措都是化解其国家小这一天然劣势的重要方略。世界上的小国在整个国家数量中占绝大多数，但是能够像新加坡这样取得巨大的发展成就，仅经历一代人就让这个原本属于第三世界的毫无资源禀赋的小岛国迈入了人均国内生产总值居于前列的第一世界国家行列确实为数不多。这无疑对新加坡的城市品牌建构起到了决定性的加分作用。

再次，注重示范效应，让每一位国民都成为国家的名片。李光耀、孙燕姿、林俊杰、马凯硕、梁文福等一个个耳熟能详的名字背后都代表了他的祖国新加坡，而新加坡也因为这些个体名字的闪耀得以持续强化它的国家形象和城市品牌。而随着网络尤其是新媒体的发展，普通的公众借助社交媒体打造自我品牌的行为既让世界认识了个体，同时也通过这样的平台为世界呈现了这个国家的多元历史与文化、和谐的社会以及发达的经济。可以说，在新加坡的城市品牌塑造和传播中，不同的国民都在扮演着积极的角色。笔者在走访社区时与一位街坊的攀谈中，可以深深感受到新加坡人对自己国家的热爱与支持，她说："可能我们每个人做的事情并非惊天动地，但是却不能不做好，世界觉得新加坡好不正是我们这些普通人的努力所赢得的吗？"正如新加坡朋友熟悉的一首歌中所呈现的，即使个人的力量是微小的，甚至不能成就一番轰轰烈烈的大事业，但是通过自身的努力也可以为"斗室带来足够的光芒"。[①]

三 新加坡城市品牌的传播

作为国家发展进程中的重要软实力呈现，城市品牌的塑造与传播就成为不同国家提升自身软实力的重要途径，对于新加坡这个城市国家而

[①] NLB Music SG，"小人物的心声"，NLB，accessed on November 13, 2017, http://eresources.nlb.gov.sg/music/music/track/428d228f-7884-469b-a1c9-c337a9b2bb83。

言更是如此。自1965年建国以来，新加坡就重力打造国家品牌，并且让其深入人心。[①] 城市品牌传播的途径有很多，包括媒体传播、广告传播、国际活动或者大型体育赛事传播、城市或者次国家行为体传播、口碑营销等不同的形式。所有这些形式基本上都属于当前公共外交的范畴，比如中国多次在纽约时代广场投放城市品牌宣传片的行为就属于积极的广告传播，而新加坡也经常通过与海外各类媒体合作的方式投放广告和宣传节目来提升自己的城市品牌，打造国家形象。

在这些途径中，媒体传播的途径显然是最有效的，如今这种方式被称作媒体外交。如前文所述媒体已经从此前游离于外交活动之外的观察者和记录者发展成为积极的参与者和推动者，并以行为主体的身份直接推动着国家的公共外交议程，成为城市品牌的构建与对外传播最具影响力的重要载体。

李光耀曾经指出，大众传媒对社会公众的态度和行为都会产生较大的影响，甚至"能够影响人们的概念与信仰态度和所信奉的政策与纲领的态度"。[②] 所以，为了提升大众传播媒介在构建国家品牌和传播城市品牌中的作用，早在2009年，新加坡就开始推动了媒体融合计划，希望在三个方面来推动新加坡大众传媒的发展，以此提升其在城市品牌建构中的能力和影响力。具体工作主要涵盖了三大领域：一是为传媒产业的发展提供优质的环境，进一步完善法律法规建设；二是通过推动研发来促进新媒体产业链的升级，加大对新媒体业界的投入；三是保持与世界的互动，强化新加坡所生产的内容和服务对国际社会的影响力和吸引力，促进与海外传媒业巨头的合作等。

新媒体时代人们对网络的依赖已经越来越影响到传播方式和传播理念的革新，传统的大众媒体开始积极利用新媒体平台来做好形象传播。甚至可以说，一个成功的网站就是成功传播的一半。在城市品牌的建构与传播中，网站尤其是权威新闻媒体的网站在向受众传播的过程中不仅会将这个国家的历史文化、自然地理、政治经济等传播给受众，甚至会通过网站的整体风格和内容设计将城市品牌实现更为直观和有效的传播。

[①] 参见许木松《国家营销：新加坡国家品牌之道》，赵鲲译，杭州：浙江人民出版社，2012，第11页。

[②] 新加坡联合早报编《李光耀40年政论选》，现代出版社，1996，第538页。

《联合早报》《海峡时报》等权威新闻媒体网站在新加坡的城市品牌传播中就扮演了积极的角色，受众通过这两家网站可以收到关于新加坡政府、社会以及公众等不同领域的具体信息，而其他政府部门网站的发展完善也为浏览者提供了充足的信息保障。

新媒体时代呼唤可以科学管理和有效运用新媒体工具的能力。网站、微博、微信公众号、Facebook、YouTube、Twitter 等多种社交媒体的蓬勃发展，为城市品牌塑造和传播提供了优质平台，比如新加坡总理李显龙早在 2012 年 4 月 20 日就依托 Facebook、Twitter 设立个人账号，在拉近了总理与公众距离的同时也传播了新加坡领导人的正面形象，提升了人气的同时也提升了"国家气质"的内涵[①]，可谓非常接地气。这也是通过指尖就可以碰触世界的时代所带给受众的了解外国社会和官方观点的重要渠道。

近年来，以《联合早报》、新传媒电视 8 频道等新加坡华文媒体为代表的海外传媒机构在新浪微博开设账号，利用这一优质平台与中国公众展开密集互动，而且通过这一互动使中国民间社会原本存在的对新加坡的诸多误解得以澄清和化解，同时利用微博平台将新加坡介绍给使用中文/华语的世界，让世界更加真实地面对新加坡，从不一样的角度了解新加坡。《联合早报》的"狮说新语"微信公众号更是赢得了大批的中国读者，向中国公众传播了新加坡的声音，讲述了新加坡故事。新媒体时代，这些社交媒体的发展通过引导对象国公众关注有利于其城市品牌的话题和信息，大大促进了华文世界尤其是中国大陆社会公众对新加坡社会和政府的态度、观点的良好认知，有力地传播和提升了新加坡在海外华文世界的良好城市品牌。

四 《联合早报》在新加坡城市品牌传播中的作用

曾任《联合早报》总编辑的林任君在接受采访时曾说过，"《联合早

---

① 《看看新加坡总理李显龙都在 Facebook 上发了啥》，新加坡眼，http://www.yan.sg/facebook-shangfalha。

报》是新加坡人办给新加坡人看的报纸，……没想到在无心插柳之下，却在国外开枝散叶，绿树成荫，覆盖面遍及全球读者，尤其是在中国发挥了很大的影响力，缔造了'一报两国'的传奇。"① 肇源于1923年的《联合早报》虽然已经年届九旬，但是依然充满活力，孜孜不倦地讲述着华人世界的传奇故事。李显龙就把早报形容为是新加坡"弥足珍贵的文化资产"。②

"通过《联合早报》，新加坡人了解到处在三千年未有之大变局的中国，中国人也通过《联合早报》更多地知晓了新加坡的政治制度、经济制度和社会管理等。"③ 也正是《联合早报》这一报网融合的优质平台的推动和传播，让越来越多的中国人认识了新加坡，读懂了新加坡。目前，不论是每年大量涌入这个城市国家的中国游客，还是到新加坡来学习培训和取经的越来越多的中国政府官员和企业家，大多受到《联合早报》在对外传播中对新加坡城市品牌塑造的影响。

媒体在承载国际传播职能时的使命就是要尽可能地拓展正面影响，减少负面影响，《联合早报》在践行这一使命时是成功的。可以说，中国的和平崛起为《联合早报》的发展创设了一个历史机遇，赋予了《联合早报》在更广的地区与国际课题上发挥更大影响力的机会和能力，不容否认的是《联合早报》在客观上也起到了传播中国好声音，讲好中国故事的作用。相信，《联合早报》在讲好新加坡故事的同时也会在更加广阔的场域中借助"'两岸四地'特定的观察与报道视角，彰显其独特影响力"④。

"早报没有滥用它的特权。它不是没有妥协，但也不是没有自我节制。它总是有不同的意见，在这种情况下，大家还是觉得它有公信力。"⑤ 可以说，这正是《联合早报》在推动拓展其在中国的影响力以及

---

① 谢燕燕：《联合早报：独特新中故事》，《联合早报》2016年7月31日。
② 洪奕婷：《光辉不朽90年，传之久远是早报》，《联合早报》2013年9月7日。
③ 《韩方明：早报网报道真实中国形象》，联合早报网，2015年7月28日，http://www.zaobao.com/realtime/singapore/story20150728-508125。
④ 周兆呈：《九十求变》，联合早报网，2013年9月8日，http://www.zaobao.com/forum/views/opinion/story20130908-250553/page/0/1。
⑤ 李婕：《"国际友媒"〈联合早报〉的中国道路》，南方周末网，http://www.infzm.com/content/91238，最后登录时间：2017年12月3日。

传播新加坡城市品牌过程中的鲜明价值体现，从而为这家新加坡影响力最大的华文媒体在中国的发展以及由此同步进行的在中国社会建构和传播良好的新加坡城市品牌中提供了良好的时代背景和活动平台。

《联合早报》在语言和文化方面的优势赋予其在沟通中国与海外华文世界之间的重要桥梁作用。海外受众可以通过早报认知中国，中国受众则可以通过早报了解海外华人世界。正是通过这种双向互动，让新加坡公众更加深入地了解了蓬勃发展的中国，也推动了两国关系的良性发展；同时也在中国掀起了自20世纪90年代初期开始至今依然不降温的"新加坡热"，这与邓小平1992年南方谈话中对新加坡发展模式的肯定直接相关，因为从那以后中国各界开始更加关注这个以华人为主体的小岛国。

1995年早报电子版的创立和后来联合早报网（zaobao.com）的登台对于中国国内媒体的电子化和网络化产生了一定的示范效应。多家中央级媒体在网络建设初期都借鉴了早报的电子化和网络化经验，在无形中给当时处于网络化起步阶段的中国媒体树立了新加坡媒体比较先进的印象，并进而将其与已经从第三世界跃升到第一世界的发达的新加坡联系起来，加上当时中国国内掀起的"学习新加坡"的热潮，以新加坡经验作为重要的参照，基本上都是借助这些形式得到了很好的放大。

这样，《联合早报》借助传统和新媒体多重渠道将新加坡以一种更为生动的方式传播到整个华文世界，使这个国家和这座城市在世界华人的心中享有不一样的地位。2017年中国赴新加坡旅游的游客突破300万人次，位居新加坡入境游客来源国之首。而《联合早报》和早报网的华文背景，使其成为中国游客了解新加坡的首选途径。

尤其是近年来早报网陆续开通了多个中国的城市频道，并推出了"一带一路"专网，更是赢得了大量的中国读者。而这些平台和行为在无形中为新加坡加了分，强化了其品牌形象在中国读者心中的位置。而2018年5月份的朝美峰会在新加坡举行，进一步强化了其作为国际和解城市的发展趋向。《联合早报》的网站和微博等媒体平台受到的关注程度也大大提升，对不太熟悉英文的中国读者而言，此次峰会期间早报提供的滚动新闻和深度分析确实是一个非常重要的信息渠道。

结　论

　　大众传媒已经成为城市品牌构建与对外传播的重要支撑，在未来的城市品牌塑造与传播实践中要坚持立足国内，放眼世界，"要充分重视运用各国媒体的主渠道，……鼓励民间举办各个层次的媒体交流，加强双方媒体经营、知识分子就不同议题进行互动讨论，淡化误解、缩小分歧。"[①] 一方面可以推动和强化城市品牌的建构与传播，充分整合媒体和公共外交的合力，讲好国家与城市的故事；另一方面，则可以通过城市外交渠道推动不同国家和不同社会之间的和解，在积极良性的城市品牌的旗帜下，实现"民相亲、心相通"的公共外交目标。就这个层面而言，新加坡和《联合早报》确实提供了一个很好的参照。

[①] 韩方明：《以公共外交手段推动中国与东南亚国家的睦邻友好》，载《中国与东南亚国家的公共外交》，新华出版社，2012，"序言"第2页。

新加坡华文出版业现状初探

● 〔新加坡〕邹 璐[*]

内容提要：本文通过梳理新加坡华文出版业的发展历程，进一步分析、探讨华文出版业目前的状况及面临的问题，并对未来发展有所期待。华文出版一直是新加坡社会普遍关心的课题，牵涉深厚民族感情和深刻历史记忆，更关乎华文华语在新加坡的未来发展。其实不单单是华文出版业，举凡华文教育、语言、文学、华族传统文化及艺术等诸多方面，始终是新加坡社会，尤其是华人社会所关注并热议的重要课题。探讨华文出版业课题，也对其他语文出版有借鉴作用。

关键词：新加坡；华文出版；华文书籍

2019年是新加坡开埠200周年，在这个抚今追昔的重要历史节点，很多领域、很多课题自然而然会引发人们深入探索、深刻反思，不仅反思历史，也要反思现在，因为没有反思的民族是没有前途、没有希望的。

书籍是文化的基本载体，出版是文化交流、思想传播、文明进步的重要基础和途径。谈及出版，首先强调的是其文化属性、形而上的意义和影响，其次才是产业发展。华文书业及出版业是新加坡国家文化的重要组成部分，是华族文化发展的重要领域，必须予以高度重视。

---

[*] 〔新加坡〕邹璐，新加坡《艺术研究》杂志主编。

新加坡最早产生的是华文书业

确切地说，新加坡的华文书业和出版业是两个不同概念，最早产生的是华文书业。早在1915年，诞生于上海并标志着中国现代出版业开始的商务印书馆［The Commercial Press（CP），创办于1897年］，在新加坡开设了面向整个南洋地区的分公司。随后，1917年，以教科书起家的中华书局（创办于1912年）也在新加坡设立分公司。1924年，新加坡本地又陆续诞生了世界书局（1924）、上海书局（1925）以及南洋书局（1935）等。

当年，无论是中国在新加坡设立的分公司，还是本土创办的书局，其业务以书局的店面零售、批发为主，同时兼顾进口和转口业务。早期的新加坡几乎没有出版业，主要是从中国大陆进口出版物，其中以学校教科书为主，大量引进书本、杂志等。20世纪40年代，新加坡已有20多家华文书店，业务范围不局限于新加坡，还转口至东南亚邻近国家。

二战期间，新加坡被日军占领长达3年8个月，所有书局遭到毁灭性破坏。其原因，一方面是战争波及，另一方面"要消灭一个民族，首先瓦解他们的文化"。日军占领新加坡后采取日式教育，自然对华文文化严厉打压。战争结束后，新加坡光复，一些书局纷纷在战后重启篇章，社会百废待兴，华校复办，也给华文书业发展带来生机。

新加坡华文出版业开始于战后

新加坡华文出版业真正开始是在战后，如1945年创办的曾出版《风下》《新青年》杂志的"新南洋出版"。随后，一批聚集在香港的作家和教育家决定重新编写全套适合海外华文中小学使用的课本，范围涵盖小学、中学及高中，科目包括语文、数学、自然、历史、地理、常识、公民、尺牍、英语等，上海书局在此期间担当了重要角色。出版教科书是最有经济效益的，华文教科书及参考书、工具书是书业一直以来的主要业务，本地教科书先后出现中华版、商务版、中商版、联营版、现代版（上海书局出版）、南洋版（南洋书局出版）等，并且因为教科书的发行范围涵盖东南亚各地，以至于新加坡一度成为南洋华文文化重镇。20世纪50年代至70年代，新加坡有多达230多家华文书店，可谓盛极一时，是华文书业最辉煌时代，华文书业在各行业中占有重要市场价值。但历经百年岁月变迁，如今仅有世界书局在90年代成功转型，成为业务多元发展、规模庞大的集团公司，至今仍然延续图书业务，而其他几间书局已先后淡出历史。

从对新加坡华文书业发展历史的梳理中不难发现，新加坡华文出版业发端于战后，是华文书业发展的延伸。一方面由于当时教育水平提升，需要更新教科书，因此产生自编教材的需要，应运而生华文出版业；也因为50年代后国际政治环境的改变，大陆出版书籍无法进入新加坡市场，因此推动了本土文化发展，本土文学作品出版开始起步，并在六七十年代迅速进入华文书业的辉煌时期。新加坡华文出版业的兴起和发展标志着本土文化发展的进步，而华文书业在自由竞争的市场环境中，虽然不能产生更大的市场价值，但良性竞争环境为华文文化发展带来生机和活力。今天人们还能记得一些本地文化名人及其代表作，如连士升、鲁白野、杏影、方修等人，不仅因为他们是知名报人，更重要的是他们的文学作品及文学研究的出版弥足珍贵，已成为具有代表意义的文化形象。

青年书局和世界书局在五六十年代是非常重要的出版社。其中，青年书局成立于1955年，先后推出《南方丛书》（12种）、《新马文艺丛书》（36种）、《亚非丛书》（14种）以及《南洋民间故事丛书》和个别文学书籍单行本等。此外，其他活跃的出版社还有群岛出版社、海天出版社、南洋商报、新马文化事业公司、天马图书出版公司等。

70年代活跃的出版社包括万里文化企业公司、洪炉文化企业、小岛企业、高虹出版社、上海书局、新加坡华文中学教师会、群岛文化社、而今出版社、人民文艺出版社等。

80年代较为活跃的出版社包括教育出版社、新加坡新闻与出版有限公司、文学书屋、风云出版社、草根书室、中外翻译书业社、山景出版社、新华文化事业有限公司、泛亚文化事业有限公司、七洋出版社等。

90年代之后较为活跃的出版社包括胜友书局、新亚出版社、中外翻译书业社、教育出版社、春艺图书贸易公司、东升出版社、赤道风出版社等,市场上又有新的出版社涌现,如心情工作室、点线出版社、创意圈出版社、玲子传媒等。

尽管社会环境发生很大变化,但在相当长一段时间里,本地不仅华文书局林立,越办越多,出书、卖书、买书的图书市场氛围也非常活跃,华文出版业也曾风生水起。

华文出版业从非独立发展到独立产业格局

新加坡华文出版业最初无法形成独立的产业格局,原因是与上下游关系极为密切,甚至混为一谈。多数出版业务是书局业务的延伸,编辑、作者也是书局的店员、同事,编书、售书兼顾,即使是新成立的出版机构,也会迅速设立分销书店,自产自销。这也是由于新加坡是城市国家,市场规模小,交通便利,必须压缩经营成本。因此早期的华文书业涵盖了华文书的编辑、排版、印刷以及发行、零售、分销、进出口等,业务笼而统之,有华文书业,但没有独立的图书出版业以及专业的图书发行、市场推广、图书代理机制等。说新加坡华文出版业不存在,当然不尽然,其实是华文书业产业链中的一部分。

1967年,新加坡教育出版社成立,这是由新加坡教育部创办的专业从事编辑、出版、发行工作的综合性出版机构,一度具有垄断地位。与此同时,原先从事教科书出版业务的书局只能调整业务方向,出版辅助教材。教育出版社也出版过不少本地创作的文学作品以及儿童读物等。教育出版社结束营业后,业务分散给其他出版机构。

90年代至今,出版业越来越专业化,专注于出版事务以及市场推广,不再兼顾发行、门市零售、批发等,经营范围、社会职责进一步明确,但由于本地市场局限的缘故,几乎没有专业的书籍代理商和市场推广行销公司,欠缺书籍市场开发和版权交易的专业公司。

新加坡华文书的出版种类

新加坡华文书的出版业务概括起来主要包括如下几个方面：
（1）教科书及辅助教材；
（2）儿童读物；
（3）人文类书籍，包括本地创作的文学作品以及少量文史研究类著作；
（4）华人社团的周年纪念刊；
（5）其他。

其中，教科书、辅助教材以及儿童读物，因为有相对固定的市场需求，在此不做更多探讨。本文重点想分析人文书籍出版以及周年纪念刊。

华人社团出版的周年纪念刊是本地一项较大宗的传统出版业务，由来已久，持续至今。但因为此类特刊属于礼品书形式，一般不进入书籍市场，其制作成本的开销主要来自社团自有经费，编辑、撰稿，甚至资料收集整理、研究、采访等来自社团以及社会文化工作者的公益服务，但印刷、纸张都是由商业机构承接，这类特刊的出版原本很有意义，但良莠不齐。如果编辑团队专业、用心，就有机会看到高品质出版物。但多数时候主办单位缺乏文化意识的高度，价值观失衡，顾及出版经费，则往往粗制滥造，徒有其表。并且这类特刊经过数十年发展，史料发掘、写作素材、编辑策划等方面受限，内容越来越重复、贫乏、空洞，造成资源浪费。

另一方面，虽然这类特刊在华文出版业中占有重要的文化及市场比例，并且由于书籍内容以整理史料为出发点，普遍具有一定的史学研究价值，从历史学、社会学、人类学等不同学术领域看来，具有一定参考价值。但遗憾的是往往制作单位仅从礼仪功能完成，学术界仅从学术角度研究，这类出版物并没有真正发挥社会推广、民众普及教育的出版作用。因此有必要推动这类出版进入市场运作机制，从源头上加强和专业出版机构、专业写作者以及学术研究相结合，这样才有望纳入国家文化的一部分，有机会面向公众及下一代的普及教育。

有关华文文学作品的出版，新加坡华文文学的起源或可认为是中国五四新文化运动的余波绵延。在早期南来作家的带动和影响下，慢慢培养并产生了一批又一批的本土作家，出现本土文学创作。20世纪中叶是社会思潮动荡、文学启蒙活跃的时候，不仅有大量的作者及文学作品的产生，也有大量如饥似渴的读者，虽然整个华人社会可能受教育程度不高，但社会上的学习风气、阅读风气弥漫，人们普遍对文学、艺术、人文思想充满热忱和向往，推崇、敬仰、追随的热情令很多人至今难忘。

20世纪80年代语文政策的改变，巨大的社会变迁和文化落差，导致整个华人社会消极情绪弥漫。即使时过境迁，个体生命所体验到的扭曲、委屈、挫折、曲折，深刻悲怆的历史记忆，在不知不觉中成为刻舟求剑一样的申诉和抱怨，以致社会普遍对华文文化、华文教育存有较负面言论，并成为习惯用语、惯性思维和基本态度。久而久之，在一定程度上成为时代和社会的偏见。

不可否认，国家语文政策的改变的确深刻影响了一代人，让他们中不少人陷入人生持久的悲剧中，甚至影响到他们的下一代，造成在新加坡这样一个华人占人口多数的国家，相当比例的华人不谙华语的尴尬。华语虽然被列为官方语文，但它的存在价值在于维护和维系母族文化。在英文至上的社会环境中，会有多少人因为出于母族文化的自尊、自觉和骄傲，而坚持学习华文呢？上述所带来的最直接影响就是华文在新加坡社会的边缘化。虽然市场上的华文书越来越丰富，华文书的读者却是越来越少、越来越凋零，华文书市场越来越萎缩。目前能够坚持营业的华文书局主要集中在百胜楼，大致包括大众书局、友联、友谊、新华文化事业，以及纪伊国屋在乌节路的总店。此外，具有悠久历史，有了新的接班人的草根书室和近年来新创办的城市书房，成为热爱华文书人士的新去处。而华文出版公司有规模运作的店面可能仅有两家了，即玲子传媒和世界科技出版社下属的八方文化工作室。

华文出版业的现状和早期相比发生很大改变，有些是时代发展、历史变迁所造就的，有些是历史的延续形成的，需要尽可能客观地分析、厘清，而不应该简单归咎为政策的错误和历史的原因，同时有必要提出的是，是否每个人能以身作则为华文做些什么。

新加坡华文书业现状的反思

新加坡华文出版业目前面对困境是不争的事实。由于电脑、互联网科技的进步，今天出版一本书，在排版、设计、印刷、装帧等方面成本费用越来越透明化，技术难度越来越降低，但是华文书和英文书的制作水平以及市场反应差别很大。

首先是英文书的读者群比华文书的读者群明显多很多。最有能力买书的人群，年龄应在15岁至50岁之间，这个较大范围年龄层的新加坡人，绝大多数人是接受英文教育的，他们的阅读倾向自然会偏重英文类书籍。华文书的读者群主要是年龄在30岁以上的新移民，以及年龄在50岁以上的新加坡人，而新移民阶层买书的人肯定不多，原因是他们多数都在职场上忙碌，英文是必不可少的求生工具，闲暇时间的阅读很可能通过电脑、手机来完成，读华文书的机会不多。

此外，大多数新移民都认为新加坡的书比较贵，这是比较中国的书价得到的经验。他们的阅读习惯依然来源于中国，对本地作家及其作品接触得少，认知上缺乏，自然缺乏阅读兴趣，他们可以以较便宜的价格以及便利的顺丰快递等方式，轻易从中国市场获得他们所需要的图书，因此不太可能成为本地出版的消费者。此外，新加坡遍布全岛各地的高效便利的图书馆服务，为读者提供了很大方便。

另外，所谓老华校生的消费人群，他们的书籍消费能力以及阅读能力，随着他们的年龄的增长，处于不断减退状态。他们或许会出于文化认同的同理心，去买本地出版的华文书，但消费能力十分有限，并且即使他们中有不少人有阅读的习惯，而他们在实际消费上可能更偏重于中国以及台湾出版的书。

此外，大多数本地书的出版都在通过各种渠道申请出版赞助，华人社会有支持出版的传统。从前无论是商界名流、社团组织，甚至亲朋好友，都在一定程度上支持出版，多少减轻了写书、出书者的经济压力，因此卖书赚钱的动力相对减少，大多数时候买书是人情，送书也是人情，并且因为市场有限，能买能卖的机会有限，久而久之，大多数本地出版的书免费赠送,这就形成了大家不买书、等着送书的习惯。近来有人提出不应该送书,但如果就整体环境看来,卖书的难度不能减轻,送书的习惯不会减少,那么在此情形之下,华文出版的出路在哪里呢?

华文书出版的出路

探讨新加坡华文书出版的出路和对策,首先还是要把出版提升到国家文化的制高点,不能简单以经济效益为考量标准。

华文出版业应该顺应时代的需求,将出版业与数码科技紧密结合。数码科技是目前以及未来人类发展的趋势,出版业应该更趋向数码化。政府有关部门可以有计划、有步骤地扶持数码出版行业,并且因为新加坡具有极为有限的作者群和出版量,应用数码科技可以说是一件轻而易举的事情。未来也可以考虑和国家图书馆联网,成为国家图书馆的直接阅读资源。并且在一个更为集中的平台上,数码化出版也有利于阅读、搜索、研究以及市场推广和海外推展。如果艺理会能够把目前赞助出版的经费一部分用于数码化出版,可以节省很多不必要的出版和资源浪费。因为事实上很多书根本无法进入市场销售,无形中造成资源浪费。对于一些公认的优质出版物,可以赞助出版,并且要提升排版印刷的制作水准,这类出版书籍可以部分在本地市场销售,部分带到海外市场,作为新加坡的国家文化形象进行宣传。另有一些有一定经济能力的作者,应该鼓励他们自行出版,这样就能从根本上解决目前本地出版物不少、但参差不齐的困境,而且可以从整体上提升本地华文出版的品质问题。换言之,从长远发展看来,应鼓励写作、鼓励发表、鼓励数码化出版,用集体智慧发现优秀作品,鼓励优质出版和优质阅读。华文出版应该借助数码科技、网络平台,更大程度上向海外推广版权交易以及跨国界学术研究,只有品质提升,才能带动社会的文明进程和国家文化的整体提升。

新加坡人口数量有限,华文读者人数更是有限,其中可以进一步按照年龄、祖籍国、习惯性阅读工具等做进一步细化分析,进而可以认为,如果华文书仅限于本国市场,印刷量必然趋于保守,出版成本自然居高不下。从过去20年间市场及成本核算看来,出版成本在不断增加,销售数量却在不断减少，但每年本地华文书出版的种类及数量是不断增长的，并且新书的排版设计、装帧印刷品质普遍有所进步。

换言之，本地华文出版业需要考虑的重点，不是降低出版成本，也不是扩大销售量，因为这两项指标客观上在本地都非常受到限制。相反，从国家以及族群文化发展的长远观点来看，应该鼓励更多的写作、发表和出版，这是突破传统出版思维的新观念，有必要做进一步的探讨和推广。

鼓励更多华文写作，是基于新加坡全民受教育程度比较高，并且不少人有掌握多种语文的能力。新加坡发生最大改变的是建国50多年间，而不是过去的150年，更不是欠缺文字记录、语焉不详的200年以前。因此，当代人记述当代，以及从个人及家族等贴近视角，追溯所经历的岛国近代史，就显得尤其宝贵。

无论从文学创作、做媒体以及历史研究的角度，深知原始素材、原创性以及资料丰富多元的重要性，并且写作更加促进阅读和思考，因此有必要鼓励写作。本地有些团体开始有目的地从提高文学欣赏、推动高品质阅读，以及举办创意写作课程等做深具远见的规划和推动，个人认为是很值得鼓励和支持的。

在鼓励写作的同时，也可以利用自媒体如微信公众号、网站等媒体平台，帮助作者及时发表和推广，可以加入会员的方式，建立作者与网站的归属关系，也便于网站持久的生存与发展。互联网可以打破地域的限制，让新加坡华文写作进入更开阔的视野，获得更广泛的关注。换言之，如果写作者不再受限于发表的平台和阅读市场，他们的写作将会更加丰富和顺利。

与此同时，新加坡急需要高素质的编辑人才和具有国际营销经验的书籍代理商。长期以来，由于本地华文出版业的局限，注册能够帮助出版的选题、规划，影响社会阅读风气以及塑造文化形象的专业编辑，也没有能够引导写作风格，激发写作潜能，培养书籍装帧审美、阅读品位的编辑人才，我们也迫切需要能够带动阅读风气，推广阅读市场以及能够把新加坡作品带入国际市场和学术研究范畴的编辑人才。

近年来，政府积极推动本地文化事业，在出版经费方面给予赞助，民间也有善长仁翁支持出版。殊不知很多书出版后销售量非常有限，大量新书一出版就滞销，库存和积压严重，造成资源浪费。与此同时，一些品质优秀的书，不仅在本地获得好评，中国等地的读者，尤其学术界又频频发问，哪里可以看到，哪里有卖？买书无门，在一定程度上阻碍了文化交流和学术交流。

结　语

新加坡社会是追求专业精神，以高效管理机制取得成功的典范。因此，有必要在华文出版业（其他语文互相借鉴）方面建立起更具专业精神的管理机制，从树立国家文化形象、加强文化软实力的制高点来进行统筹管理，就会发现其实出版业大有可为。

第五篇
新加坡与中国

新加坡国际化创新型城市建设经验及对深圳的启示

● 冯元粤[*]

内容提要：新加坡在遭遇经济危机重挫后，基于雄厚的制造业基础和多元文化优势，深入实施创新驱动发展战略，提升本土创新能力，成功转型为全球创新中心。本文认为，新加坡与深圳市有着相似的背景，其发展经验对深圳建设现代化、国际化创新型城市具有一定的借鉴意义。因此，本文从产业升级发展、创新创业扶持、优质基础设施建设和可持续高质量发展等方面总结新加坡国际化创新型城市的建设经验，以期为深圳市现代化国际化创新城市建设提供借鉴。

关键词：新加坡；国际化创新型城市；深圳；创新驱动

紧抓粤港澳大湾区建设规划的重要机遇，乘着中国特色社会主义先行示范区建设的政策东风，深圳市秉承6个"坚持"，践行高质量发展要求，深入实施创新驱动发展战略，目标到2025年要建成现代化国际化创新型城市。

新加坡在产业基础、发展机遇、文化背景等方面均与深圳市有较大的相似性，且新加坡在受到亚洲金融风暴的重挫后，把握机遇，深入践行创新驱动发展战略，成功转型成为以知识经济为基石的全球创新中心，其创新指数连续多年位居全球前10，因此非常值得深圳市学习及借鉴。本文在对新加坡与深圳市国际化创新城市建设背景相似性进行比较的基础上，深入分析新加坡国际化创新城市的建设过程，总结了新加坡的四

---

[*] 冯元粤，博士，深圳大学管理学院管理科学系副系主任，新加坡国立大学哲学博士毕业，深圳市海外高层次人才计划（孔雀计划）C类人才，深圳市南山区领航人才（C类），深圳大学优秀青年教师培养项目（荔园优青）获得者。

点成功经验,并进一步讨论了新加坡经验对深圳市建设现代化国际化创新城市的值得借鉴之处。

1 新加坡与深圳市在国际创新城市建设背景上的相似性

1.1 拥有成熟的制造业作为创新的产业基础

新加坡自独立后,以其优越的区位条件、廉洁高效的政府、较低的运营成本以及精通英语的人力资源吸引了大量的跨国公司投资设厂,成为东南亚地区一个重要的劳动力密集型制造业生产基地。随着新加坡外向型经济的进一步发展,新加坡的产业结构也逐渐从劳动力密集型产业转向资本、技术密集型产业。尤其是新加坡第一支柱产业电子制造业,占新加坡制造业产值的32%,其早期的技术积累为新加坡后期发展高科技制造业和知识密集型服务业打下了坚实的产业基础。

深圳市自20世纪90年代中期以来,重点发展以电子及通信设备制造业为第一大工业产业的七大主导行业。这一点与转型前的新加坡非常相似。同时,背靠深圳的"国际加工制造业名城"东莞市,为深圳市制造业的发展也提供了巨大的支撑。

1.2 城市转型的迫切需要为创新提供了发展机遇

新加坡自建国以来一直秉承外向型经济发展,重点放在吸引外资上,经济发展高度依赖跨国公司投资,因此在1997年亚洲金融危机爆发时,新加坡深受重创,经济发展一度放缓甚至停滞。同时,成本优势的逐渐丧失导致越来越多的跨国制造企业开始外迁。在此严峻的形势下,新加坡政府果断决策,摒弃原有的外向型、劳动资本密集型、技术密集型的发展模式,转而重点发展知识经济,致力于转型为区域乃至全球的创新中心。

深圳特区建立40年以来,经历了从早期的委托加工到后期的自主生产,直至目前自主研发的发展过程。特区建立初期,经济发展主要依靠贸易和"三来一补"的来料加工业。通过承接香港电子工业的转移开始建立"前店后厂"模式、产业垂直分工为特征、劳动密集型制造业为主体的电子信息加工业，完成了技术装备、技术人才和产业资本的初始积累，奠定了自主创新的产业基础。深圳市政府也一直在出台政策鼓励和促进自主创新，尤其是在近期国家政策的明确意向引导下，深圳市的自主创新战略发展将进一步加快。

1.3 多元化的文化背景为创新营造了良好氛围

开放、包容、交叉的文化氛围能够更好地培育和促进创新种子的萌芽和成长。新加坡是一个融合了多元种族、多元文化的移民国家，不同的文化在新加坡碰撞和交融，使创新的思想不断演化及发展。

深圳也是一个多元化的移民城市。来自五湖四海的移民都相信能够通过奋斗实现自己的梦想。深圳市宽松的人才引进政策也使整个社会都沉浸在包容和创新的氛围之中。

2 新加坡建设国际化创新型城市的主要举措

新加坡国际化创新型城市的成功建设得益于政府的积极引导与深度介入。新加坡政府从产业发展、创新创业、基础设施以及城市可持续发展等方面制定政策，推行一系列措施，建设创新生态系统，提高自主创新能力，推动新加坡成功转型为以知识经济为基础的国际化创新型城市。

2.1 发展高端制造业与知识密集型服务业，奠定创新基础

新加坡政府将制造业与服务业定位为国家经济发展的"双引擎"。2002年新加坡政府进一步提出，未来新加坡"双引擎"产业将更多由创新及知识驱动发展。其中制造业将巩固加强已有的电子、化工、生物医药科学及工程等4个关键产业，在微机电系统、纳米技术、光电技术、信息技术等新领域持续提升创新能力，使制造业由单一的产品生产制造环节转移至高附加值的产业链环节（如研发、销售等），实现新加坡制造业的产业升级。而在服务业方面，重点强调了信息通信技术、金融服

务、法律服务、教育等知识密集型服务业的发展。2010年，新加坡经济战略委员会提出新加坡制造业将在已有的产业基础上发展医疗设备制造、营养品加工制造、塑料电子等相关的知识密集型制造业，这些产业需要多学科知识及技能的整合利用，新加坡将通过培育这些产业推动研发设计、跨学科知识利用及系统集成等本土创新能力的发展，深化其已有的产业基础。

2.2 扶持和培育企业家，营造创新创业氛围

新加坡政府非常重视对企业家精神的培育和发展，并从制度、教育等方面施行了一系列措施鼓励创新创业。在制度方面，新加坡政府在部分领域放松管制，以鼓励新创企业的启动与运营。如建屋发展局放宽了公共住房作为商业空间及办公室的相关规定。在教育方面，放松了对海外学生进入新加坡学习的管制，以鼓励多元化的文化交流及学习经历。此外，还在教育的各个阶段，包括小学、中学和大学发展创业教育，开设相应的课程和学位。在宣传方面，科技研究局邀请企业家和学者为大众演讲，并专门设立国家青年基金和青年创业就业组织，指导和鼓励年轻人创业。

同时，新加坡政府还十分重视中小企业的创新，连续推出《新加坡中小企业21世纪十年发展规划》《技术升级促企业发展计划》《研究、创新与创业2020规划》等一系列政策文件，支持中小企业的创新。

2.3 发展优质基础设施，为自主创新提供平台支撑

新加坡对创意产业和高附加值产业实行了积极的知识产权保护政策。新加坡政府还通过设置丰厚的奖学金和研究资助金，资助及鼓励优秀学生去海外留学以及海内外硕士博士到新加坡攻读学位，培育优秀科研人才，还通过宽松的居留政策及人才回归计划，从世界各地引进专业人才。同时，政府还敦促企业为海外人才提供高薪和住房等福利待遇，增加本土企业对人才的吸引力。此外，新加坡推行了《概念验证资助计划》，鼓励公立科研机构人员将科技成果进行商业化应用。在资本市场方面，政府通过科技风险投资基金和《早期风险投资计划》等一系列税收激励和财政资助计划直接支持风险投资基金，鼓励创新创业。

2.4 重视城市可持续发展，保证创新的社会效益

新加坡政府在提出创新发展的初期就非常重视经济增长与环境保护的双重目标。通过科技发展实现新加坡可持续发展是政府的四大发展战略之一。新加坡政府积极探索通过技术创新驱动城市经济增长，改善生活环境。例如在研究太阳能利用技术、开发可再生能源、倡导节能房屋、改进交通工具、提高水与土地等资源的利用效率、加强废弃物回收处理等方面，都在进行积极的尝试。

3 新加坡国际化创新型城市建设对深圳的启示与借鉴

作为亚洲乃至全球的区域创新中心，新加坡国际化创新型城市的建设经验对于正在建设现代化国际化创新城市的深圳有如下的借鉴意义与启示。

3.1 重视顶层制度设计，明确战略产业

新加坡将高科技制造业及知识密集型服务业定位为两大战略产业，借助已有的成熟的制造业基础发展创新产业。深圳市政府在制定产业发展战略时应当注重制造业与服务业平衡发展，重视未来通信高端器件、高性能医疗器械等制造业新兴产业，同时积极发展智能经济、健康产业等新兴服务产业，打造数字经济创新发展试验区，增强深圳市通信、信息、生物医疗、人工智能、健康服务等重要领域的创新能力，为创新产业的发展奠定基础。

3.2 鼓励和培育创业，营造宽松创新氛围

新加坡采取了开放包容的态度，营造了宽松的创新创业环境。深圳市也应进一步制定相应政策，鼓励创业和企业家精神，扶持中小企业进行自主创新。同时在教育系统加强创业教育，从小向学生灌输创业精神，促进创新创业文化的交流碰撞，营造浓厚的创新创业氛围。

3.3 完善创新基础设施,提供创新环境支撑

新加坡通过完善知识产权保护机制、完善风投和天使投资机制,为本土企业提供了良好的创新基础设施。深圳市拥有众多高科技园区、众创空间和创投孵化器,并拥有众多跨国企业总部及研发机构,创新"硬件"条件十分优越。然而创新资本的来源渠道仍然较为单一。深圳应当积极试验新兴融资方式和渠道,试验新兴金融模式,研究完善创业板发行上市、再融资和并购重组制度,进一步提高金融服务实体经济的能力。

3.4 厘清创新与可持续发展的关系,形成合力

新加坡在创新过程中非常重视创新对经济社会可持续发展的影响,做到了创新政策与可持续城市发展的有机结合。深圳市在重视创新驱动经济发展的同时,也要对创新驱动社会及城市的可持续发展给予同等重视。要重视科技创新对民生工程、生态文明建设、城市绿色发展的推动作用,同时还要持续全面推进城市精神文明建设,建成可持续发展的城市公共文化服务体系。

参考文献

[1] Tan K. S., Phang S. Y. From efficiency – driven to innovation – driven economic growth: perspectives from Singapore [M]. The World Bank, 2005.

[2] 林宇、杜德斌、何舜辉等:《新加坡创新型城市的发展及其对上海的启示》,《世界地理研究》2016 年第 3 期。

[3] 袁永、廖晓东、胡海鹏:《新加坡近期科技创新战略与政策研究》,《科学管理研究》2017 年第 2 期。

[4] 詹正茂、田蕾:《新加坡创新型城市建设经验及其对中国的启示》,《科学学研究》2011 年第 4 期。

[5] 张雯:《政府主导型的科技创新中心建设研究——以新加坡为例》,《江苏科技信息》2017 年第 35 期。

[6] 周月书、褚保金:《新加坡对中小企业创新发展的政策》,《中国科技投资》2006 年第 4 期。

中新合作苏州工业园区管理模式研究

● 沈卫奇　廖勇斌[*]

内容提要：中国改革开放走过了40年波澜壮阔的发展历程，设立开发区是一项极具中国特色的伟大创举，是世界了解中国发生这场历史巨变的重要窗口。作为中国和新加坡两国政府间最为重要的旗舰合作项目，苏州工业园区开了国际合作开发产业园区先河，自1994年成立以来，通过系统借鉴新加坡在经济发展、城市规划与建设、社会治理等方面的成功经验，广泛学习人类优秀文明成果，在此基础上又结合中国国情和地方实际，加以创新、完善和提升，苏州工业园区取得了非凡的成就。可以说，苏州工业园区是中国改革开放的一个时代缩影，是中国与世界经济技术接轨的典型和代表。研究中新合作苏州工业园区管理模式，不仅可以为中国其他开发区的发展提供有益借鉴，而且对于推进"一带一路"倡议、长三角一体化发展等国家战略，也具有非常重要的参考价值。

关键词：中新合作；管理模式；制度创新

1994年设立的苏州工业园区，是中国和新加坡两国政府间最大的合作项目，开创了中外经济技术互利合作的新模式。经过25年的开发建设，苏州工业园区已累计创造超过1万亿美元的进出口总值、8000多亿

---

[*] 沈卫奇，中共党员，现任苏州工业园区工委管委会研究室主任、深改办副主任，商务部国家级开发区培训基地特聘专家，同济大学发展研究院高级研究员。长期从事开发区改革开放理论与实践研究，先后参与《开发区建设管理理论与实践》（人民出版社）、《开发区转型升级与创新发展——苏州的实践与探索》（红旗出版社）等编写起草工作，全程参与了国务院批复同意的《苏州工业园区开展开放创新综合试验总体方案》的调研论证、方案起草和对上报批等工作。廖勇斌，现任职于苏州工业园区工委管委会研究室。

元税收、人均GDP、万元GDP能耗、R&D经费支出占GDP比重等多项指标达到或接近发达国家水平，在国家级经济开发区综合考评中实现三连冠，跻身建设世界一流高科技园区行列。研究苏州工业园区成功背后的原因，特别是其独特的管理模式，对于中国开发区转型升级创新发展，以及推动"一带一路"倡议、长三角一体化发展，都具有十分重要的意义。

按照政府参与开发区管理的程度，中国开发区目前主要采用全政府型、半政府型以及公司型三种管理模式[①]。苏州工业园区与国内其他开发区不同，采取了"国际合作、政企分开"、顶层设计与基层创新相结合的开发管理模式。主要体现在以下几个方面。

1. 高层推动的中新合作机制

中新双方在苏州工业园区成立之初就建立了由两国副总理担任共同主席的中新两国政府联合协调理事会（以下简称中新协调理事会），协调解决苏州工业园区发展中遇到的重大问题，国家发改委、科技部、商务部、财政部、外交部、建设部、国土资源部、海关总署和新加坡内阁有关部门及江苏省政府和苏州市政府的负责人为理事会成员。为了确保中新协调理事会的顺利运作及中新双方的日常沟通联络，中新双方还建立了中新双边工作委员会（由苏州市市长和新加坡裕廊镇管理局主席共同主持工作）以及联络机构（由新加坡贸工部软件项目办公室和苏州工业园区借鉴新加坡经验办公室负责）。三个层面的中新合作机制为苏州工业园区的开发建设奠定了扎实基础，截至2018年底，苏州工业园区已成功召开19次理事会，累计赋予苏州工业园区110多项先行先试政策功能。

2. 充分授权的行政管理机制

为了推动区域发展，中央及省、市各级政府对苏州工业园区给予了充分授权。早在1994年启动之初，国务院和江苏省政府就在土地、规划、环保、外事、项目审批等方面，授予特殊的管理权限，明确苏州工业园区享有省辖市经济管理权限。

在机构设置方面，苏州工业园区各部委办局的设立、挂牌由党工委、

[①] 李振远、吴冀林主编《开发区建设管理理论与实践》，人民出版社，2010，第331页。

管委会提出申请，报市编委后，由江苏省编办批复。部委办局内设处室成立、挂牌等由苏州工业园区自行审批。副处级以上事业单位设立、变更及编制核定，由苏州工业园区党工委、管委会提出申请，报市编办审批，其他事业单位由业务主管部门提出申请，由组织部会商主管部门后，报党工委审议设立。此外，苏州工业园区海关、税务等派出机构实行"13（江苏13个地级市）+1（苏州工业园区）"的管理办法，以进一步减少管理层级，提升治理效能。

在财税管理权方面，苏州工业园区建立一级财政、一级预算，自主负责行政区划内的财政预决算管理，并在市财政预决算中单独表述。同时，设立统一的国库支付中心，实行财政支出集中管理。

在规划管理方面，苏州工业园区迄今仍然保持着相对独立的规划管理权，总体规划及分期规划报江苏省政府批准后，由管委会监督实施。分区规划、控制性详规，由管委会编制报市政府批准后，由苏州工业园区管委会实施。"一张蓝图绘到底"保证了苏州工业园区较高的城市建设水准。

在外事管理方面，苏州工业园区对外经贸组团和邀请商务人员来华或赴新加坡学习借鉴出国组团，由管委会审批，并代表苏州市政府签发出国、赴港澳任务批件，使用苏州市政府出国任务专用章。

2015年，江苏省委、省政府进一步提高对苏州工业园区的授权层级，将原来的省辖市经济管理权限，提高为部分省级经济管理权限，并扩大对苏州工业园区的授权范围，将原来的经济管理授权，扩大到社会事务行政管理层面，较好地解决了开发区的依法行政问题。

3. 接轨国际的营商服务机制

根据世界银行报告，新加坡的营商环境一直位居世界前列。苏州工业园区成立以来，认真学习借鉴新加坡在营商环境方面的成功经验，先后派出194批3680人次赴新培训，在借鉴、总结、消化、吸收的基础上，编制了110多项具有苏州工业园区特色并与中国现行体制相衔接的规章制度和管理办法。苏州工业园区在国内率先提出了"亲商"服务理念，成立招商亲商领导小组，建立领导干部挂钩联系企业制度，强调对企业"无事不扰、有求必应"，持续加大行政事业性收费清理，刚性兑现企业服务承诺，建立公开、公正、公平和透明规范的市场竞争环境，将开发区的成功与企业的成功有机结合在一起。2015年，苏州工业园区以国务院批准开展开放创新综合试验为重大契机，在外商投资管理制度、贸易监管制度、行政审批制度等方面进行了系统性改革创新，不断优化国际化、现代化、法治化营商环境。

4. 自主可控的产业创新机制

苏州工业园区自成立伊始，就充分发挥中新合作优势，积极抢抓全球产业梯度转移、价值链重构等机遇，坚持招商引资与区域产业发展战略相结合，敏锐把握产业转移趋势，及时制定产业发展规划，围绕产业发展方向和重点，积极实施"择商选资"，瞄准世界500强及其关联项目，引进产业龙头项目，逐步形成了以电子信息、机械制造为代表的两大主导产业。

但是，这种以融入国际分工体系和全球制造业体系为目标、以利用外资为主导的开发区传统模式，发展局限性日益显现。如缺乏自主品牌，产品难以拥有和掌握核心技术，产业发展有高原没高峰，区域经济缺乏竞争力和持续发展后劲等。

苏州工业园区历年引进外资情况及三大新兴产业产值情况（2014~2018年）如图1、图2所示。

2001年中新股比调整后，中方主导苏州工业园区开发建设，采取了"外向型经济与创新型经济双轮驱动、制造业与服务业双业并举"方式，其标志性事件是2006年科技部将苏州工业园区纳入国家级高新区管理序

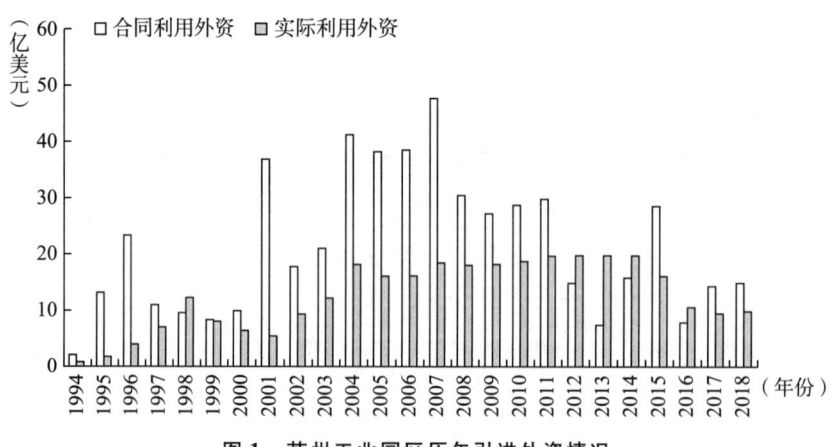

图1 苏州工业园区历年引进外资情况

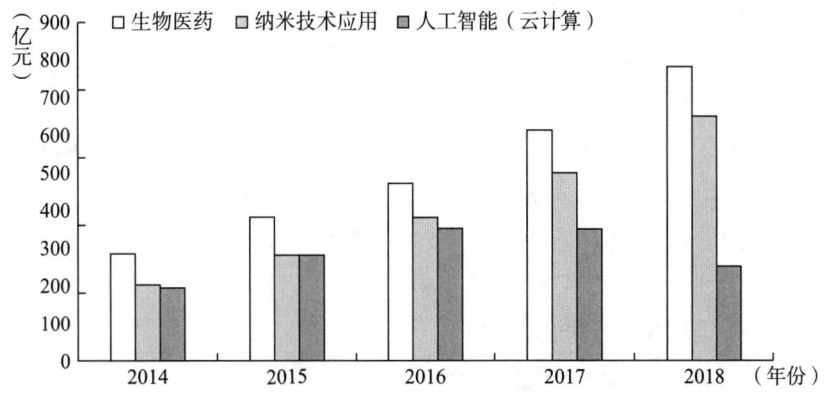

图 2　2014~2018 年苏州工业园区三大新兴产业产值情况①

列。此后,苏州工业园区以十年磨一剑的定力,探索"六个一"特色产业专业化服务机制(出台产业政策、制定产业规划、组建国资公司、建设产业园区、成立专业服务机构、设立产业发展基金),大力培育以生物医药、纳米技术应用、人工智能为代表的战略性新兴产业,逐步形成了具有一定竞争力的"2+3"特色产业体系,特别是三大新兴产业连续多年年均实现增速 30% 左右,生物医药产业竞争力居全国产业园区首位,美国国家纳米技术委员会将苏州工业园区列为全球纳米领域具有国际代表性的八大产业区域之一。

5. 多元协同的创新驱动机制

苏州工业园区早期的发展路径与其他国家级经济技术开发区相似,体现了以引进外资为主、以发展制造业为主的"两个为主"方针。自 2005 年起,苏州工业园区逐步把科技创新和人才作为经济社会发展的"第一方略""第一资源",较早地在国内开发区中组建了科技发展局,确定了科技职能部门对于科技创新工作的主体职责与中心工作,先后出台了数十项扶持政策以及配套实施细则,形成了包括人才服务、技术研发、产业促进、科技服务、知识产权等在内的科技创新政策扶持体系。同时,积极构建政府、企业与社会多元化投入机制,科技投入年均增加 20% 以上,累计投入 100 多亿元建设了科教创新区、国际科技园、生物

---

① 2017 年园区在云计算产业基础上将人工智能产业确立为区域重点发展的新兴产业,因统计口径变化造成人工智能产业产值在 2018 年有所减少。

医药产业园、苏州纳米城、人工智能产业园等超过 600 万平方米的创新孵化载体,不断在全球范围汇聚配置创新资源,着力建设以企业为主体、市场为导向、政产学研紧密结合的区域科技创新体系,相继与哈佛大学、麻省理工学院、新加坡科研局等合作设立离岸创新创业基地,成功引进牛津大学、新加坡国立大学等 29 所中外知名高校在苏州工业园区设立科研办学机构。截至 2018 年底,已集聚各类研发机构 559 家,R&D 支出占 GDP 比重达 3.6%,万人有效发明专利达 149 件,园区国际化和参与全球竞争能力居国家级高新区首位。

6. 产城融合的城市管理机制

中国开发区一般是沿着引进外资—工业发展—城市兴起的方向发展,城市化进程往往滞后于工业化进程。苏州工业园区从建设伊始就摒弃单一发展工业的模式,坚持产城融合发展,按照"先规划后建设、先地下后地上、先二产后三产、先基础设施开发后商业地产开发"的开发原则以及"需求未到,基础设施先行"的要求,通过"一步规划、分步实施",对标国际先进标准,大规模集中建设了"九通一平"基础设施,以工业集聚带动人口集聚、以人口集聚促进商气繁荣,统筹布局生产、生活、生态功能,形成合理的生产空间、生活空间、生态空间,不断促进生产、生活、生态的协调联动与融合发展,最大限度地满足区内居民日益增长的生活需求,同时高起点、大手笔打造高品质的城市形象,形成了合理化的产业布局和生态环境,彰显出现代化城市的卓越风采,实现了产业发展与人居环境的双提升,走出了一条新型工业化、城市现代化与生态文明建设有机结合的新路子。

7. 高效集约的资源利用机制

土地资源是开发区发展的基本条件,也是最稀缺的资源要素。苏州工业园区始终致力于推进产业结构调整和升级,努力做好"优增量、转存量"文章,积极鼓励传统制造型企业向产业价值链两端延伸,推动外资制造向现代物流、研发设计、金融服务等高增值生产性服务业集聚,累计引入外资项目 4400 多个,其中世界 500 强企业项目 156 个,欧美项目占比近一半,经认定的省级总部机构 39 家、占江苏省的 20%,其中大部分为外资跨国企业,外资金融机构数量列江苏省首位。

同时,积极探索实施"零地招商""退二优二"等利用外资新方式,制定出台了工业用地二次转让、总部用地等土地资源管理新办法，逐步建立了差别化土地资源配置制度，在盘活的 20 平方公里土地基础上，重新规划建设了企业总部基地、智能制造产业园等高产出、高品质的特色产业园，并与新进企业签订产业发展协议，新招拍挂工业项目亩均投入强度、产值、税收准入门槛分别超过 1000 万元、2500 万元和 200 万元。苏州工业园区每平方公里土地 GDP 产出、人均 GDP、工业用地亩均产值、工业企业亩均税收、万元 GDP 能耗等主要指标均基本达到或接近世界先进水平。

8. 以人为本的社会治理机制

苏州工业园区以提升现代化治理能力和水平为目标，大力探索建立和完善社会治理机制，构建了独具特色的社工委、社区工作站和社区居委会三级管理服务体系，对社区工作者队伍实行编内人员和职业社工分类管理，社会组织按照"登记、备案和自我监管"三个层次实施分类培育，截至 2018 年底，共有职业社工近 800 人，社区社会组织近 1000 个，各类社会组织成员 2 万多人，约占社区总人口的 15% 左右，形成了"社工带义工、义工助社工"的融合式发展格局。同时，学习借鉴新加坡"议员接待日"制度经验并进行本土化创新，将每个月的第二个星期日定为"社情民意联系日"，党政职能机构主要负责人在这一天深入街道（社工委）或基层社区与居民面对面交流，听取民意，解决民忧，2011 年 5 月至今，已开展"社情民意联系日"活动 3400 多场次，接待居民和企业代表 1.76 余万人，征集群众意见建议近 2 万项，涉及公共交通、社区配套等众多民生问题，并全部完成答复或予以落实，解决了一大批社会热点、难点问题，有效提升了群众的获得感、满意度，增进了社会和谐。

苏州工业园区的转型升级

——打造一个美丽、宜居、和谐、可持续的绿色社会[*]

● 薄智跃[**]

内容提要：根据中共中央在党的十九大上确立的新时代发展战略，苏州工业园区可以考虑提出一个以绿色发展为主线，以人民利益为中心，以创新、改革为驱动，双向开放的新发展战略。具体可以表述为"一一二二"战略。"一"是绿色发展，"一"是人民幸福，"二"是两轮驱动，"二"是双向开放。通过实施这一发展战略，苏州工业园区有望成为一个环境优美、社会和谐、经济发展可持续的绿色社会。以来料加工为主的工业园区，就会变成以创新为驱动的现代化城市。苏州工业园区

---

[*] 本文是西浦智库有关打造绿色社会报告的一部分。本文作者感谢西交利物浦大学执行校长、西浦智库理事会理事长、西浦新时代发展研究院院长席酉民教授的悉心指导，本课题研究团队其他成员的参与和贡献。这些成员包括西浦新时代发展研究院副院长、西浦智库高级研究员余虹博士，西浦新时代发展研究院副院长、西浦智库高级研究员高镇光副教授，西浦智库高级研究员、西交利物浦大学教授黄开竹教授，西浦智库高级研究员、西交利物浦大学苏州城市与环境研究院院长张一新博士，西浦智库研究员、西交利物浦大学国际商学院曹瑄玮副教授，西浦智库研究员、西浦国际商学院助理教授汪潇博士，西浦智库研究员、西交利物浦大学媒体与传播助理教授钱忆亲博士，西浦智库行政专员李卉，西浦智库实习生、西交利物浦大学学生黄雅雯，西浦智库实习生、西交利物浦大学学生杨晔。

[**] 薄智跃，现任西交利物浦大学西浦智库主任、教授。毕业于北京大学国际政治系，获法学学士和法学硕士学位；并获美国芝加哥大学政治学博士，是美国德州塔来顿大学首任 Joe and Teresa Long Endowed Chair in Social Sciences 讲座教授并获美国圣约翰菲舍大学 2003~2004 年度董事会杰出学者奖，先后担任上海交通大学访问特聘教授、台湾国立政治大学和国立台湾大学讲座教授。曾在北京大学、美国罗斯福大学、美国芝加哥大学、美国美利坚大学、美国圣约翰菲舍大学、美国德州塔来顿大学、香港中文大学、上海交通大学、台湾政治大学、新加坡国立大学、新西兰维多利亚大学等多所中外著名大学任教，教授国际关系、中国现代史、中国政治、亚洲政治等课程。其是薄智跃当代中国研究院的创办人兼总裁并曾担任新西兰当代中国研究中心全国中心主任。研究领域主要是中国政治、两岸关系、中美关系、国际关系理论等，发表英文论文 200 多篇，出版著作 9 本。

(Suzhou Industrial Park, SIP1) 就会成为苏州创新园区 (Suzhou Innovation Park, SIP2)。

关键词：新时代发展战略；可持续经济发展；绿色社会；苏州工业园区（SIP1）；苏州创新园区（SIP2）

像中国其他地区一样，苏州工业园区也面临着经济、社会、治理转型升级的挑战。笔者认为，苏州工业园区如果能够按照中共中央十九大确立的新时代发展战略，提出一个适合自身特点的发展战略并付诸实施，就有可能实现转型升级，打造出一个美丽、宜居、和谐、可持续发展的绿色社会。

中国新时代发展战略

笔者认为，党的十九大报告提出的新时代发展战略有四个主轴、一个中心。四个主轴是绿色发展、创新驱动、全面开放、法治国家。一个中心是以中国人民的利益为中心。

第一，通过绿色发展，建设美丽中国。党的十九大报告指出，"人与自然是生命共同体，人类必须尊重自然、顺应自然、保护自然"；提出要建设"人与自然和谐共生的现代化"；提出要"坚持节约优先、保护优先、自然恢复为主的方针，形成节约资源和保护环境的空间格局、产业结构、生产方式、生活方式，还自然以宁静、和谐、美丽"。

第二，通过创新驱动，构建创新型国家。"创新"一词有两层含义。作为一个专有名词，"创新"通常是指科技创新，也就是把科学研究的成果转化为新科技产品的过程。创新也可以泛指一切创造性地改变旧有模式的活动。后一层含义有时用"改革"一词表述更为准确。作为"引领发展的第一动力"，创新驱动发展战略是指把科技创新作为生产力发展的首要驱动力。

第三，坚持对外开放的基本国策，通过全面开放，发展更高层次的开放型经济。报告提出，"要以'一带一路'建设为重点，坚持引进来和走出去并重，遵循共商共建共享原则，加强创新能力开放合作，形成陆海内外联动、东西双向互济的开放格局。拓展对外贸易，培育贸易新业态、新模式，推进贸易强国建设。实行高水平的贸易和投资自由化便利化政策，全面实行准入前国民待遇加负面清单管理制度，大幅度放宽市场准入，扩大服务业对外开放，保护外商投资合法权益。"并要"优化区域开放布局，加大西部开放力度。赋予自由贸易试验区更大改革自主权，探索建设自由贸易港。创新对外投资方式，促进国际产能合作，形成面向全球的贸易、投融资、生产、服务网络，加快培育国际经济合作和竞争新优势"。

第四，通过全面深化改革，建设一个具有现代化国家治理体系和治理能力的法治国家。报告提出，"坚持依法治国、依法执政、依法行政共同推进，坚持法治国家、法治政府、法治社会一体建设，坚持依法治国和以德治国相结合，依法治国和依规治党有机统一，深化司法体制改革，提高全民族法治素养和道德素质。"

第五，中国共产党把中国人民的利益放在了首位，提出"必须始终把人民利益摆在至高无上的地位，让改革发展成果更多、更公平地惠及全体人民，朝着实现全体人民共同富裕不断迈进"。把"共享"作为一个重要的发展理念，提出"增进民生福祉是发展的根本目的"。国家将"多谋民生之利、多解民生之忧，在发展中补齐民生短板、促进社会公平正义，在幼有所育、学有所教、劳有所得、病有所医、老有所养、住有所居、弱有所扶上不断取得新进展，深入开展脱贫攻坚，保证全体人民在共建共享发展中有更多获得感，不断促进人的全面发展、全体人民共同富裕。建设平安中国，加强和创新社会治理，维护社会和谐稳定，确保国家长治久安、人民安居乐业"。

苏州工业园区新时代发展战略

响应党中央的战略部署，苏州工业园区提出了一个以绿色发展为主线，以人民利益为中心，以创新、改革为驱动，双向开放的新发展战略。具体可以表述为"一一二二"战略。"一"是绿色发展，"一"是人民幸福，"二"是两轮驱动，"二"是双向开放。

第一,绿色发展。环境保护和可持续发展一直是一个世界性难题。中国政府很早就注意到这一问题。在罗马俱乐部1972年发表"增长的极限"报告之后,中国政府就在周恩来总理的主持下于1973年8月召开了第一次全国环境保护会议,讨论环境保护的问题。会议确立了中国第一个关于环境保护的战略方针,即"全面规划、合理布局、综合利用、化害为利、依靠群众、大家动手、保护环境、造福人民"的32字方针;并审议通过中国第一部环境保护的法规性文件——《关于保护和改善环境的若干规定(试行草案)》。10年后,1983年12月到1984年1月,国务院召开了第二次全国环境保护会议,决定把保护环境作为中国必须长期坚持的一项基本国策。但是在过去的45年间,中国为了实现"四个现代化"和片面追求GDP量的增长,忽视了对环境的保护,付出了沉痛的代价。空气污染、水污染、土壤污染等一系列环境问题对人民的生活和生存造成极大危害。环境污染导致的各种疾病大幅度上升,经济发展不可持续。2018年5月召开的第八次全国生态环境保护会议,首次把"生态"加入会议名称,把绿色发展理念重新提升到了国家战略的高度。应当指出,绿色发展不是一个权宜之计,而是一个根本的发展理念。只有从这一理念出发,大家才会认识到,人类的经济活动只是人类活动的一部分,而人类的全部活动也只是全部动物活动的一部分,而全部动物、植物也只是地球的一部分。换句话说,人类的经济活动不是、也不应当是人类活动的全部,人类的经济活动不能以其他动物、植物,更不能以环境的恶化为代价。苏州工业园区如果能够把"绿色发展"作为贯穿下一步发展方方面面的主轴,走出一条可持续的绿色发展道路,那将为中国和全世界树立起一个样板。

第二,人民幸福。党和政府的服务对象是人民,人民幸福是发展的根本目的。人民幸福包括人生的各个阶段、涵盖物质和精神两大方面。具体而言,政府应当提供一个宜居、宜业的环境,使居民能够安居乐业。宜居不是打造一个旅游景区,而是在总体规划时考虑有益于长期生活的医疗、教育、社区设施。在这方面,号称"第二硅谷"的美国加州尔湾(Irvine)的规划理念值得参考。尔湾自从1971年建市以来,一直遵循建筑大师威廉·佩德拉(William Pereira)提出的精明增长(Smart Growth)规划原则,即土地混合使用、建筑设计紧凑布局、各社区适合步行、提供多样化的交通选择和保护公共空间、农业用地、自然景观以及引导现有社区的发展和效用。

第三,"双轮驱动"。科技创新将成为未来经济发展的主要驱动力,改革要为科技创新扫清道路。要建立一个政策法规体系、打造国际化的开放式创新生态系统,使创新成为苏州工业园区下一步发展的新动力,使高新技术产业成为主导产业。通过改革这个轮子推动创新这个轮子,通过创新这个轮子带动改革这个轮子,形成一种改革和创新双轮驱动的局面。在学习世界一流创新园并结合国内一流创新园成功经验的基础上,苏州工业园区应当建立一个检测创新生态系统的评价体系,用以评估创新环境、创新活动和创新绩效。与此同时,苏州工业园区还应当采取措施进一步完善创新生态系统,包括为企业提供一个明确、稳定的政策环境;充分发挥园区社会发展的优势,进一步增强对创新人才团队的吸引力;进一步扩大开放层次;进一步发展壮大战略性新兴产业;发掘"隐形冠军",帮助它们成长为"独角兽"、国际品牌;推进高校、科研院所成为园区创新生态系统的科技引领者,推动前沿技术的源头创新;进一步做强科技金融服务;进一步加速创新成果转化;针对园区的华人、华侨出台一些专门政策,使他们能够生活便利、工作顺心;构建园区创新生态系统的资金、技术、人才数据库,重视科技创新与社会改造融合,注重开放创新对于解决社会问题的独特作用;构建来自市场和社会的创新平台等。

第四,"双向开放"。中国在过去的近70年实际上一直是"被开放"。在新中国成立初期,苏联东欧国家对中国开放;从70年代末开始,美国和西方国家对中国开放。即使在中国加入了世界贸易组织(WTO)之后,中国也没有真正把自己的市场全部对外开放。十九大提出的"全面开放"以及后来中国政府宣布开放新举措,包括举办第一届进口贸易博览会,才是真正意义上的中国对外开放。"双向开放"就是指外国对中国开放、中国也对外国开放。理想模式是中国的货物、资金、人员可以向外国自由流动;外国的货物、资金、人员也可以向中国自由流动。基本思想是双接轨,既同发达国家的市场接轨,又同发展中国家的生产体系接轨。一方面维持发达国家的市场(夯实国际供应链),另一方面把低端产业有序地向发展中国家转移(形成雁式国际产业链)。

苏州工业园区开放创新发展路径建议

把"绿色发展"贯穿开放创新发展全过程,就是要打造一个绿色环境,引导一种绿色生活,创造一个绿色社会,实现绿色增长,创建绿色品牌。

1. 绿色环境

绿色环境是指人与自然的和谐共生;人类不再有意无意地改变自然,使之变得对人类的生存越来越不利;而是通过各种方式使人类的外在环境变得更有利于人类的生存和繁衍。应当编制两个清单:增加绿色环境的路线图和时间表的正面清单;减少污染的路线图和时间表的负面清单。中央政府于2018年成立了自然资源部,统筹规划国土空间高质量发展,将山水林田湖草作为生命共同体,为绿色环境提供了宏观政策基础。习近平总书记于2018年5月18日在全国生态环境保护会议上指出,"要全面推动绿色发展。绿色发展是构建高质量现代化经济体系的必然要求,是解决污染问题的根本之策"。

绿色环境的基本特征是物种的多样化(biodiversity)。第一,森林覆盖率高(超过50%),绿色植物种类多、生长周期长。第二,对绿色植物的养护是纯天然的,完全不用任何化学产品(如农药、杀虫剂),也不过分使用人工养护,而是使用生物控制(biological control)(例如flee beetles against leafy spurge;frond-feeding weevil against red waterfern;wasp species against cassava mealybug)。第三,野生动物种类和数量大幅度增加。野生鸟类随着环境的改善而大量回归、驻扎;两栖动物、爬行动物、哺乳动物也通过各种途径来访、永居。第四,环境的改善不完全以人类的生活为中心。动物、植物也有它们自己的生存和繁衍空间。

保障绿色环境要防治和清除维系生命基本要素的污染。第一,防治空气污染。空气是人类生存的必需要素。空气污染不仅影响人类的健康,也影响动植物的生存,甚至有可能影响气候变化。据研究,植物通过释放气味来交流,而空气污染会干扰植物的交流。[①]在过去的800万年间,

---

[①] "Silence of the plants," *New Scientist*, 17 February 2018 (No 3165), pp. 32 - 34.

地球气候进入一个干燥和变冷的周期。从600万年前到现在，地球气候的变化有两大特征。一是气候变冷，这一趋势从400万年前开始变得更加明显；二是冷热幅度变得越来越大，这一趋势从100万年前开始变得更加明显。目前，地球正处于十万年一个冷热交替周期的下降期。与十万年前相比，地球上的温度要冷很多。人们感觉到的气候变暖究竟是二氧化碳排放过度导致还是地球气候周期的转变导致，还需要进一步研究。[①] 空气污染分室内空气污染和室外空气污染：室外空气污染通常是工业污染和民用污染导致的；室内空气污染与人们的生活方式有关。第二，防治水污染。饮用水是人类生存的必需要素，饮用水污染来自自然污染、工业污染和生活污染。地上水通常会有各种病菌，而地下水也有可能含有过量的砒霜（如孟加拉国于2009年曾发生200万人喝含有砒霜的地下水导致砷中毒的事件）；砒霜在中国分布于湖南、江西、贵州；砒霜（三氧化二砷）中毒量为0.005~0.05g，致死量为0.1~0.2g；世界卫生组织制定的安全标准是每天每公斤体重不超过2ug，这就相当于一个六十公斤的人每天摄入量不超过0.12mg（毫克）；中国制订了大米中无机砷的含量标准是每公斤不超过0.15毫克）。工业污水排放有可能污染水源。而药物直接倒入或者通过人体进入排水系统也会导致水污染。第三，通过种树来改善环境。据研究，不同种类的树对于改善环境有不同的功效。在伦敦，10种树吸收碳排放能力的排名是：白杨树（poplar）（每棵树每年可以吸收52公斤碳排放），黑杨树（black poplar）（29公斤），英国梧桐（London plane）（28公斤），sessile oak（27公斤），hornbeam（27公斤），Indian Bean tree（25公斤），Ciruelo rojo（25公斤），occidental plane（21公斤），beech（17公斤），垂柳（weeping willow）（17公斤）。而且，树越大好处越多。美国森林局（the United States Forest Service）的David Nowak 2006年推出一种软件，iTree，可以用来计算树对环境保护的价值。同时，人们也应当意识到，由于大多数植物都属于C3类型的而不是C4类型的，植物吸收碳排放的能力是有限的。[②] 第四，减少光污染。欧洲学者发现，灯光污染即将成为一个重大问题。地球表面被

[①] Bernard Wood, *Human Evolution: A Very Short Introduction* (New York: Oxford University Press, 2005), pp. 35 – 36.
[②] "Climate's surprise effect on plants," *New Scientist*, 2018 (No 3175), p. 15.

灯光照亮的地区将在 2050 年前从 2012 年的水平上翻番,而过度使用灯光会干扰人和动物的昼夜循环,影响其健康和寿命。① 第五,尽量减少人类生产对其它动物生存环境的破坏。根据"2018 世界鸟类状况("2018 State of the World's Birds")"报告,1/8 的鸟类由于人类的活动濒于灭绝。也就是说 11000 种鸟类中,有 1469 种面临灭绝的危险。而人类活动对鸟类生存造成最大威胁的是农业生产。在过去的 300 年间,用于农业耕地的面积从地球表面的 6% 增加到了 38%。②

地处北半球亚热带的苏州常年生长着各种各样的绿色植物。这里有如油松、白皮松、黑松、罗汉松等针叶树;有如香樟、大叶樟、金合欢、大叶女贞、杜英、棕榈、湿地松、木荷等常绿乔木;有如水杉、重阳木、栾树、合欢、无患子、垂柳、香椿、火炬树、喜树、枫香、枫杨、桤木、黄连木、珊瑚朴、榉树等落叶乔木;有如桂花、石楠、夹竹桃、紫薇、八角金盘、栀子花、鸢尾等灌木;有如八仙花、牡丹、月季、桂花、蜡梅、白兰花、梅花(真梅、杏梅、樱李梅)等花卉。

适宜的环境会吸引大量飞禽。苏州已经发现 175 种鸟类,如东方大苇莺、丝光椋鸟、乌鸫、凤头鸭、北红尾鸲、夜鹭、大山雀、大白鹭、家燕、小太平鸟、小白鹭、小鹀鹨、山麻雀、斑嘴鸭、斑文鸟、斑鱼狗、斑鸫、普通翠鸟、普通鸬鹚、暗绿绣眼鸟、树鹨、树麻雀、栗背短脚鹎、棕头鸦雀、棕扇尾莺、棕背伯劳、水雉、池鹭、灰喜鹊、灰头鸫、灰椋鸟、灰背鸫、灰脚柳莺、灰鹡鸰、燕雀、牛头伯劳、珠颈斑鸠、画眉、白头鹎、白翅浮鸥、白腰文鸟、白腰草鹬、白腹鸫、白腿小隼、白鹡鸰、矶鹬、红嘴蓝雀、红嘴鸥、红头长尾山雀、红胁蓝尾鸲、红脚苦恶鸟、织女银鸥、苍鹭、虎斑地鸫、褐头鹪莺、远东树莺、金翅雀、金腰燕、银喉长尾山雀、青脚鹬、须浮鸥、领雀嘴鹎、鸲姬鹟、鹊鸲、黄喉噪鹛、黄眉柳莺、黄眉鹀、黄腰柳莺、黄腹山雀、黄雀、黑尾蜡嘴雀、黑水鸡等。另外,一些珍稀鸟类,如黑天鹅、小白鹭、小天鹅、白额雁、鸳鸯、鹗、黑耳鸢、蛇雕、白腹鹞、赤腹鹰、普通鵟、游隼、小青脚鹬和小鸦鹃等也成为苏州的常客(截至 2017 年 12 月,苏州已经发现 161 种野生

---

① "Light pollution to double," *New Scientist*, 2017(No 3153), p.6.
② "Birds are in free fall," *New Scientist*, 2018(No 3175), p.7.

鸟类）。

苏州已成为很多野生动物出没的地方，包括中华大蟾蜍、泽陆蛙、镇海林蛙、沼水蛙和花臭蛙等两栖动物；中国石龙子、铜蜓蜥、中国小头蛇、黑眉晨蛇等爬行动物；猕猴、黄鼬、普通刺猬、蒙古兔和赤腹松鼠等哺乳动物。

作为"天堂里的天堂"，苏州工业园区应当成为树木的守护神，不任意砍伐树木、毁坏花草、不过分修枝、不使用农药和杀虫剂，让这里的树木花草生活在喜悦、安详、原生状态；应当成为各种鸟类的首选地；应当成为各种野生动物的聚集地。地球不仅是人类的家园，也是动植物的乐园。

2. 绿色生活

绿色生活是指人类的衣、食、住、行、娱乐等活动不再对环境造成压力，而是不断改善人类生存环境。具体说来，人们的生活不再对土壤、空气、水产生污染；不再危害人类和其他动物的健康；不再对不可再生资源形成压力。应当编制两个清单：增加绿色环境生活方式的路线图和时间表的正面清单；减少环境污染生活方式的路线图和时间表的负面清单。

生活在苏州工业园区，一切都应当是完全自然、绿色的。塑料制品对环境的污染已经到了非常严重的地步，应当编制一个塑料完全退出生活的路线图和时间表。由于塑料无法降解，所以无论是埋入地下，还是流入海洋，或是燃烧后释放到空气中，都会造成污染。问题在于每年全球仍然继续生产塑料，使塑料污染的情况逐年恶化。2016年全球共生产塑料2.8亿吨。中国是塑料的最大生产国，产量占全球总量的29%，也是海洋塑料污染的第一来源国。苏州工业园区应当成为世界上第一个用生物产品（如广泛使用的蘑菇生长技术）和纸制品（如环保纸袋）全部取代塑料用品的城市。苏州工业园区应当成为世界上第一个全面禁烟的城市。

苏州工业园区应当鼓励人们减少垃圾，力争做到"零垃圾"（"zero waste"）。

苏州工业园区应当成为世界上第一个全面禁止有人驾驶、实行无人驾驶的城市。应当向欧洲国家如德国、荷兰、丹麦学习，鼓励使用自行车，修建自行车高速公路。拥有"汽车王国"美誉的德国是欧洲最大的自行车消费国，自行车数量达7000多万辆，是轿车的1.6倍；3.8万公里的联邦公路中，有近一半的道路有"自行车专用道"；最近新建一条连接10个西部城市、长达60公里的"自行车高速公路"。荷兰有1600万人，却有1800万辆自行车。丹麦首都哥本哈根的自行车道长达400公里，相当于8条北京三环的长度。如果能够严格区分城内交通工具和城际之间交通工具，规定城内的汽车为一人宽（未来的新型电动两轮或三轮汽车）而城际的汽车可以是两人宽（现行的四轮汽车），并通过法律在全国推行，就可以做到城市内汽车无排放、交通无拥堵。可以设计一种健身房兼公共汽车的无人驾驶交通工具，将健身者锻炼时产生的能量与太阳能结合起来，把乘客安全送到目的地。在旅途中，这种交通工具还会将沿路的地区地面清除干净、进行空气净化。

3. 绿色社会

绿色社会是指人与人之间和睦相处的新型社会。由于互联网的高度发达，人类已经成为一个地球村；人类社会变成一个全球范围内的虚拟"熟人社会"。与实体的"熟人社会"相比，虚拟"熟人社会"有一些新的特点。在虚拟"熟人社会"里，交朋友变得极其容易；很多人都是朋友遍天下。但是，这些朋友与传统意义上的朋友相去甚远，真正交心的朋友并不多。由于互联网的发展，人们表面上变得更近了，而实际上变得更疏远了。一家人从五湖四海聚集在一起，但每个人都低头看手机，而不是互相交流——这样的场景比比皆是。在这样的"熟人社会"里，人们开始注意自己的公众形象、规范自己的行为。应当编制两个清单：增加友爱与和谐的路线图和时间表的正面清单；减少仇恨和暴力的路线图和时间表的负面清单。

4. 绿色增长

绿色增长的基本特征是可持续性和零排放。绿色增长以可再生能源为动力，以循环经济为主轴，兼顾民生和环境保护。太阳能和风能等可再生能源将完全取代煤和石油、天然气等不可再生能源。污染性的工业被全部淘汰，代之以清洁环保的新型产业。绿色增长不再以经济增长为首要任务，而是以科技创新为主要动力。应当编制两个清单：清洁环保、高附加值产业进入经济路线图和时间表；高能耗、高污染产业退出经济路线图和时间表。园区可以建立一个绿色经济的产业链,包括能源、材料、环保、人工智能等领域。在新能源方面,英国的许多做法值得参考。英国政府决定到 2025 年将全部停止煤电站。企业和投资公司采用科技创新和模式创新,大力提升可再生能源的生产和使用效率,有效减少对污染能源的依赖。[1] 可以研究用人的细胞制造生物电脑,预警人体的状况。[2] 鼓励投资环保产业,形成环保产业链。欧美国家如英国、德国、美国、加拿大正在兴起一个把二氧化碳作为生产原料的崭新产业——CCU(carbon capture and use)。[3]

园区火车站应当成为苏州乃至长江三角洲主要的空、陆交通枢纽之一。应当成立一个以"苏州国际机场"为基地的"苏州航空",把"苏州国际机场"和"苏州航空"打造成如新加坡樟宜机场和新加坡航空公司一样的世界一流的国际机场和航空公司。

5. 绿色品牌

作为一个来料加工的工业基地,苏州工业园区已经完成了自己的历史使命。在今后的发展进程中,它将以一种新的姿态出现,成为以创新为驱动的新型城市。可以考虑将"苏州工业园区"改名为"苏州园区",英文名字的缩写还是"SIP",但是意思完全不一样。"苏州工业园区"的英文名字全称是"Suzhou Industrial Park",而"苏州园区"的英文名字全称是"Suzhou Innovation Park"。

未来的"苏州园区"将是一个美丽、宜居、和谐、可持续发展的绿色社会。

---

[1] "The flexible future of green energy," *New Scientist*, 21 April 2018 (No 3174), pp. 16 – 17.
[2] "Biological computer made from human cells," *New Scientist*, 31 March 2018 (No 3171), p. 9.
[3] "From pollution to solution," *New Scientist*, 17 March 2018 (No 3169), pp. 34 – 41.

中新社会福利模式比较[*]

● 魏 炜[**]

内容提要：中国与新加坡有相同的社会福利意识形态和相似的社会救助体系，新加坡大服务的公共福利体系符合中国社会保障改革的要求与目标。同时，中国现有的公共福利机制有优于新加坡之处。追求机会平等和规定个人责任的同时，如何提升政府的福利职能？如何在效率与公平之间找到与国情更适合的平衡？这不仅是新加坡面临的新问题，也是中国构建具有自身特色的福利模式过程中需要扬长避短的问题。

关键词：新加坡；中国；社会福利

艾斯平·安德森在《福利资本主义的三个世界》一书中将欧洲福利制度归纳为三种类型：法团福利国家、自由福利国家、社会民主福利国家，法团主义、自由主义、社会民主主义也因此成为人们分析和认知福利意识形态及福利模式的主要类型。随着各国社会福利事业的发展和研究的深入，许多学者提出，福利体制已经突破三种模式，尤其是一些亚洲国家，根植于传统文化背景下强调家庭作用的福利制度明显区别于欧洲自由主义或社会民主主义的福利模式，新加坡被认为是其中的代表。同是中华文化圈，中国与新加坡的社会福利模式有什么共同之处？中国将如何扬长避短，构建具有自身特色的福利模式？本文将在比较中新社会福利意识形态、社会救助体系等社会福利模式构成的基础上回答上述问题。

---

[*] 本文是教育部2017~2018年度国别与区域研究课题"新加坡与中国关系研究"成果。
[**] 魏炜，史学博士，二级教授，享受国务院政府特殊津贴专家，教育部国别与区域研究基地赣南师范大学新加坡研究中心主任，主要研究方向为新加坡社会发展、中新关系。

一 相同的社会福利意识形态

首先,中新两国对"社会福利"的理解相同。

社会福利(Social Welfare)是个很复杂的概念,中外的理解不同[1]。研究者认为,社会福利一般指作为人类社会,包括个人、家庭和社区一种正常和幸福的状态,贫困、疾病和犯罪等社会病态是"社会福利"的反义词。"社会福利"可以指社会福利状态,亦可以指社会福利制度。广义的"社会福利"制度指国家和社会为实现"社会福利"状态所做的各种制度安排,包括增进收入安全的"社会保障"的制度安排。狭义的"社会福利"则指为帮助特殊的社会群体,疗救社会病态而提供的社会服务。[2] 中国与新加坡对"社会福利"的理解都是狭义的。

新加坡获得自治时,福利国家浪潮已经在欧洲全面展开,尽管大多数建党成员都从英国留学回来,但是人民行动党没有照搬英国的福利制度,主张必须按照国家的情况来实现公正与平等的社会目标,反对福利主义,政府很明确地告诉大家,新加坡"不会是一个福利社会,政府不会实行预算赤字,而是继续周期性地修订费用,以规范成本变化和工资增长"[3]。"政府福利只是对那些真正贫困却错不在己的人的一个形式上的安全网"[4]。

然而,在新加坡的社会政策和官方出版物中,又常见"福利服务""社会福利"等概念,还有社会福利局、福利处、国家福利理事会等政府部门和法定机构,反而很少见到"社会保障"一词。每年一册的《新加坡年鉴》(Singapore)和《新加坡统计年鉴》(Yearbook of Statistics

---

[1] 参见尚晓援:《"社会福利"与"社会保障"再认识》,《中国社会科学》2001 年第 3 期;田北海:《社会福利概念辨析:兼论社会福利与社会保障的关系》,《学术界》2008 年第 2 期;孔伟艳:《社会福利与社会保障的概念辨析》,《中共天津市委党校学报》2011 年第 5 期。

[2] 参见尚晓援:《"社会福利"与"社会保障"再认识》,《中国社会科学》2001 年第 3 期。

[3] Alan Chong, *Goh Chok Tong*: *Singapore's New Premier*, Malaysia, Pelanduk Publications, 1991, p158.

[4] *The Straits Time*, 7 January 1995.

Singapore）是对国家各项事业的年度归纳与总结，从中可以看出新加坡政府对社会福利的诠释及其变化。除教育、就业、住房、健康、环境之外的社会事务及其相关政策措施，20 世纪 60～70 年代属于 Social Services，或者 Welfare Services，80 年代前半期的年鉴中，统一为 Social Welfare，工伤补贴、遣散费（裁员津贴）和中央公积金属于 Worker's Security，归人力部管理。1986 年起，Social Welfare 不再出现于总目录，取而代之的是 Community Development，其中一个子目是 Welfare Services。

可见，从制度设计角度看，新加坡政府并不反对社会福利，但是对"社会福利"的理解是狭义的。在新加坡，社会福利是福利服务（Welfare Services），是帮助特殊的社会群体、疗救社会病态而提供的社会救助和社会服务，是社会福利的最低层次。而在实践中，成为发达国家之前，新加坡的社会福利长时间停留在最低的救助层次上，社会及家庭发展部"负责监督政府在社会救助、社会服务、家庭、儿童护理及儿童发展、老人、残疾人以及管理赌博问题这些方面的政策"。

中国对社会福利的理解与新加坡同属于狭义的剩余型社会福利，2016 年 3 月发布的《中华人民共和国国民经济和社会发展第十三个五年规划纲要》将中国社会福利制度的重点界定为"扶老、助残、爱幼、济困"[①]，与社会保险、社会救助并列为社会保障制度的子项目。由于中国的情况较新加坡更复杂，社会福利与社会救助分别由不同机构管理，同属民政部，机构名称分别为社会福利和慈善事业促进司、社会救助司。社会福利司（现名社会福利和慈善事业促进司）的职责是"拟订社会福利事业发展规划、政策和标准；拟订老年人、孤儿和残疾人等特殊群体权益保护政策；拟订社会福利机构管理办法和福利彩票发行管理办法；管理本级彩票公益金；拟订社会福利企业扶持政策；组织拟订促进慈善事业发展政策；组织和指导社会捐助工作"[②]。下设福利彩票（综合）处、慈善和社会捐助处、老年人福利处、残障人福利处、儿童福利处等 5 个处级机构。社会救助司的职责是"拟订社会救助规划、政策和标准，健全城乡社会救助体系；组织城乡居民最低生活保障、医疗救助、临时

---

① 新华网，http://news.xinhuanet.com/politics/2016lh/2016-03/17/c_1118366322.htm，2016 年 3 月 17 日。
② 中国民政部官网。

救助工作；拟订五保户社会救济政策；承办中央财政最低生活保障投入资金分配和监管工作；参与拟订住房、教育、司法救助相关办法；承担全国社会救助信息管理工作"①。在中国，就功能而言，社会救助和社会福利都是为弱势群体"托底"，这种理解与新加坡对社会福利的理解是一样的，与新加坡的工伤补贴、遣散费（裁员津贴）和中央公积金等Worker's Security一样，中国的工资福利以及养老、失业、医疗、工伤、生育和农村社会保险等社会保险都归属人力资源和社会保障部管辖。

其次，中新两国社会福利实行过程中个人、家庭、社会、政府的责任关系理念相同。

中国和新加坡都遵循东方文化传统，家庭即社会，社会即家庭，倡导家庭内部成员互助互爱，在引入现代社会保障概念后，政府仍然鼓励家庭成员相互支持和帮助，发挥家庭在现代社会保障中的作用。特别是养老问题，在东方国家，无论是老人自身还是其家属都把进养老院看作非常"丢面子"的事，中国和新加坡都将赡养老人视为公民的法定义务。

新加坡将个人"各尽所能"确定为建立民主社会主义的原则②，倡导个人必须对自己、对家庭负责，在社会保障问题上强调个人责任与家庭责任、社会责任相结合，政府充当个人和家庭的引导者和支持者③，政府、社区、家庭、个人在社会保障体系中构成金字塔模型。④

强调个人及家庭在保障方面的自理与自律是中国与新加坡的共性。1978年第八次全国民政工作会议提出改革开放后中国社会救助的基本方针，在农村"依靠群众，依靠集体，生产自救，互济互助，辅之以国家必要的救济和扶持"，在城市"依靠基层，生产自救，群众互济，辅之以政府必要的救济"，规定实行社会救助时兼顾个人、集体和国家三者之间的关系，强调先个人，后集体，再国家。"十三五"规划则明确提出要"提增家庭养老扶幼功能"。

---

① 中国民政部官网。
② Chan Heng Chee & Obaid ul Haq (eds.): *The Prophetic and the Political: Selected Speechs and Writings of S. Rajaratnam*, Singapore, Graham Brash (Pte) Ltd, 1987, p. 84.
③ Goh Chok Tong, *Social Values, Singapore Style*, The Straits Times, 21 Aug 1994.
④ 参见魏炜《新加坡社会政策理念体系》，《赣南师范学院学报》2014年第4期，第38~41页。

二 相似的小保障救助体系

中新两国的社会保障体系相似,都由政府援助、机构救助和有限的工作福利构成。

(1) 新加坡的情况

新加坡的社会福利服务承袭于殖民时期,经过半个多世纪的实践,形成了由公共援助、福利机构救助构成的社会救助体系,为弱势群体提供最低安全保障。

公共援助是新加坡持续时间最长、最主要的福利项目,最初援助对象包括:65岁以上男性和60岁以上女性;病患者包括肺结核病幸存者;寡妇和孤儿;永久性伤残者;暂时伤残者;失业者。[1] 几经变化,20世纪70年代后援助对象相对稳定,近几十年实际受助对象包括:老年赤贫者、因病无法工作者、被弃妻儿、60岁以下残疾人、有不满12岁孩子的寡妇。2004年后公共援助改称社区关怀长期援助(Com Care Long Term Assistance),政府严格规定援助对象是"因年老、疾病或残疾且只有有限的或没有收入,很少或没有家人的支持"[2] 的新加坡人,除了每月现金津贴,受益人会得到政府医院和诊疗所的免费治疗,上学的孩子有额外援助。

由福利机构为特殊人群提供救助曾经是新加坡殖民政府采取的主要社会救助方式,独立后的新加坡一度延续了这种救助方式,主要服务两类人群:儿童与青少年,如男童宿舍、男孩学校、女孩家庭手工艺中心、少女收容所、智障儿童收容所、儿童中心、托儿所等;老年人和其他,如养老院、残疾人或赤贫者福利院等。1975年儿童中心被撤销,1979年社会福利局将11所托儿所转交全国职总和新加坡工业劳工组织,福利机构只剩下极少数针对成人的福利院,安置老人、赤贫者、流浪者、残障

---

[1] *Colony of Singapore Annual Report 1953*, London, HMSO, 1954, p111.
[2] *Yearbook of Statistics Singapore* 2013, Singapore, Department of Statistics, Ministry of Trade & Industry. p312, http://www.singstat.gov.sg/publications/publications_and_papers/reference/yearbook_of_stats.html.

人士。1993年，政府宣布，其社会福利计划将目标分为4个群体：残疾人、穷困潦倒的老年人、那些生活在最低水平的人和那些因特定的问题使他们难以养活自己的人。

在新加坡步入发达国家之前，不管是公共援助还是机构救助，提供的都是维持基本社会或生活安全的最低保障，工业化越深入，人们生活水平有所提高，福利越退化。1990年以前，社会福利支出在政府总支出的占比长期维持在低水平，并且多数时候是下降的（见表1）。当下新加坡的社会救助呈现减少机构援助，增加以家庭为对象的公共援助，控制受助类别、扩大受助数量的特点，在经济增长和国民收入提高的情况下，接受公共援助的人没有减少，特别是2004年改称社区关怀长期援助后，受助人数年年增加。

表1　新加坡社会福利支出（1965~1990年）[①]

年份	1965	1966	1968	1969	1970	1972	1973	1980	1981
支出（百万新元）	13.4	12.4	9.3	9.7	9.2	8.6	15.2	10.96	11.33
占总支出比例	3.4	2.3	1.3	1.3	0.9	0.8	1.1	0.23	0.20

年份	1982	1983	1984	1985	1986	1987	1988	1989	1990
支出（百万新元）	11.67	12.50	13.24	14.33	14.69	17.5	28.9	35.4	33.8
占总支出比例	0.17	0.15	0.15	0.18	0.15	0.21	0.40	0.46	0.37

（2）中国的情况

改革开放前，中国的社会福利体系由民政社会福利、职工社会福利和公共社会福利构成。职工社会福利和公共社会福利基本面向城镇居民，且主要是工作福利，包括住房分配、生活补助、文化设施、卫生福利等；民政社会福利包括社会福利院、儿童福利院、残疾人福利工厂、收容遣

[①] 资料来源：Singapore Year Book 1966, Singapore, Government Printing Office, 1967, p.101; Singapore 1971, Singapore, the Publicity Division, Ministry of Culture, 1971, p.202; Singapore 1974, Singapore, the Publicity Division, Ministry of Culture, 1974, p.304; Singapore' 82, Singapore, 1982, p.234,; Singapore 1983, Singapore, 1983, p.276; Singapore 1984, Singapore, 1984, p.280; Singapore 1985, Singapore, 1985, p.296; Singapore 1986, Singapore, 1986, p.247; Singapore 1987, Singapore, 1987, p.263,; Singapore 1988, Singapore, 1988, p.266; Singapore 1989, Singapore, 1989, p.271; Singapore 1990, Singapore, 1990, p.263; Singapore 1991, Singapore, 1991, p.265。说明：1974~1979年，在新加坡的财政支出统计中，没有社会福利的单项统计，而是将社会福利与社区、环境及其他社会服务支出合计在一起。

送中心等机构救助和有限的抚恤或困难补助,实际上就是社会救助。

20世纪70年代末,中国福利制度的改革方向也是减少机构援助,增加以家庭为单位的救助。《社会救助暂行办法》规定,"社会救助制度坚持托底线、救急难、可持续,与其他社会保障制度相衔接,社会救助水平与经济社会发展水平相适应。"[1] 中国的社会救助体系由最低生活保障、特困人员供养、受灾人员救助构成,分别救助三类人群:最低生活保障针对贫困家庭;特困人员供养针对无劳动能力、无生活来源且无法定赡养、抚养、扶养义务人,或者其法定赡养、抚养、扶养义务人是无赡养、抚养、扶养能力的老年人、残疾人以及未满16周岁的未成年人;受灾人员救助针对受自然灾害严重影响或因火灾、交通事故等意外事件、家庭成员突发重大疾病等原因,导致基本生活暂时出现严重困难的家庭以及遭遇其他特殊困难的家庭的临时救助。社会救助项目包括生活救助、医疗救助、教育救助、住房救助、就业救助。

三 新加坡大服务的公共福利体系与中国扩大社会保障的改革要求和目标一致

新加坡不是福利国家,但是政府保障"人民在食、住、就业、保健等方面都受到良好的照顾"[2],为此新加坡在住房、教育、卫生、基础设施、社区服务等公共领域不断投入,实际上构建了一个大服务的公共福利体系,社会福利的对象扩大到了全体公民,社会福利的项目从针对弱势群体的社会救助和社会福利服务扩大到了社会保险和社会救助、医疗服务、住房、教育、社会工作服务和对个人的社会服务、就业等"六大服务",达到了提高国民生活质量、促进社会稳定的目的。

有学者将新加坡定性为"新兴儒性福利国家",认为新加坡已经开发出一种特定的响应公民社会需求的回应方式,强调家庭和慈善机构的

---

[1] 《中华人民共和国国务院令》第649号,中华人民共和国中央人民政府网,http://www.gov.cn/flfg/2014-02/27/content_2624221.htm。

[2] 李光耀:《好政府比民主人权重要》(1992年11月20日),《联合早报》:《李光耀四十年政论选》,新加坡报业控股华文报集团,1993年,第574页。

作用，而不是单纯依赖国家的援手政策。① 如果将公共服务体系综合考虑，新加坡政府在回应现代公民社会需求方面的做法则是不仅强调家庭和慈善机构的作用，而且还构建小保障大服务的社会福利模式，在医疗、养老、抚幼的个人保障方面强调个人和家庭的作用，在住房、交通、教育、就业等公共事业上突出政府职能。随着社会经济发展，公共福利日益显示出其重要性，而且有越来越重要的趋势，新加坡"大服务"的公共福利事业符合全球公共福利发展的趋势，并且卓有成效，其人类发展指数的世界排名持续前移，2013年人类发展指数位居第9，超过日韩，成为亚洲第一。②

新加坡大服务的公共福利体系与中国扩大社会保障的改革要求和目标一致。中国正在努力构建一个普惠、均等的公共服务体系，《"十三五"规划纲要》专列一章"增加公共服务供给"，提出"坚持普惠性、保基本、均等化、可持续方向，从解决人民最关心、最直接、最现实的利益问题入手，增强政府职责，提高公共服务共建能力和共享水平"。将公共教育、劳动就业、社会保险、卫生计生、社会服务、住房保障、文化体育、残疾人基本公共服务都列入基本公共服务项目清单，搭建了未来五年中国发展公共服务事业的基本框架。新加坡大服务的公共福利体系对中国有较好的借鉴意义。

四 中国如何扬长避短？

尽管新加坡建立了相对健全和完善的社会福利体系，但是与其经济发达和高收入的层次相比，仍有许多值得检讨之处；同时，中国在公共福利建设上有自己的特色与成就，因此中国在构建具有自身特色社会福利模式的过程中需要选择性地谨慎对待外来经验，取长补短。

比如在医疗卫生的支出方面，根据世界卫生组织的统计（见表2），

---

① Habibullah Khan: *Social Policy in Singapore: A Confucian Model?* The International Bank for Reconstruction and Development, The World Bank, First Printing January 2001, Stock No. 37165.
② 《2014年人类发展报告》，联合国开发计划署，http://www.un.org/zh/development/hdr/2014/。

新加坡政府卫生支出占卫生总支出比重不到世界平均值，几乎只有高收入国家平均水平的一半，甚至低于东南亚地区的平均水平，社会保障用于卫生支出占政府卫生支出比重更与高收入国家平均水平相差甚远；相反，个人卫生支出占卫生总支出比重高于东南亚地区平均水平，也远高于高收入国家平均水平和世界平均水平。

表2 中国与新加坡卫生支出情况比较①

单位：%

国别与地区	政府卫生支出占卫生总支出比重		个人卫生支出占卫生总支出比重		政府卫生支出占政府总支出比重		社会保障用于卫生支出占政府卫生支出比重	
	2000年	2012年	2000年	2012年	2000年	2012年	2000年	2012年
新加坡	45.0	35.9	55.0	64.1	7.1	11.1	4.8	14.1
中国	38.3	56.0	61.7	44.0	10.9	12.5	57.2	67.9
中等收入国家平均	34.0	36.4	66.0	63.6	6.1	6.2	14.4	13.8
世界平均	55.5	57.6	44.5	42.3	12.9	14.1	59.0	59.3

在中国，尽管医疗保障建设有诸多不尽如人意之处，但是在个人与政府支出的比例方面有优于新加坡之处，以2012年为例，个人卫生支出占卫生总支出的比重低于新加坡，也低于同类的中等收入国家平均值，与世界平均值接近；而政府卫生支出占卫生总支出的比重高于新加坡，也高于中等收入国家平均值，接近世界平均值，其中社会保障的支出比重高于世界平均值，更远高于新加坡与中等收入国家平均值。

另外，中国在公共卫生基本面上与新加坡存在较大差距，差距还存在于公共教育、住房、收入公平、城乡均衡等方面。以中国的现有国情，可以在继续推进已有的社会保障的前提下，学习借鉴新加坡大服务的社会福利体系，以建立一个覆盖广、层次高的公共服务体系为先期目标，辅之以周到精准的社会救助，逐步扩大社会福利的范围和层次，达到建立更加公平、更可持续的社会保障制度的目标。

---

① 资料来源：World health statistics 2015. WHO Library Cataloguing‐in‐Publication Data，http://apps.who.int/iris/bitstream/10665/170250/1/9789240694439_eng.pdf?ua=1&ua=1，2016/3/27。

第六篇
新加坡与马来西亚

马来西亚第 14 届国会选举及对新马关系的影响分析

● 汤婉香 辉 明[*]

内容提要：2018 年马来西亚第 14 届国会选举中，反对党联盟希望联盟一举拿下 113 个国会议席，以简单多数选票史无前例地打败了国民阵线取得执政权，打破了马来西亚威权政治体制，向民主政治更迈进了一步。新加坡作为马国的近邻，与马来西亚关系密切，马哈蒂尔上任后可能对新隆高铁、水价和公积金问题进行重新谈判，对双边关系将产生一定负面影响。本文就本届大选的选前形势、国阵与希盟的选战策略，以及大选的结果与对新马关系产生的影响作出分析。

关键词：马来西亚大选；政权更替；新马关系

2018 年 5 月 9 日，马来西亚第 14 届大选掀起了"全民海啸"。马哈蒂尔领导的希望联盟以反对党派的身份对纳吉布领导的国民阵线发起挑战，最终以获得 113 个国会议席打败国阵实现了"变天"，国阵 60 年来首次失去中央政权。本届大选实现了马来西亚历史性的政权变更，是马国民主化道路上的重要里程碑。笔者从选前形势，国阵与希盟的选战策略，以及大选的结果与对新马关系的影响进行梳理，从中一窥马来西亚实现历史性政权更替的原因和对新马关系今后走向的意义。

---

[*] 汤婉香，深圳大学社会科学学院硕士生，深圳市龙岗区南湾沙塘布学校教师，主要研究方向：东南亚政党政治、新马关系；辉明，深圳大学社会科学学院副教授，硕士生导师，政治学博士，主要研究方向：亚太国际关系、东南亚政党政治。

一 选前形势

2013年马来西亚大选被认为是"马来西亚政治海啸",人民联盟在大选中获得全国过半票数的支持,并拿下了槟城、雪兰莪和吉兰丹三州的执政权。而国阵遭受重挫,但仍凭选区划分优势,保住了国会简单多数席位继续执政。五年来,马来西亚的经济、政治以及社会发生了较明显的变化,促成了2018年大选选情的颠覆性变化。

(一)经济方面

纳吉布政府领导下的马来西亚国民收入有所提高,但政府也爆出贪腐丑闻及经济问题。一方面,纳吉布积极推行经济和福利体制改革,从2010年开始施行的"国家转型计划"略有成效。"国家转型计划"2017年度报告显示,人均国民收入与世界银行规定的"高收入国家"门槛差距从10年的33%缩小至20%[1]。另一方面,近五年来的进出口额却呈明显下降趋势,国内物价上涨也令国民怨声载道。关键是,纳吉布在任期内还爆出严重的贪腐丑闻。民主行动党林立迎称,消费税、一马公司丑闻和马哈蒂尔的加盟这3个因素将使希盟有机会在本届大选中获胜[2]。

消费税从2015年4月1日开始实行,这是马来西亚实行消费税后的首次大选。民间"消费税是物价上涨导因"的声音高涨,消费价格指数从2015年的112.8增长至2018年的120.9,民众对此抱怨不断。马来西亚国际伊斯兰大学有关团队的调查显示,选民最关注经济与社会议题,94.1%的受访者最关心物价上涨[3]。因此,消费税和物价上涨问题成为影响选票去向的一大因素。

贪腐是马来西亚政界的公开秘密,一马公司丑闻(也称1MDB案)于纳吉布在位期间轰动全马,这一事件直接打击了公众对马来民族统一机构(以下简称巫统)的信任。纳吉布在1MDB案中的贪腐行为虽人尽皆知,但他动用政治手段铲除异己,使朝中对他的反对声音消失殆尽,在选前并未威胁到其政治地位。而在民间,1MDB案在城市地区流传较广,乡村地区的居民可能并不知道最新的进展,他们更关心消费税和生计问题[4]。

（二）政治方面

马哈蒂尔这位马来西亚前首相、国阵前领导人成为希盟领袖，给希盟带来了新的支持选票，但这同时也是希盟对种族主义的妥协。马哈蒂尔被视为"马来西亚之父"，在一些老巫统党员的心目中是权威的象征。2018年5月4日，在投票日到来之前，3名巫统元老因公开支持希盟被巫统开除党籍[5]。凭借过往的政治权威和个人魅力，马哈蒂尔拉拢了部分老巫统党员，减轻了马来人背叛巫统的心理负担，对希盟争取马来人选票产生了积极的作用。

选举前，伊党和希盟决裂促使本届大选形成了"三角战"的局面。2015年6月16日，结盟7年的人民联盟走向终结，伊斯兰党因与行动党、公正党在实行伊斯兰刑事法上无法达成一致，退出民联。民联解散后，伊党的宗教诉求越发强烈，并逐渐与期望最终建立神权政权的巫统密切接触，相比于强调世俗化社会重要性的民联，巫统捍卫宗教独尊的决心强，与伊党最终建立神权国家的诉求相符合，因此两党具备更加坚实的合作基础。但巫统企图利用伊党和希盟的分裂制造三角战的策略其实行不通，刘镇东认为，巫统在边际选区打三角战比希盟更为不利：在马来选民居多的混合选区里，非马来选民倾向投希盟；倘若马来选民的反建制情绪维持到大选，一些巫统和伊党的支持者也会转投希盟[6]。

对新加坡而言，若希盟胜出，或对双边关系的稳定发展构成威胁。马哈蒂尔在1981年至2003年担任马来西亚总理时，对新加坡立场强硬，新马关系在此期间数次出现摩擦[7]，该时期的新马关系更被纳吉布称为"新马对峙性外交"[8]。在选举前，马哈蒂尔表达了对新马水供协定、在新工作的马国公民公积金和丹戎巴葛火车站的土地权等问题的不满，并表示有意要检讨包括新隆高铁在内的双边合作计划。相比于纳吉布时期新马关系的友好发展，马哈蒂尔的重返政坛无疑会打破新马间的和谐局面，尤其是新马合作计划很可能受影响停摆。

（三）社会方面

长期以来，低收入的马来人是国阵的核心支持群体，纳吉布也竭力通过"恩庇政治"拉拢该群体:在福利体制方面,纳吉布提出"一个马来西亚"的理念以促成马国种族和谐,并持续推行"一个大马人民援助金计划"(BR1M),给予低收入家庭和单身人士相应补贴。但就2013年大选的结果来看,华人选票反而大部分流向了希盟。且在纳吉布任期内,巫统党内针对华人的种族言论越发激烈[9]p49,种族冲突有更甚之势。随着大选的临近,巫统操纵"种族牌"来竞争选票,2017年12月,纳吉布在巫统大会上还发出警告,一旦巫统失去掌握国家政权的机会,马来统治者的地位将受到质疑,马来人的尊严将被践踏,本土族裔将被边缘化,以此威慑马来土著。"马来人优先"的政策植根于马来宪法,华人和印度人在马的政治权利受到压制是现实,故希盟提出的"平等自主"宣言得到了非马来人的支持。

综观本届大选,伊党从民联分裂出来独立竞选,马哈蒂尔领导的土著团结党加入希盟,形成2018年大选国阵和希盟对峙、伊党和其他独立党派参选的多角战局面。

二 选战策略

重划选区是国阵在竞选中的惯用伎俩,在上一届选举中虽然国阵的得票率仅为47%,但却拿下了133个国会议席,原因是马来西亚采用的是"简单多数制",即赢得过半议席就能执政,并非看普选票。在本届大选,国阵再次上演相同的戏码,国阵只需以16.53%的总得票率,就可以赢得全国选民人数最少的112个国会议席执政中央政府,比起2013年大选的16.62%还略低[11]。

早在2018年3月8日,希盟就以60项承诺、百日新政及5项特别使命,勾画希盟的执政愿景,其竞选宣言命名为《希望宣言》,在百日新政中提出废除消费税,稳定油价,彻查一马公司等的贪腐丑闻等措施[12],无不透露出与国阵的敌对之态。纳吉布则批评希盟的"百日新政"华而不实,双方火药味十足,《星洲日报》副执行总编林瑞源把国阵和希盟在竞选宣言上的针锋相对称作"恶性民粹竞争"[13]。

在国民最关心的经济问题上,希盟承诺"100天内废除消费税,恢复销售与服务税"，迎合了很大一部分渴望通过废除消费税降低物价的民众的心理。相反，国阵没有对消费税提出废除或者削减，而是强调BR1M惠及700万人民，并进一步加码：BR1M的受益者将扩大至其子女并增加援助金的新类别，但实则加码的援助金无法弥补因消费税额外增加的开支。尽管此前有税务专家分析认为消费税不完全是物价上涨的罪魁祸首，若能控制好贪腐，消费税对于国家财政的可持续发展能产生推动作用[14]。况且，消费税占据18%的财政收入[15]，若废除消费税，必然要寻找其他税收替代以维持财政，物价问题依然存在。与国阵的"恩庇政治"类似，希盟欲通过"消费税"直击选民的要害，利用选民只看到短期利好以及求变的迫切心理，因此竞选时发生"民粹竞争"也在意料之中。

至于备受争议的贪腐问题，希盟将其作为"百日新政"的一大措施：成立皇家调查委员会，彻查包括一马发展公司在内的金融丑闻，并且重组这些机构的领导结构。进一步对马来西亚进行民主革新，开展体制变革和民主深化，其中特别强调了反贪和选举制度的透明，直指国阵政府的腐败和肮脏。相比之下，纳吉布在爆发严重贪腐后，不仅缺乏相应的反腐决心和实际措施，为掩盖贪腐丑闻，还祭出"马来种族主义"和"伊斯兰神权主义"两面大旗[16]来巩固其选票基础，转移选民的注意力以淡化国阵政府的贪腐现实。

马来人、公务员以及沙巴州和沙捞越州选民向来是国阵的核心支持群体，国阵按照惯例发放"政治糖果"之余，还积极争取青年选民以及华人的支持。为争取年轻选民，国阵提出特别推介青年竞选宣言，除了增加就业、鼓励创业和增加2050大马孩童信托基金，政府还资助举办首次婚礼。希盟宣言则纳入了希盟青年团的《青年宣言》，为青年人提供免费大学教育、结婚奖励等。至于华族政策，承认华文独立中学统一考试（统考）课题是华社的主要诉求之一，希盟在竞选宣言中强调了承认统考的决心，而国阵则首次在竞选宣言中提到统考。槟城研究院研究员黄进发认为，国阵承认统考目的是减少其支持者的离心[17]。国阵此举在一定程度上受到希盟的影响，不得不在统考问题上妥协，这是两线良性竞争的结果。但国阵"考虑承认统考"的官方说法被指诚意不足[18]，难以获得原本要投希盟的华族选票。

国阵和希盟以对垒的姿态开启了第 14 届国会选举，不似上届充斥着"换政府"的口号，国阵也没有如 2013 年那般对大选一再拖延，纳吉布和马哈蒂尔似对胜选都有较大信心。

三 大选结果及影响

5 月 9 日晚，第 14 届大选的结果陆续揭晓，希盟获得简单多数，国阵 60 年来首次失去中央执政权。222 个国会议席中，希盟以获得 113 个国会议席打败国阵和伊党；在 505 个州议席中，获得 226 席，最终夺得了吉打、槟城、雪兰莪、森美兰、马六甲、柔佛、霹雳和沙巴州的州执政权。

大选中惨败的国阵仅获得 79 个国会议席和 166 个州议席，只保住了玻璃市和彭亨两州。纳吉布败选后引咎辞职，不再担任巫统和国阵主席，巫统的失利直接导致了国阵的惨败。作为国阵的第二大党，马华在本届大选中亦一败涂地，所出战的议席中仅守住一个席位，创下空前惨败成绩。另外，伊党最终取得 18 个国会议席，90 个州议席，仍保有吉兰丹州和登嘉楼州的执政权。

笔者认为，国阵败阵最根本的原因是民众对现实的不满所引起的求变心理。国阵执政大马一个甲子，自 2008 年大选以来，接连遭遇"海啸"，本届大选的"变天"在 2013 年便有端倪。2013 年大选中，民联得票过半数超过国阵，但由于选区划分之故没能成功执政。有学者指出，马哈蒂尔效应是本届大选马国变天的最大助力[19]。胡逸山认为，这不是由特定族群引起的，而是一场"全民海啸"。民众求变心理的群体性爆发归咎于国阵执政期间的作为不得民心，物价连年上涨，人民面对的生存问题突出。在此情形下，纳吉布还强力推行消费税征收政策，甚至内部贪腐严重，民众心生怨怼，对国阵和纳吉布的失望已达极限，渴望政权更替的信念已超过对执政联盟的理性选择，马哈蒂尔的重返政坛恰好给选民一个契机改写历史。

马哈蒂尔上任后，即刻悉数开展相关工作兑现竞选承诺。财政部宣布 6 月 1 日起停征消费税，并把多收的税收退还给商家；纳吉布下台后，即被限制出境,并接受一马公司案件的审查;5月16日,安华被特赦出狱,以公正党实权领袖身份参与到政治活动中。马哈蒂尔更加注重国内经济秩序的整顿,从国家的财政支出情况考虑,把削减国债、修复财政作为政府优先事项,对中资项目进行了重新考核,叫停多个耗资较大的项目。大选前存在争议的新马合作计划也受到影响,新隆高铁已被延后至2020年5月[20]。马哈蒂尔估计,取消新隆高铁等大型项目,有望削减约1/5国家债务[21]。新隆高铁延期是新马双方相互妥协的结果,马方对新加坡的1500万新元赔款并不能弥补新加坡的损失,工程延期两年也看似马方对新的缓兵之计,该计划的停摆可能阻碍今后两国其他共建项目的合作与开展。除了工程项目,新马两国的水价谈判也将成为马哈蒂尔上台后的一大议题,马来西亚是新加坡唯一的供水国家,但马哈蒂尔认为马来西亚卖给新加坡的水价太低,提出至少要提高10倍[22]。水资源问题是新马双方的历史遗留问题,马哈蒂尔突然提出提高水价无疑是撕毁协议的做法,倘若双方无法冷静商讨,将可能上升至主权问题,严重影响两国关系。

本届大选大马实现了政权更替,从选举型威权向民主迈进了一大步,反映了选民民主意识的提升,族群政治逐渐受到摒弃。希盟以改革的决心制胜,但由于希盟本身政党组合的混杂性,在马来西亚多元种族、多元文化的背景下势必出现内部龃龉,华人和马来土著利益之间的冲突作为历史遗留问题,在希盟统治期间恐也难以调和。执政的百日内马哈蒂尔领导的希盟获得了民众的大体肯定,但经济发展和马来西亚的族群政治议题是长久不断的,希盟若想获得民众的长远支持,必然得在高效发展和兼顾民意之间找到平衡点,且警惕马来种族主义和伊斯兰神权主义的抬头泛滥。

四 结语

2018年马来西亚大选掀起的"全民海啸"打破了马国巫统一党独大的威权体制传统,开启了民主时代。"去种族化""去宗教化"的潮流推动了这一历史性政权更替,马哈蒂尔的再度参政成为马国变天的最大助力，但贪腐和经济问题才给了国阵致命一击。本届大选相较于以往，国阵和希盟都更加注重国内经济和民众生活问题等现实议题，马哈蒂尔赢得大选后，也将重心放在解决国家财政和债务问题上。因此，包括中资和新马合作计划等占据大量财政资源但产出暂不明显的项目必然得为之让步，这对中马和新马关系的友好发展或有阻滞，但未必会导致关系恶化，反倒是新马间的水价问题可能成为双方交恶的导火索。

大选落下帷幕，希盟虽赢得执政权，但其中多股力量纠缠，理念仍有较大差异，在接下来五年的任期内或还会因政见不同产生分歧。马国未来的政局也许会在动荡中变革发展，但民主体制将逐步成熟，替代存在已久的威权政体。

参考文献

[1] National Transformation Programme Annual Report 2017 [R]. Civil Service Delivery Unit（CSDU）Prime Minister's Department：2.

[2] 《林立迎称3因素影响希盟可击败国阵》，《东方日报》2018年4月15日（检索日期：2018年4月23日）. http://www.orientaldaily.com.my/index.php/s/239248.

[3] 苏俊翔. 马来西亚选民较关心经济议题 [EB/OL]. 联合早报，2017-11-19.（2017-11-19）[2017-12-14]. http://www.zaobao.com.sg/realtime/world/story20171119-812242.

[4] 刘嘉美. 1MDB丑闻震撼国际，何以纳吉仍能安坐首相之位？[EB/OL]. 端传媒 Initium Media，2016-08-11.（2016-08-11）[2018-05-06]. https://theinitium.com/article/20160811-international-malaysia-1mdb-najib/.

[5] 陈丽琳. 巫统开除3元老党籍 [EB/OL]. 联合早报，2018-05-05.（2018-05-05）[2018-05-06]. https://www.zaobao.com.sg/realtime/world/story20180505-856401.

[6] 刘镇东. 第14届大选的胜败关键 [EB/OL]. 当今大马，2017-12-16.（2017-12-16）[2018-05-11]. https://www.malaysiakini.com/news/405650.

[7] 张丽苹. 马哈迪赢了，新马合作计划恐生变？[EB/OL]. 红蚂蚁，2018-05-10.（2018-05-10）[2019-01-15]. http://www.redants.sg/index.php/overview/story20180510-1449.

[8] 刘丽清，刘丽仪. 马哈迪谈新马关系 若执政检讨合作项目 [EB/OL]. 联合早

报,2018-04-30. (2018-04-30) [2019-01-15]. https://www.zaobao.com. sg/special/report/others/malaysia-ge2018/election-updates/story20180430-855053.

[9] MONTESANO M J, ONN L P. Regional Outlook: Southeast Asia 2011-2012 [M]. Institute of Southeast Asian Studies, 2011.

[10] 张锡镇. 当代东南亚政治 [M]. 第2版. 南宁:广西人民出版社, 1995.

[11] 黄俊南. 赢112国席执政 只需16.5%总得票 [EB/OL]. 东方日报, 2018-05-08. (2018-05-08) [2018-05-12]. http://www.orientaldaily.com.my/index.php/s/242324.

[12] 希盟60项承诺勾画执政愿景,百日内落实十新政 [EB/OL]. 当今大马, 2018-03-08. (2018-03-08) [2018-05-12]. https://www.malaysiakini.com/news/414974.

[13] 林瑞源. 恶性民粹竞争 [EB/OL]. 星洲网, 2018-04-10. (2018-04-10) [2018-05-12]. http://www.sinchew.com.my/node/1744198/%E6%9E%97%E7%91%9E%E6%BA%90%EF%BC%9A%E6%81%B6%E6%80%A7%E6%B0%91%E7%B2%B9%E7%AB%9E%E4%BA%89.

[14] 孔令龙. 大选前夕的思考:废除消费税可行吗? [EB/OL]. 星洲网, 2018-04-15. (2018-04-15) [2018-05-13]. http://www.sinchew.com.my/node/1746072/%E5%AD%94%E4%BB%A4%E9%BE%99%EF%BC%9A%E5%A4%A7%E9%80%89%E5%89%8D%E5%A4%95%E7%9A%84%E6%80%9D%E8%80%83%EF%BC%9A%E5%BA%9F%E9%99%A4%E6%B6%88%E8%B4%B9%E7%A8%8E%E5%8F%AF%E8%A1%8C%E5%90%97%EF%BC%9F.

[15] Why Malaysia has scrapped the GST that accounted for 18% of govt's revenue [EB/OL]. Business Today, 2018-05-18. (2018-05-18) [2018-06-24]. https://www.businesstoday.in/current/world/why-new-malaysian-govt-scrapped-gst-that-accounted-for-18pc-of-revenue/story/277131.html.

[16] 丘光耀. 大好大坏的"明日之后" [EB/OL]. 东方日报, 2017-05-26. (2017-05-26) [2018-05-13]. http://www.orientaldaily.com.my/index.php/s/198181.

[17] 范晓琪,涂健强. 国阵竞选宣言首次提及统考 分析员:无法拉走希盟华族选票 [EB/OL]. 联合早报, 2018-04-08. (2018-04-08) [2018-06-25]. https://www.zaobao.com.sg/special/report/others/malaysia-ge2018/election-updates/story20180408-849028.

[18] 国阵大选宣言承认统考文凭 民众:看不见诚意 [J]. 大马在线, 2018.

[19] 受访学者：马国一夜变天　马哈迪效应是最大助力 [EB/OL]. 联合晚报，2018 - 05 - 10. (2018 - 05 - 10) [2018 - 05 - 11]. https：//www. zaobao. com. sg/special/report/others/malaysia - ge2018/analysis/story20180510 - 857847.

[20] LEE L, SIPALAN J. Malaysia, Singapore agree to defer high speed rail link [EB/OL]. Reuters, 2018 - 09 - 05. (2018 - 09 - 05) [2019 - 01 - 16]. https：//www. reuters. com/article/us - malaysia - singapore - railway/malaysia - singapore - agree - to - defer - high - speed - rail - link - idUSKCN1LL0B4.

[21] 安峥. 马哈蒂尔为何"叫停"隆新高铁项目？[EB/OL]. 上观新闻，2018 - 05 - 29. (2018 - 05 - 29) [2019 - 01 - 16]. https：//www. shobserver. com/news/detail? id = 91212.

[22] 水或成马来西亚和新加坡的纷争之源 [EB/OL]. 中评网，2018 - 09 - 01. (2018 - 09 - 01) [2019 - 01 - 16]. http：//bj. crntt. com/doc/1051/7/6/5/105176 509. html? coluid = 169&kindid = 12095&docid = 105176509&mdate = 0901194633.

图书在版编目(CIP)数据

新加坡研究. 2019卷/吕元礼，许蔓主编. -- 北京：社会科学文献出版社，2020.12
　ISBN 978 – 7 – 5201 – 6925 – 7

　Ⅰ.①新… Ⅱ.①吕… ②许… Ⅲ.①新加坡 – 研究 – 文集　Ⅳ.①K339.07 – 53

中国版本图书馆 CIP 数据核字（2020）第 128070 号

新加坡研究（2019卷）

| 主　　　编 / 吕元礼　许　蔓 |
| 执行主编 / 李淑飞　施　青 |
| 副 主 编 / 郭　翙　张彭强 |

| 出 版 人 / 王利民 |
| 责任编辑 / 王玉山　张丽丽 |

| 出　　　版 / 社会科学文献出版社·城市和绿色发展分社（010）59367143 |
| | 地址：北京市北三环中路甲29号院华龙大厦　邮编：100029 |
| | 网址：www.ssap.com.cn |
| 发　　　行 / 市场营销中心（010）59367081　59367083 |
| 印　　　装 / 三河市尚艺印装有限公司 |

| 规　　　格 / 开　本：787mm × 1092mm　1/16 |
| | 印　张：15.5　字　数：237 千字 |
| 版　　　次 / 2020 年 12 月第 1 版　2020 年 12 月第 1 次印刷 |
| 书　　　号 / ISBN 978 – 7 – 5201 – 6925 – 7 |
| 定　　　价 / 98.00 元 |

本书如有印装质量问题，请与读者服务中心（010 – 59367028）联系

▲ 版权所有 翻印必究

2